Die in diesem Buch versammelten wissenschaftlichen Studien eint ein gemeinsames Ziel: den Gipfel der Erkenntnis zu erreichen. Diesem Gipfel kann man sich auf ganz unterschiedlichen Denkwegen nähern; Generationen von Philosophen und Propheten haben Pisten bis an den Fuß des Bergmassivs herangeführt, Wissenschaftler aller Disziplinen Wegweiser aufgestellt. Wigald Boning nutzt auf seinem Weg zum Gipfel jene Trampelpfade, die bisher von der Wissenschaft vernachlässigt wurden. So erfährt man hier einiges über die politische Aussagekraft von Blasenpflastern, den Einfluss der Fußleiste auf die Französische Revolution, wie man eine anständige Sekte gründet, was Mimikry mit Spaghettieis zu tun hat und warum Plattdeutsch zur neuen Wissenschaftssprache Nr. 1 aufsteigen wird. Also: Schuhe geschnürt, Rucksack geschultert, und auf geht's!

Wigald Boning, Comedian, Moderator, Musiker und Autor, wurde mit vielen Preisen ausgezeichnet, u.a. dem *Deutschen Fernsehpreis*, dem *Bayerischen Fernsehpreis*, dem *Goldenen Löwen*, dem *Adolf-Grimme-Preis*, dem *Bambi* und dem *Echo*. Von ihm sind bei rororo außerdem erschienen: «Bekenntnisse eines Nachtsportlers» und «In Rio steht ein Hofbräuhaus».

Wigald Boning

DIE GESCHICHTE DER FUSSLEISTE UND IHRE BEDEUTUNG FÜR DAS ABENDLAND

---

und andere wissenschaftliche Studien

Rowohlt Taschenbuch Verlag

Originalausgabe
Veröffentlicht im Rowohlt Taschenbuch Verlag,
Reinbek bei Hamburg, September 2011
Copyright © 2011 by Rowohlt Verlag GmbH,
Reinbek bei Hamburg
Collagen im Innenteil: Wigald Boning
Umschlaggestaltung ZERO Werbeagentur, München
(Umschlagabbildung © FinePic®, München)
Satz aus der Olympian PostScript, InDesign,
bei Pinkuin Satz und Datentechnik, Berlin
Druck und Bindung CPI – Clausen & Bosse, Leck
Printed in Germany
ISBN 978 3 499 62772 9

Inhalt

Vorwort

«Bitte gehen Sie weiter! Hier gibt es nichts zu sehen!»

Fußgängerstau am Mount Everest ist heutzutage gang und gäbe. Bei brauchbarem Kletterwetter geht's auf dessen Gipfel zu wie bei Aldi, wenn frische Klapprechner verkloppt werden. Auch Amazonas und Antarktis werden nicht mehr mit Einsamkeitsgarantie bereist; in der Wüste Gobi sind die ersten Gewerbegebiete bereits ausgewiesen, und Mars und Mond kann man bald bei Google Street View betrachten, jede Wette. Wer original Terra incognita betreten will, muss neue Wege gehen.

Die in diesem Buch versammelten wissenschaftlichen Studien eint ein gemeinsames Ziel, nämlich: die höchsten Sphären des menschlichen Geistes, den Gipfel der Erkenntnis zu erreichen. Diesem Gipfel kann man sich auf ganz unterschiedlichen Denkwegen nähern; Generationen von Philosophen und Propheten haben Pisten bis an den Fuß des Bergmassivs herangeführt, Wissenschaftler aller Disziplinen Wegweiser aufgestellt. Leider enden alle diese Wege früher oder später im Nichts, und so ist es selbst den kühnsten Draufdenkern nur selten gelungen, auch nur in die Nähe der Baumgrenze zu gelangen – wenn überhaupt.

Haben Sie, lieber Leser, nicht auch schon manches Mal damit geliebäugelt, diesen Gipfel der Erkenntnis zu erklimmen? Von dort oben muss man einen erzexquisiten Panoramablick haben, hinab in die Täler der Ahnungslosigkeit. Und im Flimmerlicht des Horizonts lässt sich vielleicht sogar unsere Zukunft erspähen. Nichts wie rauf.

Schön, dass Sie sich entschlossen haben, mich zu begleiten. Mein Plan: Wir halten uns nicht an die bekannten Routen, sondern nutzen jene Trampelpfade, die bisher von der Wissenschaft vernachlässigt wurden.

Wie bei jeder Bergtour sind gelegentliche Irrwege nicht auszuschließen; dann und wann wird es den Anschein haben, als führe die Reise nicht geradewegs in höchste Höhen, sondern in das dornige Gestrüpp der Abseitigkeit. Vorab bitte ich Sie um Nachsicht und Geduld; ich verspreche Ihnen, Sie nicht allzu lange im Gestrüpp liegen zu lassen. Wird das Dickicht zu düster, der Grund zu schlammig, klopfen wir uns gemeinsam den Dreck aus den Kleidern und setzen frohgemut an anderer Stelle zum Gipfelsturm an. Merke: Der zu ersteigende Berg, das menschliche Wissen, ist kein Fudschijama, kein gleichförmiger Kegel, sondern eine karstige, schluchtenreiche Halde, die, so sagt man, ihr Volumen Jahr für Jahr verdoppelt. Während ich dies schreibe, stelle ich mir einen gigantischen Bagger vor, der just in diesem Moment wieder eine happige Ladung wissenschaftlichen Fortschritts über den Hügel kübelt. Die Gefahr, während des Aufstiegs von einer Info-Lawine erschlagen zu werden, ist somit durchaus gegeben; bitte lesen Sie dieses Buch nur mit äußerster Vorsicht und gut gefrühstückt. Für Notfälle halten Sie bitte eine Trillerpfeife parat.

Recherchehalber habe ich Dutzende Ortstermine absolviert, meine EDV-Anlage zum Qualmen gebracht, wildfremde Fachleute mit Fragen belästigt und die verstaubten Randregale meiner Hausbibliothek konsultiert. In seinem Essay «Vom raschen und zögernden Sprechen» schrieb Michel de Montaigne den erhellenden Satz: «Manche Arbeiten riechen nach Lampe.» Stimmt; darum habe ich bei der Niederschrift auf Quellenangaben und Literaturverweise verzichtet. Insofern wagen wir unsere Bergtour ohne Seilsicherung. Herzlichen Glückwunsch zu Ihrem Mut und heißen Dank für Ihr Vertrauen.

Wohlan, beginnen wir im Flachland.

Botanische Spaziergänge über die Kölner Domplatte und den Potsdamer Platz

Haus der 100 Biere

Erste Etappe. Statt Begrüßungscocktail möchte ich Ihnen ein Sträußchen an die Hutkrempe heften. Lasst Blumen sprechen, behauptet die beliebte Binsenweisheit, denn Blumen sagen mehr als tausend Worte. Doch was, wenn die Stimme der Vegetation zart ist, heiser, kaum zu hören?

Betritt der Laie von Westen her die Kölner Domplatte, jenen Bereich der Fußgängerzone, welcher das bekannte Wahrzeichen der Stadt umgibt, so stößt dieser (also der Laie, nicht der Fußgängerzonenbereich) zumeist zwei Seufzer aus. Den ersten aufgrund der atemberaubenden Wucht des gotischen Gotteshauses, und den zweiten wegen der vollständigen Versiegelung des gesamten Areals; dieser Platz, so scheint es, ist eine der lebensfeindlichsten Betonwüsten Mitteleuropas. Für den Botaniker jedoch ist auch die Domplatte ein mehr oder weniger vielfältiger Lebensraum, nämlich ein sogenanntes «Siedlungsbiotop», geprägt aus Spontanbewuchs, Splittergrün und floralen Dekorationselementen. Widmen wir uns zunächst dem Platanenhain am Nordwesteck des Platzes. Neun Bäume der Gattung Platanus stehen hier in Bierträgeranordnung; jedes Baumindividuum ist mit einer ringförmigen Ziegeleinfassung versehen, welche die Baumscheibe vom Bodenbelag trennt, einem Kleinsteinpflaster im Reihenverband. Die Platane ist die einzige Gattung in der Familie der Platanengewächse, quasi ein Einzelkind der Evolution. Da ihre Borke fortlaufend abblättert und ein unregelmäßiges, aus gelb- und grünlichen Farbarealen bestehendes Muster hinterlässt, umweht diesen Baum eine gewisse militärische Theatralik. Ein Einzelkind mit Hautproblemen, das sich in Camouflage kleidet, au weia. Unwillkürlich sucht man die Baumkrone nach Waffen ab; ein Amoklauf auf der Domplatte – das hat uns gerade noch gefehlt.

Bei den Domplattenplatanen handelt es sich um eine Kreuzung aus amerikanischer und morgenländischer Platane, die seit 1650 gepflanzt wird und «ahornblättrige» oder «London-

Platane» genannt wird. Der Vorteil dieses Hybridbaums ist die ausgeprägte Frosthärte im Vergleich zum morgenländischen Elternteil. Eieiei, das klingt alles nach Bushido – und dann stehen die Finsterlinge auch noch zu neunt im Eck! Kein Wunder, dass die Bänke unter den Bäumen leer sind, als ich mich im September 2010 zum Ortstermin auf der Domplatte einfinde. Übrigens entdecke ich in den Baumkronen zwar keine Waffen im Sinne des Waffengesetzes, dennoch sind Platanen keineswegs ungefährlich. Beim Zerfall ihrer Früchte gelangen nämlich erhebliche Mengen feiner Härchen in die Luft, welche bei sensiblen Passanten Heuschnupfen hervorrufen können. Darüber hinaus lösen sich beim Laubaustrieb mikroskopisch kleine Partikel, die auch in den Atmungsorganen von Nicht-Allergikern Reizungen verursachen; der Lungenfacharzt spricht vom sogenannten «Platanenhusten». Zudem sind ältere Platanen in Nordrhein-Westfalen von einem Pilz bedroht, der die Äste absterben lässt, woraufhin diese dem Domplattler mit etwas Pech auf den Kopp fallen können. Irgendwann liegt der erste Tourist tot vorm Dom, und ganz Köln rätselt dann hustend, wie es so weit kommen konnte – über die notwendigen Konsequenzen, die meine Risikoanalyse nahelegt, sollte das Ordnungsamt beizeiten nachdenken.

Die Stämme der potenziellen Schlagbäume sind von jungem Efeu umrankt, dem einzigen in Europa heimischen Wurzelkletterer. Dessen Blätter sind ein probates Mittel gegen Bronchitis; wer also von Platanenhustenattacken geplagt wird, sollte sich einfach ein paar Efeublätter abreißen, daraus einen Tee kochen und befreit aufatmen. Doch Obacht! Überdosierungen gilt es zu vermeiden, da sämtliche Pflanzenteile des immergrünen Haftwurzlers das tückische Triterpensaponin sowie das hinterlistige Falcarinol enthalten, zwei Gifte, die mittels Durchfall und Erbrechen, Kopfschmerz und Krämpfen, ja sogar Schock und Atemstillstand auch den heitersten Kölnbesuch ins Unangenehme abdriften lassen können. Übrigens, ein kleiner Tipp für alle Pillenverächter unter den Dombesuchern: Wenn wir dem «Contrafeyt Kreuterbuch» des Universalgelehrten Otto Brunfels aus dem Jahre 1532 glauben, taugt die toxische Wirkung des Efeus auch zur Empfängnisverhütung.

Aufgrund seiner Anschmiegsamkeit ist der Efeu seit der Antike ein Sinnbild für Freundschaft und Treue, außerdem war er sowohl im alten Ägypten wie auch in Griechenland und Rom den Weingöttern beigeordnet und darum Symbol der Heiterkeit. Andererseits sollen die frühen Christen ihre Verstorbenen auf Efeu gebettet haben, als Verweis auf das ewige Leben. Von dieser Sitte zeugen noch heute viele efeuumrankte Grabsteine, auch wenn der Ursprung der Ruhestattbegrünung in Vergessenheit geraten ist. Indem die Gärtner auf der Domplatte also Totschläger in Tarnfleck mit freundlichem Kuschelkraut kombinierten, schufen sie ein Sinnbild für die Dualität von Husten und Heilkraft, Gut und Böse, Himmel und Hölle – welch würdiges Gegenüber für ein Gotteshaus.

Die Ritzen des Kleinsteinpflasterverbandes, der die neun Platanen umgibt, sind, und jetzt wird's gar volkstümlich, von Deutschem Weidelgras besiedelt, das wegen seiner Vorliebe für stickstoffreiche Böden sehr wuchsfreudig auf die tägliche Düngung mit Zigarettenasche, Kinderpipi, Wurstbrotrest und Taubenkot reagiert. In ausreichend breiten Fugen siedeln auch Spitz- und Breitwegerich sowie Löwenzahn. Der Wegerich, dessen Trittfestigkeit schon im Namen angedeutet ist, war schon im Altertum als Heilpflanze bekannt, und in Shakespeares «Romeo und Julia» heißt es gleich im ersten Akt: «Ein Blatt vom Wegerich dient dazu vortrefflich.» – «Ei, sag, wozu?» – «Für dein zerbrochnes Bein.» Warum? Bitter- und Gerbstoffe sowie das Glycolid Ascubin wirken entzündungshemmend und fördern die Wundheilung. Wessen Füße also nach einem langen Einkaufsbummel durch die Kölner Innenstadt schmerzen, der kann hier, am Nordwesteck der

Domplatte, die Schuhe ausziehen und die maladen Treter mit Wegerichblättern belegen. Wer gleichzeitig von Hunger gepeinigt wird, sollte wissen: Aus den jungen Blatttrieben des Löwenzahns lässt sich ein delikater Salat zubereiten, und die gelben Blüten ergeben eingekocht einen schmackhaften Brotaufstrich. Die Wurzel wiederum kann geröstet und gemahlen als koffeinfreier Ersatzkaffee genossen werden. Übrigens ist Muckefuck 'ne echte kölsche Jung, handelt es sich doch bei diesem Namen für das klassische Nachkriegsgetränk um eine Eindeutschung des französischen «Mocca faux», die während der Annektierung des Rheinlandes unter Napoleon gebräuchlich wurde.

Schließlich lässt sich Löwenzahn als preisgünstige Alternative zum Kautschukbaum verwenden. An der Gummiproduktion auf Pusteblumenbasis wird derzeit mit Hochdruck geforscht, wobei jedoch als Ausgangspflanze der Russische Löwenzahn unserer Domplatten-Butterblume überlegen zu sein scheint. Die Erwähnung des Löwenzahns als zukünftiger Gummilieferant mag an dieser Stelle etwas weit führen, da wir aber schon den Efeu als Verhütungsmittel diskutierten, soll ordnungshalber auch das Pusteblumenkondom Erwähnung finden.

Der freie Platz zwischen Platanenhain und dem Westportal des Doms ist weit vegetationsärmer. Durchschnittlich wird jede der Granitplatten täglich von 20 000 Besuchern betreten, wodurch sogar substrattreue Granitspezialisten wie die Hochgebirgs-Krustenflechten der Gattungen Aspicilia und Lecanora auf Besiedelungsversuche von vornehrein verzichten. Nicht nur die Bodenplatten, sondern auch die schmalen Zwischenräume sind augenscheinlich vegetationsfrei. Zur Trittpolitur gesellt sich die wuchshemmende Wirkung der von den Pflastermalern verwendeten Farbstoffe. Die Straßenmalerei wurde erstmals im Italien des 16. Jahrhunderts praktiziert und geht auf religiöse Prozessionen zurück, in deren Rahmen

Bodenbeläge mit Mariendarstellungen verziert wurden; in Italien heißen die Pflastermaler darum noch heute «Madonnari». Die Kölner Domplatte hat für die Straßenmalerei in etwa jene Bedeutung, die Wimbledon im Tennis genießt; mehr Kreide pro Quadratmeter wird weltweit wohl kaum angerührt, aufgetragen, bewundert, vom Regen gelöst und in die Fugen gespült. Die verwendeten Farbstoffe bestehen in der Regel aus Magnesiumoxid, Tapetenkleister und verschiedenen Farbpigmenten. Die meisten Pigmente gelten als gesundheitlich unbedenklich, wobei ich dennoch mit gestrecktem Zeigefinger und gehobener Augenbraue anmerken möchte, dass bei der Spaltung von Tätowierpigmenten durch Laserlicht krebserregende Stoffe entstehen können. Aber ruhig Blut, liebe Pflanzenfreunde, die wenigsten Pflastermaler verwenden teure Tätowierpigmente wie C. I. Red 22, und Laserlichtbestrahlung von Domplattentätowierungen sind meines Wissens nach bisher weder dokumentiert noch in Planung.

Theoretisch funktioniert Farbe als natürlicher Synthesehemmer; eine ausreichend dicke Schicht Blau oder Rot hindert das Blattgrün an seiner Arbeit. Unklar ist jedoch, ob Pflastermalfarben darum als Herbizide in Garten und Landwirtschaft eingesetzt werden sollten. Klar ist wiederum, dass gerade in jenen Domplattenbereichen, in denen der Boden regelmäßig Kreide frisst, kein pflanzliches Leben stattfindet.

Erst im unmittelbaren Übergang zum Kölner Dom lässt sich ein kleines Biotop erspähen, nämlich die kaum einen Zentimeter breite Abschlussfuge zwischen Domplatte und Kirchenwand. Neben diversen Süßgräsern fühlt sich hier der Vogelknöterich wohl, Kulturbegleiter seit der Jungsteinzeit. Interessant ist sein außergewöhnlich hoher Anteil an Kieselsäure: Bis zu ein Prozent der Gesamtpflanze besteht aus dem zuverlässigen Nagel-, Haar- und Knochenstärker, und so lässt dieses Knöterichvorkommen abrupt an die Gebeine der Heiligen Drei Könige denken, die sich bekanntlich seit 1164 im

Kölner Dom befinden. Bei der letzten Öffnung des Dreikönigs-schreins anlässlich der 700-Jahr-Feier im Jahr 1864 wurden in der Reliquienlade neben allerhand Kniescheiben und Schul-terblättern drei schadhafte Unterkiefer entdeckt, wobei der kleinste einem etwa 12-jährigen Kind zugeordnet werden konnte. Laut Protokoll steckten in der Kauleiste des Jungen zwei Zähne. Hypothetisch könnte der Zahnmangel mit einem Defizit an Kieselsäure in Zusammenhang stehen, da der Vo-gelknöterich in unseren Breitengraden häufig, in der orienta-lischen Zone, also in der Heimat der Heiligen Drei Könige, je-doch seltener vorkommt. Als die Gebeine in Köln eintrafen, waren kräuterheilkundlich Hopfen und Malz bereits verloren. Falsche Zeit, falscher Ort. Oder wie sang Dorthe Kollo 1968? «Wärst du doch in Düsseldorf geblieben».

An der Domwand betteln, passend zu den beißerarmen Un-terkiefern, Mauer-Drehzahnmoos und Landkartenflechten um meine Aufmerksamkeit – oder ist es doch nur eine Wand-Gelb-flechte? Bei den Moospolstern könnte es sich natürlich auch um Versteckkapseliges Spalthütchen handeln, wobei diese gipfelfrüchtigen Laubmoose eigentlich an Gebirge gekoppelt sind. Hm. Wäre natürlich möglich, dass die Spalthütchen das Gotteshaus für Hochgebirge halten, zumal diese kaum wissen werden, dass sie sich hier in der Kölner Bucht befinden. Sicher, sie könnten sich mal bei den Landkartenflechten nebenan er-kundigen, aber wer weiß, ob diese im GPS-Zeitalter nicht auch ihres Orientierungsvermögens verlustig gegangen sind.

Betrachten wir nun die Südseite der Domplatte, an der umgehend die hohe Buchsbaumdichte auffällt. Der Bestand lässt sich in drei Einzelpopulationen gliedern: Am Südwest-ende des Platzes stehen zwei Exemplare vor der «Louis Vuit-ton»-Filiale, in Tonzubern, Kugeldurchmesser 45 cm, Rund-schnitt, nordwärts anschließend zwei weitere Buchse, gleiche Größe, ebenfalls kugelförmige Krone, offenbar zum Geschäft der Firma «Chopard» gehörig, und, schließlich, den Nordeingang des «Le Méridien Dom Hotels» flankierend, drei weitere Bottichbewohner, allerdings geschnitten in Form eines Spitzkegels. Wandseitig sind die Bäumchen allesamt bräunlich verfärbt – eventuell macht ihnen die Abwärme der Schaufenster zu schaffen, oder deren nächtliche Beleuchtung sorgt für chronischen Jetlag. Die Kräuterapotheke, als welche sich die Domplatte auf unserer bisherigen Begehung präsentiert, wird durch die Buchsbaumreihe jedenfalls sinnvoll komplettiert: Bereits in der Antike war die Heilwirkung sämtlicher Pflanzenteile bei wiederkehrendem Fieber bekannt; als Malariamittel sind Buchsbaumpräparate dem Chinin vergleichbar.

In Deutschland sind Buchse übrigens nur an ausgewählten Standorten heimisch, nämlich im Buchswald Grenzach-Wyhlen nahe Lörrach sowie im Brodenbachtal an der Mosel. Buxus sempervirens gehört, zusammen mit dem Besenginster, zu den ganz wenigen heimischen Gehölzen, deren Samen von Ameisen verbreitet werden, und um die Fortpflanzungs-Hiwis anzulocken, sind die Samen mit stark riechenden Warzen bedeckt. Ich bezweifle, dass die den Buchsen entsteigenden Schreie nach Liebe erhört, will sagen: dass diese Düfte der Sehnsucht vom Krabbelvolk errochen werden; Pflanzkübel und Granitgrund wirken hier mindestens so empfängnisverhütend wie hochdosierter Efeu plus Löwenzahnkondom.

Ostwärts wird's zunehmend mediterran: Den Eingang zur «Hermès»-Filiale bewachen zwei Pötte mit Hartlaubgewächsen, wahrscheinlich eine Kirschlorbeerzüchtung, dann geht's ums Eck, und wir bewundern die verglaste Terrassenumhegung des Feinschmeckerlokals «Le Merou», in der sich kanarische Dattelpalmen und Bambusstauden ein Stelldichein geben. Die Dattelpalmen tragen zwar in unseren Breiten keine Früchte, aber indem man ihren Vegetationskegel anritzt und über Nacht auslaufen lässt, gewinnt man den delikaten Palmhonig. Als Baustoff ist diese Palme aufgrund ihres Zwergwuchses allerdings höchstens für Kaninchenställe geeignet.

Der Bambus lässt sich weit vielseitiger verwenden: Das hellgelbe Fleisch der jungen Sprossen ist nahrhaft und bekömmlich, und auch das haferähnliche Bambuskorn ist essbar. Im Bauwesen ist das asiatische Großgras aufgrund seiner Elastizität den meisten Harthölzern überlegen, und Erdbeben werden von Bambusbauten sogar besser verkraftet als von Gebäuden aus Backstein. Kölner, aufgepasst! Zwar sind Erdbeben bei euch nicht eben häufig, jedoch hat der Einsturz des Stadtarchivs bewiesen, dass die Bauten der Domstadt derzeit nicht untergrundbahnbaugerecht sind. Ein Abriss jener Teile der Altstadt, die untertunnelt werden, und eine anschließende Neubebauung mit Bambushäusern werden hiermit ausdrücklich empfohlen. Sollte nach dieser Baumaßnahme noch Bambus überbleiben, lassen sich die Reste zu Hüten, Reusen und Blasrohren verarbeiten.

Zwischen Palmen und Bambus befindet sich neben einem alten Kaugummi, zwei Kronkorken, Taubnesseln und Klee auch ein Apfelgriebsch. Dies lässt vermuten, dass zukünftig auch Obstbäume die Domplattenflora bereichern könnten. Seit dem Mittelalter wird der biblische Baum der Erkenntnis zumeist als Apfelbaum dargestellt – was gäbe es Sinnigeres als den pflanzlichen Auslöser der Vertreibung aus dem Paradies in Sichtweite des Kölner Domes? Auch schön erschiene mir ein Schild mit der Aufschrift «Apfelpflücken verboten», auf dass der hungrige Tourist den Sündenfall nachvollziehen kann.

Bis es so weit ist, bleibt dem mittellosen Kölnbesucher nur der Rückgriff auf Löwenzahn, Bambus und Palmhonig, oder er bedient sich der rot blühenden Blumenrohrstauden in den Rabatten, welche die Domplatte zur Straße Am Hof sowie zum Römisch-Germanischen Museum hin abschließen. Die Rhizome des indischen Blumenrohres sind stärkereich und schmecken ein bisserl wie Süßkartoffeln; allerdings sollte man sie einige Stunden lang kochen, da sie sehr faserreich sind. In Asien werden die Blumenrohrknollen auch gerne zu Glasnu-

deln verarbeitet, was wiederum vortrefflich zu den Bambus-
trieben passen dürfte. Vergesellschaftet sind die Stärkeliefe-
ranten auf der Domplatte mit Tagetes, also der orangegelben
Studentenblume. Diese wiederum wird kommerziell zur Ge-
winnung des Gelbpigments Lutein angebaut. Nicht nur wird
dieses Carotinoid als Lebensmittelfarbstoff E161b sowie als
Futtermittelzusatz bei Hühnern zur Gelbfärbung des Eidot-
ters eingesetzt, sondern es ist auch für die hiesigen Pflastermaler von Interesse: Mit dem vermehrten Einsatz des Rabat-
tengelbs könnten die Kreidekünstler Kosten sparen; dies böte
sich besonders bei Motiven an, die einen hohen Gelbanteil aufweisen, etwa dem Gesicht der Mona Lisa oder bei Vincent van
Goghs Sonnenblumen.

Begeben wir uns nun vergleichshalber 500 km ostwärts, auf
den Potsdamer Platz im Zentrum Berlins. Während die Kölner
Domplatte ihre Stunde null mit dem Einmarsch der Amerikaner im März 1945 erlebte, markierte für den Potsdamer Platz
der 12. November 1989 die letzte wirkmächtige Zeitenwende,
denn an diesem Tag wurde hier ein Stück der Berliner Mauer
aufgebrochen und ein provisorischer Grenzübergang eingerichtet. Inzwischen ist der Potsdamer Platz von ähnlichen
Trittgesellschaften besiedelt wie der Boden des Platanenhains
auf der Kölner Domplatte. Unter dem DB-Fahrradständer am
Südrand der Bepflasterung lässt sich auch ein halbseitig zer-
tretenes Hirtentäschel ausmachen. Während am Kölner Dom
die Platane Baumart Nr. 1 ist, obliegt am Potsdamer Platz die
Leitbaumfunktion der Linde, jedenfalls, wenn wir die Bepflan-
zung der Grünfläche zwischen Linkstraße und Gabriele-Ter-
git-Promenade großzügig in unseren Vergleich einfließen lassen. Gemeinhin wird ja die Linde als Baum der Göttin Freyja
verehrt, in der germanischen Mythologie zuständig für Ehe
und Liebe. Ob diese Beschwörung der Zweisamkeit einen Beitrag gegen die Überalterung unserer Gesellschaft zu leisten
vermag? Ein kleiner Tipp an das Berliner Gartenbauamt: Im

Allgäu, wo ich wohne, pflanzt man zur Fruchtbarkeitsprovokation Holundersträucher in die Nähe eines jeden Wohnhauses, und die Geburtenraten sind deutlich höher als in der Hauptstadt. 1996 zog ich höchstpersönlich nebst Frau in ein Haus mit Holunderturbo, und schwupp! wurden wir Eltern. Immerhin sind Lindenstämme hervorragend für die Bildhauerei geeignet, und als Blindholz und Absperrfurnier ist es auch für Telefontischchen, Holzpantoffeln und Kuckucksuhren erste Wahl. Außerdem werden aus Lindenholz Klaviertastaturen und Zündhölzer gefertigt; wer will, kann also aus einem Baum Pantoffeln, Uhrkarosserie und einen Klimperkasten basteln und nach Fertigstellung den ganzen Klimbim mit einem Streichholz vom selben Stamm in Brand setzen.

Köln wird von seinem Dom wie durch eine überlange Pfahlwurzel in der Geschichte verankert. Dieser Aufgabe widmet sich in Berlin die Nachbildung der Verkehrsampel von 1924, und was für die Domplatte das «Le Merou», ist für den Potsdamer Platz das «Mommseneck», auch bekannt als «Haus der 100 Biere». Die Terrasse vor dem Gerstensaftladen wird von Pflanzkästen begrenzt, in denen sich ein Großteil des floralen Lebens abspielt. Zwischen Lavendel und Petunien entdecke ich hier auch eine blühende Tollkirsche, bei der u. a. das enthemmende Scopolamin für Stammwürze sorgt. Stylingbewusste Römerinnen sollen vor 2000 Jahren reife Tollkirschen verzehrt haben, um ihre Pupillen zu weiten und so ihre Blicke betörender wirken zu lassen. Das «Haus der 100 Biere» jedenfalls untermauert per Kastenbepflanzung seine Schwippskompetenz.

Während die Domplatte ein durchaus akzeptables Angebot an pflanzlichen Nahrungsquellen präsentiert, liegt der Potsdamer Platz vorne, wenn es darum geht, zügig knülle zu werden. Sollte sich an dieser Stelle eine gewisse Enttäuschung bei allen Berlin-Fans mit gesundem Appetit breitmachen, so empfehle ich einen Abstecher ins angrenzende Sony-Center, dessen Innenhof aufgrund seines Glasdaches durch subtropisches

Klima besticht. Bereits auf der zuleitenden Bellevuestraße grüßt eine dreikäsehohe Areca-Palme mit, wenn ich mich nicht verzählt habe, 549 Blättern. Direkt hinterm Eingang des Sony-Treibhauses bewirbt die Gaststätte «Kaisersaal» auf einer Falttafel «Fancy cakes» und «Kaiserschmarr'n» und lässt sich dabei von einem mageren Rhododendron assistieren. Seinen Kümmerwuchs verdankt der Tafelwächter einer bei Rhododendren häufigen Wucherung, den sogenannten Alpenrosen-Äpfeln, auch «Ohrläppchenkrankheit» genannt. Wir trösten den Rhododendron ein Weilchen und wenden uns dann den beiden Großpalmen zu, die in wuchtigen Eimern mittig nach Licht lechzen. Wie auf der Domplatte handelt es sich auch hier um Vertreter der Kanarischen Dattelpalme, allerdings gute zwei Meter höher. Der tägliche Ertrag an Palmhonig betrüge bei Pflanzen dieses Kalibers fünf bis zehn Liter Saft, allerdings nur über einen Zeitraum von drei bis sechs Monaten; danach sollte man der entsafteten Pflanze einige Jahre Ruhe gönnen. Ein Kehrmaschinist des Center-Managements, den ich frage, wann denn die Palmen das letzte Mal gemolken wurden, zuckt mit den Schultern und feudelt davon. Etwas ratlos wende ich mich der Gaststätte «Lindenbräu» zu, die ihr Tischkontingent mit feinem Sinn für Ironie per Thuja in Töpfen begrenzt. Die beliebten Friedhofsbäume stammen ursprünglich aus der Chicagoer Gegend und riechen angenehm nach Apfel, wenn man ihre Blattspitzen zwischen den Fingern zerreibt. Der benachbarte Gastronom (Tagesgericht: Eisbein mit Sauerkraut) bevorzugt hingegen Eiben als Einhegegrünzeug. Ah! Eiben haben einen besonderen Berlin-Bezug: Als 1851 das preußische Herrenhaus, heute Tagungsort des Bundesrates, errichtet werden sollte, setzte sich Friedrich Wilhelm IV. persönlich für den Erhalt zweier Eibenbäume im Garten ein, auf denen er bereits als Kind herumgeklettert war. Die Baupläne wurden entsprechend geändert; allerdings sind die Originaleiben heute nicht mehr erhalten. Nun ja. Sie, liebe Leser, werden jetzt vielleicht ob dieser etwas schlichten Geschichte Ihre kraniale Nasenwurzel runzeln, aber: Was soll ich machen? Es handelt sich, bitte glauben Sie mir, um DIE klassische Eiben-Anekdote, immer dann beizusteuern, wenn die immergrünen Hartholzlieferanten und die Stadt Berlin in einem Zusammenhang Erwähnung finden – also auch hier.

Übrigens, kleine On-top-Info für alle Baumbegeisterten: Verlässt man das Sony-Center über den Nordost-Ausgang in Richtung Bellevuestraße, so passiert man ein Spalier aus jungen Pappeln der Sorte «Populus Nigra Italica», die durch ihr steil nach oben wachsendes Geäst leicht bestimmbar sind. Diese Züchtung wurde von Napoleon Bonaparte in Auftrag gegeben, der sich einen schnellwüchsigen Schattenspender für seine Heerstraßen wünschte. Die «Italica»-Schwarzpappel gehört somit zu jenen Innovationen, welche auf die militärisch orientierte Wissenschaftsförderung Napoleons zurückgehen, ebenso wie Margarine und Konservendose. Dass ausgerechnet vor den Toren des Potsdamer Platzes pflanzlich an den großen Korsen erinnert wird, beweist das Geschichtsbewusstsein der Gartenarchitekten: Im Oktober 1806 ritt Napoleon an der Spitze seiner Truppen in die preußische Hauptstadt ein, nachdem Friedrich Wilhelm III. nebst Hof gen Königsberg ausgewichen war. Auf die kampflose Übergabe Berlins an die Franzosen geht der berühmte Satz «Jetzt ist Ruhe die erste Bürgerpflicht» zurück. Und mit diesem Gedanken halte ich die Klappe, verlasse die Botanik, steige hinab in die Einkaufsarkaden und kaufe ein paar Blasenpflaster.

Das Blasenpflaster
als politisches
Bekenntnis

Konsumgüterforschung ist eines meiner Steckenpferde. Bereits als Grundschüler habe ich viel Freizeit in Supermärkten verbracht und die Inhaltsbezeichnungen von Fruchtsaftgetränkegrundstoffen wie «Quench» mit jenen von «Tri-Top» verglichen. Die Produktvielfalt des Einzelhandels ist eine der großen Kulturleistungen des Menschengeschlechts; in jedem Regal offenbart sich – bei genauem Hinsehen – die ganze Bandbreite unserer gestalterischen Potenz, nicht zuletzt in philosophisch-politischer Hinsicht. Ich trage zu dick auf, meinen Sie? Von wegen.

Vor mir liegen vier Schachteln. Alle vier enthalten Blasenpflaster; ein Produkt, mit dem ich in den letzten Jahren sporadisch zu tun hatte, und zwar immer dann, wenn ich unter besonders heftigem Ohrenschmerz litt. Nein, Spaß beiseite, die Ruhe bleibt, natürlich helfen Blasenpflaster gegen Blasen, nicht jedoch gegen Ohrenschmerz. Oder etwa doch? Haben wir Blasfüßler eventuell bisher eine heimliche Subfunktion übersehen? Auch diese Frage gedenke ich nunmehr ein für alle Mal zu klären, und zwar im Rahmen des großen Blasenpflaster-Tests. Ich habe mir extra ein Wochenende frei genommen und meine Füße aufwendig präpariert: Nach den botanischen Spaziergängen 25 Kilometer sockenfreier Trimm-Trab in holländischen Holzschuhen, gestern dreingeberisch Pömpsalarm; meine Frau war so lieb, mir für einen Tag ihre rotesten Stöckelschuhe zu überlassen. Die Hochhackerei war natürlich für mich als herkömmlichen Heteromann bereits ein einprägsames Unterfangen; kleinmütig hatte ich mir vorgenommen, nur im Notfall die eigenen vier Wände zu verlassen, aber ausgerechnet gestern kam mir ein Eiltermin in die Quere: Um 17.20 Uhr rief die Zahnarztpraxis an und erkundigte sich, wo ich denn bliebe; ich hätte mich doch für fünf auf ein Stündchen professionelle Zahnreinigung angekündigt. Im ersten Moment liebäugelte ich mit der Wahrheit, nämlich, dass ich das komplette Wochenende mit einem Blasenpflaster-Test beschäftigt sein würde, aufgrund meiner vorfreudigen Euphorie den Termin jedoch verschlunzt hätte und im Übrigen den Tag auf Stöckelschuhen verbrächte. Es gibt jedoch einfache Wahrheiten, die kometengleich einen Schweif komplexer Sekundärfragen nach sich ziehen, die zu beantworten mir Lust und Laune fehlten. Also schmetterte ich ein «Kommè sogleich» in den Hörer und stöckelte in Höchstgeschwindigkeit zu Dr. Sandmann, dessen Praxis sich praktischerweise bei mir direkt ums Eck befindet. Klingeln, Treppenhaus, Türöffner, kurz durch den Spalt linsen – aha, das Fräulein am Empfang fixiert den Monitor ihrer EDV-Anlage, also huschhusch ran an die Rezeption, damit die Theke mein Schuhwerk verdeckt. Eigentlich Quatsch, dieses verklemmte Versteckspiel, zumal das Klack-klack der Stilettos umso enttarnender wirkt, je zügiger man von Sichtschutz zu Sichtschutz hastet. Also: Schluss mit der Paranoia und so tun, wie wenn nichts wäre. Ins Wartezimmer musste ich nun nicht mehr, war ja quasi überreifes Bohrobst, wie man unter Zahnärzten so zu sagen pflegt, wobei ich ja nur zur Reinigung antanzte; der Bohrer hatte Ausgang. Was Frau Kurbjuweit von meinen Schuhen hielt, weiß ich nicht; sie gab sich wortkarg, und in ihrem Gesicht ließ sich keinerlei Schamreaktion ablesen, denn sie trug einen pfefferminzfarbenen Mundschutz. Ihre satttürkisblauen Augen waren während der Plaquerei betont konzentriert in meinen gesperrangelten Mund gerichtet. Keinerlei Zuckpupillen oder andere Auffälligkeiten. Ich horchte am Ultraschall vorbei in meine Füße hinein. Es spannte, pochte und quietschte – 1 a. Der gestrige Holzschuhsport hatte meinen Quanten bereits ordentlich zugesetzt, meine Testertravestie würde nun einen ausreichenden Blasenwurf perfektioniert haben. Noch einmal ausspülen, dann goodbye und klack-klack ab nach Hause.

Vor dem Zubettgehen führte ich einen eingehenden Geläufcheck durch. Schmerz erdwärts, geschwielte Zehenrandrötungen, und, als wertvolle Krönung: ein Heckleck mit Panoramablick aufs Fersenbein.

Kurz vorm Einschlafen ergriffen mich unter dem doch arg lästigen Klopfen meiner Selbstverletzungen gewisse Zweifel. Ob ich mich nicht doch besser für einen «großen Nosehair-Trimmer-Test» hätte entscheiden sollen? Nasenhaarrasierer haben mich schon immer fasziniert, im zollfreien Verkauf an Bord großer Flugzeuge bin ich schon oft drüber gestolpert, und immer habe ich mich gefragt, warum denn gerade im Luftverkehr Nosehair-Trimmer feilgeboten werden. Die füllerförmigen Zinkenschneider scheinen die Entsprechung des Tomatensaftes im Weißwarenbereich zu sein – Tomatensaft wird ja auch mit Vorliebe über den Wolken verzehrt. Wie? Sie können mit dem Wort «Weißwaren» nichts anfangen? Es handelt sich um einen Fachbegriff aus der Welt des Elektrofachhandels. Ich habe mal vor ein paar Jahren für die Firma «Bosch» auf der Internationalen Funkausstellung in Berlin moderiert, im ersten Jahr, in dem eben nicht nur Hi-Fi-Geräte, fachsprachlich «Braunwaren», vorgestellt wurden, sondern auch Waschmaschinen, Brotschneider und Nosehair-Trimmer, eben sogenannte «Weißwaren». Jetzt wissen Sie Bescheid und können demnächst im Media Markt viel selbstbewusster auftreten. Warum nun Blasenpflaster? Gegen den Großen Nosehair-Trimmer-Test sprachen, um es ganz offen auszusprechen, Kostengründe. Ein Nosehair-Trimmer kostet mindestens zweistellig, und eine Handvoll Neutrimmer zu kaufen, nur um jeden dann testhalber einmal ins Nasenloch einzuführen, weil man ein privates Faible für die vergleichende Konsumgüterforschung hat – derlei Extravaganzen kommen mir nicht nur deka-, sondern sogar hektodent vor. Klar, man hätte die Trimmer danach allesamt lieben Mitmenschen zum Geburtstag schenken können, aber, Hand aufs Herz, verschenkt man gebrauchte Nasenhaarschneider? Nein. Gebrauchte Blasenpflaster natürlich auch nicht, das Preis-/Leistungsverhältnis ist jedoch wesentlich besser; man bekommt viel mehr Test fürs Geld – dies aber jetzt nur am äußersten Rande.

Jedenfalls schlief ich denn doch zügig ein, und nun sitze ich hier bar- und beulfüßig vor meinen vier Schachteln.

Beginnen wir mit dem ersten Eindruck. Aber mit welcher Schachtel anfangen? Natürlich mit jener ganz links. Dies bietet sich an, denn unter der Prägung des Lesens wandern unsere Augen bei der Bildbetrachtung normalerweise von links nach rechts. Ein Phänomen, das sich auch Hollywood zunutze macht; der Gute tritt immer von links ins Bild. Will sie jedoch den Zuschauer irritieren, so lässt die Regie von rechts antreten. Das Auge des Betrachters wird quasi gegen den Strich gebürstet. Bisweilen frage ich mich, wie denn so gedrehte Filme in Arabien rezipiert werden; die arabische Schrift liest man immerhin von rechts nach links. Ist Hugh Grant dann immer der Böse? Bleibt Hollywood in Mekka auf ewig unverstanden? Oder handelt es sich um ein psychologisches Kinkerlitzchen, ohne Wirkung auf irgendwas?

Wie auch immer: linke Schachtel. Hansaplast. Eine Pappschachtel in Führerscheinformat, Dicke ein Zentimeter, in der pfefferminzgrünen Farbe des Mundschutzes von Frau Kurbjuweit. Das Grün verliert zur Schachtelmitte hin an Farbkraft und gebiert im Zentralbereich konsequentes Klinikkachelweiß, welches rechterseits die Darstellung eines Damenfußes unterlegt. Der Damenfuß ist augenscheinlich unbeblast; eine Hand ragt von oben durch den Farbverlauf ins Bild und belegt oberseitig den Fuß. Erster Eindruck: Diese Schachtelgestaltung hat Hand und Fuß. Links daneben ein Blasenpflaster, das sich aufgrund seiner Durchsichtigkeit kaum vom Hintergrund abhebt. Interessant: Die Darstellung des Pflasters ist ebenso groß wie die von Hand und Fuß. Dies legt verschiedene Deutungsmöglichkeiten nahe; entweder die in der Schachtel enthaltenen Pflaster sind ca. 40 Zentimeter lang, oder Hand und Fuß sind in Originalgröße abgebildet und gehören einem Zwergenmodel, oder der Schachtelkünstler kombinierte kühn zwei Maßstäbe. Meine Damen und Herren, Alice im Wunderland wird Ihnen präsentiert von: Hansaplast. Mal schauen, was der Begleittext hergibt. Oben/groß: «Blasen-Pflaster». Nanu! Schreibt man Blasenpflaster etwa mit Bindestrich? Ja lecko mio, da schau her! Sogleich den Duden konsultieren. «Blasenpflaster» hat keinen eigenen Eintrag, wohl aber «Pflaster», althochdeutsch Pflastar, lateinisch emplastrum gleich Wundpflaster. Aha! Wundpflaster ohne Bindestrich – was darauf hindeutet, dass Blasenpflaster ebenfalls ohne Strichbindung geschrieben wird, jedenfalls gemäß Duden. Natürlich kann Pappschachteln jeder beschriften, wie er will, es gibt ja kein Pappschachtelbeschriftungsgesetz. Wahrscheinlich geht's um die Instant-Lesbarkeit, diese wird durch den Bindestrich erhöht, oder der Autor hat geschlunzt. Unter Zwergenfuß und Monsterpflaster lese ich: «Extra starke Klebkraft an den Füßen» – ein Hinweis, der bei mir ein gewisses Unbehagen auslöst. Steckt aber gewiss keine Intention hinter. Der Dichter ist ganz bestimmt weder Gruselfreak noch Sadist, sondern, viel besser: Werbetexter.

Ein Wort zur Marke: Paul Beiersdorf entwickelte gemeinsam mit dem Dermatologen Paul Gerson Unna 1882 die sogenannte «Guttapercha-Pflastermulle», bei der es sich mitnichten um einen madagassischen Maulwurf handelte, sondern eben um das erste selbstklebende Pflaster. Nach dessen Patentierung wurde die Beiersdorf-AG gegründet, die 1890 an Oscar Troplowitz verkauft wurde, den großen alten Mann der innovativen Kosmetik. Mit dem Drehhülsengehäuse revolutionierte er die Lippenpflege, und mit «Nivea» schmierte er sich porentief in das Bewusstsein der westlichen Zivilisation. Die ersten «Hansaplast»-Pflaster gingen aus der erfolgreichen «Leukoplast»-Baureihe hervor und klebten erstmals 1922. Hansaplast ist also ein echter Klassiker, und außerdem schwingt in dieser Marke etwas elegant Hansestädtisches mit: der Hafen, der Bürgersinn, das Bekenntnis zur Republik. Was steht auf dem Schild des Roland, des Riesen vorm Rathaus zu

Bremen? «Vryheit do ik ju openbar», und überm Eingang zum Schütting, dem Haus der Kaufmannschaft, lesen wir: «Buten un binnen, wagen un winnen» – Solidität trifft im Hansestädtischen also auf Toleranz, Mut und globales Denken; kurz, auf der pochenden Blase pappt ein Pflaster von Welt.

Wenden wir uns nun der nächsten Schachtel zu. Wobei Schachtel kaum der treffende Begriff ist; es handelt sich eher um ein Schatüllchen, ein Plastiketui im Scheckkartenformat, von der Seite betrachtet einem Ferraribug ähnelnd, radikal aerodynamisiert. Verstehe, es handelt sich offenbar um Sportpflaster. Farbgestaltung satttürkis wie die Augen von Frau Kurbjuweit. Das Etui ist von einer rechteckigen Pappe zweidimensional ummantelt, oder, ums zu verdeutlichen: Stellen Sie sich einen sehr stark abstrahierten Krokodilschädel im Profil vor, der eine passgenau kieferkompatible Beute zwischen den Zähnen trägt. Das Auge des Krokodils wird vom markant hervorgehobenen «C» des Markennamens «Compeed» gebildet. Die Pappe soll das Produkt wahrscheinlich optisch vergrößern und auf Augenhöhe mit der verschachtelten Konkurrenz bringen. «Compeed» deutet ja bereits an, dass das kompetitive, das wettbewerbsorientierte Element bei diesen Blasenpflastern im Vordergrund steht.

Auf dem Etui sehen wir einen Fuß wie durch ein türkis bemaltes Kirchenfenster mit kreisrundem Loch, sodass die Fußmajorität nur als Umriss, die unter dem Pflaster verborgene Blase nebst benachbarter Ballenpartie jedoch in naturalistischer Farbgebung wahrgenommen wird. Das Kirchenfenstergluckloch ist wiederum halbseitig mit dem «Compeed»-C verziert. Grundsätzlich ein beachtlicher Markenbildungsansatz, einen weltweit bekannten Buchstaben zum eigenen Logo zu deklarieren. Zorro hat's mit seinem geritzten «Z» vorgemacht. Die Anarchisten klauten die Idee für ihr Anarcho-A, der Rennsteigwanderweg zog mit dem «R» nach, und vom Weitwanderweg zur Blase ist es nur ein kleiner Schritt. Mein Freund Jacky Drechsler, Produzent von «RTL Samstag Nacht», hat vor längerer Zeit mal «die Tonleiter» bei der GEMA anmelden wollen, in der Hoffnung, zukünftig an jedem Spielen der Tonleiter finanziell zu partizipieren, aber wie die Sache ausging, habe ich vergessen. Einen Buchstaben kann man sich wahrscheinlich kaum schützen lassen, ich kann mir aber gut vorstellen, dass die «Compeed»-Manager ebendies versucht haben. Compeed gehört übrigens zum amerikanischen «Johnson & Johnson»-Konzern. Noch so ein pfiffiges Namenskonzept: Johnson & Johnson. Hoffmann & Hoffmann. Spion und Spion. Ich und Ich. K. u. K. Doppelt hält besser.

Blasenpflaster wird auf der «Compeed»-Packung übrigens nicht mit Bindestrich geschrieben, sondern gar nicht. Lediglich «Blasen» ist zu lesen, daneben, kleiner: «small». Während mein erster Testkandidat auf verlässlichen Hanseatismus setzt, vertraut «Compeed» auf Wettbewerb in seiner angelsächsischen Form. Marktdynamik. Das rohe Spiel der Kräfte. Hilf dir selbst, dann hilft dir Gott. Wie sagte Margret Thatcher ihrerzeit? «Es gibt gar keine Gesellschaft, es gibt nur Individuen» – und zwar mit Blasen an den Füßen, die in Eigenverantwortung verarztet werden wollen. Während sich also «Hansaplast» wertekonservativ gibt, ist «Compeed» das Pflaster der jungen Liberalen.

Nächste Schachtel: Eine löwenzahngelbe Pappbox mit kleegrünem Rallyestreifen, über dem eine Hochgebirgslandschaft abgebildet ist. Der Himmel ist diesig, die Gipfel schneebedeckt. Halt, Moment, jetzt bin ich doch glatt auf einem ganz falschen Dampfer unterwegs; bei genauerem Hinschauen fällt mir auf, dass es sich bei der vermeintlichen Bergkette um eine makroskopisch fotografierte Woge handelt. Bitzelwasser aus nächster Nähe. Ob Bergkette oder Schwippsprudel ist jedoch eigentlich einerlei, denn die Message ist in beiden Fällen gleich: Es geht um Frische, Klarheit und Natur. Im Vordergrund posiert ein Fuß, dessen Ferse aufgehellt scheint.

Schwer zu sagen, ob dies ein Blasenschaden ist oder ob's an der miesen Druckqualität liegt. Oben lese ich, eingerahmt von zwei schnittigen Sichelklingen: «CadeaVera». Ein Markenname, den ich noch nie gehört habe. Scheint relativ jung zu sein, denn bei Wikipedia gibt's keinen passenden Artikel. Immerhin werde ich an «Cadaver» verwiesen, was ja durchaus mit der Sache zu tun haben kann, wenn denn das Pflaster nichts taugt. «CadeaVera» gehört zur Familie der preisgünstigen «Müller Qualitätsmarken». Den Namensteil «Cadea» teilt sich die Marke des Großdrogisten übrigens mit einem Karosseriebauer aus Eichenau bei Germering und einem Hersteller von Brathähnchengewürz, und damit sich niemand aus Versehen im Regal vergreift und seine Blase mit Würzpulver pudert, wurde ein «Vera» angekoppelt – das klingt schön grün und mag den einen oder anderen auch an die Talkmeisterin Vera In't Veen erinnern, in deren Nachmittagssendungen Blasen mehrfach thematisiert wurde(n). Unter dem Sprudelfoto steht «Wasserabweisend – Dermatologisch getestet», und auf dem Schachtelrücken wird erläutert: «Die Hydrokolloidmasse nimmt austretende Blasenflüssigkeit auf und bildet eine polsternde Schicht.» CadeaVera ist also ein modernes Volkspflaster für preisbewusste Fußkranke mit hohem Sicherheitsanspruch. Vera in't Veen-Fans sind ebenso willkommen wie Bergwanderer und Brathähnchenfreunde, wobei deren Affinität nur auf Missverständnissen beruht. Wenn Hansaplast CDU ist und Compeed FDP, was ist dann CadeaVera? Ich sträube mich gegen eine überhastete Festlegung; die harte Schale um den weichen Markenkern ist nur schwer zu knacken. CadeaVera schon allein deswegen zur SPD unter den Blasenpflastern zu erklären, wäre ziemlich ungerecht. Außerdem ist die SPD Deutschlands älteste Partei und entspräche von daher eher der Guttapercha-Pflastermulle aus dem Hause Beiersdorf. Denkbar wäre auch «die Linke», immerhin gehören zum «CadeaVera»-Logo zwei Sichelklingen. Auf der Sowjetflagge war nur eine zu sehen, aber, wie heißt es im Hause Johnson & Johnson? Doppelt hält besser.

Nein, bei nüchterner Betrachtung lässt sich keine programmatische Polit-Parallele erkennen. Indem sich «CadeaVera» jedoch ausschließlich in Müller-Drogeriemärkten dem Fußvolk zur Wahl stellt, verzichtet die Marke auf bundesweite Flächendeckung und sucht ihre Chance in der Regionalität, just so wie der Südschleswigsche Wählerverband oder die «Freien Sachsen». Wurde die zu verpflasternde Fußverletzung durch spitze Gewalt wie z.B. Dornen verursacht, darf sogar getrost von einer regionalen Splitterpartei gesprochen werden.

Festhalten kann man in jedem Fall, dass die Beschäftigung mit den Schachteln einen großen Vorteil hat: Ich werde von meinen immer noch schmerzenden Füßen abgelenkt. Also rasant weiter zu Schachtel Nr. 4. Wieder halte ich ein Verpackungskrokodil in meinen Händen, allerdings mit gerundeten Formen, nicht so zackig wie bei «Compeed». Das eigentliche Blasenbehältnis ist einem plattgebügelten Atomreaktor nachempfunden, man kann das Gesamterscheinungsbild getrost «feminin» nennen. Drei Schriftblöcke werben um meine Aufmerksamkeit: «Scholl», «Party Feet» sowie «Blasen Pflaster Mix». Beim Wort «Scholl» handelt es sich wohl um den Markennamen. Eine raffinierte Wahl; ich assoziiere abrupt Mehmet Scholl, den sympathischen Sportsmann. Mehmet Scholl als Fußballer lässt mich an enge Fußballschuhe denken, also an akute Blasengefahr.

In Wirklichkeit geht der Markenname auf Dr. William M. Scholl zurück, dessen Firma seit 1904 auf Produkte spezialisiert ist, die der «Verbesserung der Gesundheit, des Komforts und Wohlbefindens unserer Mitmenschen über ihre Füße» dienen. 1899 entdeckte Dr. Scholl als Schusterlehrling in Chicago seine Berufung, und sein Credo lautete: «Die Füße bilden das Fundament des Körpers.» Die moderne Fußpflege ist ohne die bahnbrechenden Beiträge dieses rastlosen Pioniers undenkbar: Noch während seines Medizinstudiums gelang Dr. Scholl mit der Erfindung der Schuheinlage ein Quantensprung in der Tretertherapie, und gemeinsam mit seinem Bruder Frank entwickelte er in den folgenden Jahrzehnten ein Sortiment an Polstervorrichtungen und Heilmitteln, welches das gesamte Spektrum der Fußgesundheit abdeckte. 1912 gründete er das «Institut für Fußpflege und Orthopädie in Illinois», das für die Welt der Pediküre ungefähr so wichtig wurde wie der Vatikan für den Katholizismus.

Umso mehr beeindruckt die spielerische Nonchalance der poppigen Pappschachtel. «Party Feet», «Blasen Pflaster Mix» – das klingt nicht nach einem faktentrunkenen Medizinalrat, sondern liest sich wie der Flyer zu einer Tanzveranstaltung: DJ «Party Feet» legt den «Blasen Pflaster Mix» auf. Abgefahren, oder, um im Bild zu bleiben, weggetreten. Auf dem Etui ist bei Dr. Scholl kein Fuß abgebildet, sondern ein eleganter Damenschuh mit 12-cm-Absatz auf einem Lavendelfond in Sex-and-the-City-Ästhetik. Ungefähr so sehen jene Schuhe aus, in denen ich vorgestern auf der Zahnarztliege lag. Zurück in die Schachtel: Die medizintechnischen Argumente sind souverän an den Rand gerückt, bei Schauspielern würde man von «unterspielt» sprechen: «NEU: größere Klebefläche» lese ich an der linken Pappkante, «Hydra Gel unterstützt Blasenheilung» an der rechten. Der Pflastermantel gibt sich somit betont ideologiefrei, er wendet sich an eine lebenslustige Wählerschaft, die auch in der Krise nicht in Sack und Asche, sondern tanzen geht, und diese reicht von jener Boheme, die der Politik grundsätzlich misstraut, bis zu fidelen Senioren, die den Tanztee der Grundsatzdiskussion vorziehen. Gleichzeitig steht die Kompetenz der Firma Scholl natürlich außer Zweifel. Gerade der empörte Blutbürger wünscht sich Kabinette, in denen Fachleute agieren, die von Bluten und Blasen eine Ahnung haben, und in einer solchen Regierung wäre Dr. Scholl zweifellos erste Wahl, wenn es um die Besetzung des Ministeriums für Fußgesundheit ginge. Der Ruf nach Spezialisten, nach Wissenschaftlern am Kabinettstisch geht auf Platon zurück, der sich in der «Politeia» für Philosophenkönige aussprach: «Wenn nicht entweder die Philosophen Könige werden (...), oder die, die man heute Könige nennt, echte und gründliche Philosophen werden, und wenn dies nicht in eins zusammenfällt, die Macht in der Stadt und die Philosophie (...), so wird es mit dem Elend kein Ende haben (...)»

Die Anhänger des Dr. Scholl sollten allerdings im Hinterkopf behalten, dass sein Grundsatz «Die Füße bilden das Fundament des Körpers» als Grundlage einer Reform des Gesundheitswesens sinnvoll sein mag, aber viele andere Fragen im Falle seiner Regierungsübernahme ungeklärt blieben. Die Reduktion auf das Detail verbindet Dr. Scholl mit der Piratenpartei, die sich in ihrem Programm zur Bundestagswahl 2009 ebenfalls radikal beschränkte, nämlich auf Aussagen zum Urheberrecht und zum Datenschutz. Selbstverständlich lässt dieser Vergleich jetzt sowohl Piraten wie Fußpfleger aufschreien, denn beide werden behaupten, dass es sich bei ihrem Anliegen um das wichtigste Problem, das Grundübel, eben das «Fundament» handele.

Weniger Widerspruch erwarte ich jedoch bei der Behauptung, Scholls «Party Feet» gäben sich betont unpolitisch und passten daher besonders gut zur wachsenden Gruppe der Nichtwähler.

Eine erfreuliche Konstante lässt sich erkennen: Braune Blasenpflaster haben in Deutschland keine Chance; «Zäh wie Leder, hart wie Kruppstahl» hatte im Dritten Reich der deutsche Fuß zu sein, und eventuell steht Pediküre beim rechtsradikalen Fußvolk weiterhin unter Generalverdacht. Hierzu fällt mir ein, dass mein Vater einen katholischen Pfadfinderkalender aus dem Jahre 1951 aufbewahrt hatte, Titel: «Komm mit!», der zu meinen ersten und prägenden Leseerlebnissen gehört. Nun haben christliche Pfadfinder selbstverständlich nichts mit den Nazis gemein, aber dennoch verriet dieser Kalender viel über die fußpflegerischen Praktiken einer Epoche, in welcher das Kriegserlebnis nachwirkte. Vor schweren Märschen, so empfahl der Kalender, tue man gut daran, die Füße mit einer hochkonzentrierten Formaldehydlösung einzupinseln – so habe auch Max Schmeling vor großen Kämpfen seine Hände behandelt.

Mittlerweile haben wir Sonntagnachmittag, und immer wieder fällt mein Blick auf die nebeneinanderliegenden Blasenpflasterschachteln. Ich habe ihren Anblick mittlerweile sehr lieb gewonnen. Er vermittelt mir das wohlige Gefühl, im Besitz einer vollkommenen Sammlung zu sein; wahrscheinlich fühle ich mich an jene Kindertage erinnert, die ich nicht vor Supermarktregalen verbracht, sondern mit Motorrad- und Traktorenquartetten verspielt habe. Blasenpflasterschachtelquartette gab es damals nicht; es wird höchste Zeit, dies zu ändern.

Und während ich über weitere Kartenspielinnovationen nachsinne, fällt mir auf, dass meine Füße schon seit geraumer Zeit nicht mehr schmerzen. Ihre Beklebung mit Blasenpflastern ist also inzwischen hinfällig; bei der Beantwortung der Frage, ob und warum es einen Zusammenhang zwischen Blasenpflasterwahl und politischem Bekenntnis gibt, kommt mir der Praxistest eh irrelevant vor. Ist der Fuß als «Fundament von allem» auch Träger der politischen Grundeinstellung? Fungiert der geschlossene Schuh wie eine Wahlkabine, hinter deren Wänden sich die Wahrheit offen ausdrückt? Oder bleibt die Hermeneutik hier in der politisierten Hydrokolloidmasse stecken? Um die Ergebnisse meiner Blasenpflaster-Analyse einordnen zu können, nehme ich mir vor, bis zum Schlusskapitel dieses Buches doch ein paar Nosehair-Trimmer zu besorgen; der automatische Kürzungsmechanismus ist mindestens ebenso politisch wie das Pflaster. Doch verweilen wir zunächst noch ein wenig im Fußraum, Auge in Auge mit dem großen Onkel, auf dem Boden der Tatsachen.

Die Geschichte der Fußleiste und ihre Bedeutung für das Abendland

Im toten Winkel der Innenarchitektur, dort, wo sich Putz und Parkett gute Nacht sagen, liegt, weithin unbeachtet und eingestaubt, ein Stiefkind der Baustoffkunde, ein tapferer Kalfaktor der Wohnkultur: die Fußleiste. Auf den ersten Blick ein banales Zierprofil, gehört das Sockelholz bei sorgfältiger Betrachtung zum Fundament unserer Existenz; die Geschichte der Fußleiste verläuft parallel zur unsrigen und ist mit dieser in engen Abständen vernagelt. Ja, ohne die Fußleiste wären wir heute gewiss nicht, was wir sind.

Die Urahnen der modernen Fußleisten wurden in der Steinzeit gefertigt, und sie bestanden, dreimadarfsderaten, aus Stein. Nach Meinung führender Fußleistenforscher handelte es sich um das gleiche Material, wie man es zur Herstellung von einfachem Werkzeug verwendete. Einer der wichtigsten europäischen Fundplätze ist Le Moustier in der Dordogne. Die Höhle über dem Tal der Vézère wurde vor etwa 120 000 Jahren besiedelt; das Tal war damals ein führendes Zentrum der Steinwerkzeugindustrie.

Bei Ausgrabungen seit 1860 stieß man dort auf eine große Anzahl sogenannter Zweiseiter, also zum Schneiden, Schaben und Schlagen geeignete, beidseitig bearbeitete Steine. Die Sedimentfüllung der Höhle legt nahe, dass diese nicht nur für die Arbeit an den Steinwerkzeugen, sondern auch zum Wohnen genutzt wurde. Da die Höhlenwände in Le Moustier nicht im rechten Winkel vom Boden aufragen, sondern vielfach in einem spitzen Winkel nach Art heutiger Dachkammern, sind die Ränder der Bodenfläche nischenreich und schwer nutzbar, außer als Stauraum für besagte Werkzeuge aus Feuerstein sowie den bei der Herstellung anfallenden Abschlag. Die frühen Fußleistenvorläufer bestanden also aus Gesteinsabfallhäufchen und -wällen, eine These, die auch deswegen plausibel ist, weil dieser Abfall scharfkantig ist und im höhlenmittigen Wohnbereich gestört, ja, zu Schnittverletzungen geführt hätte – zumal die ersten Schuhe erst vor 40 000 Jahren getragen wurden.

Zeitgleich mit der Abschlags-Nischenfüllung könnten auch die ersten Holzleisten angelegt worden sein: Äste und Zweige, die unsere Vorfahren an den Höhlenwänden deponierten, um sie bei passender Gelegenheit zu verfeuern. Ob aber der rohe, unbearbeitete Ast bereits als Fußleiste betrachtet werden kann oder ob dessen Lagerung im Wohnraum nicht eher als Ursprung des Schnittblumenschmucks zu deuten ist – dies ist eine Streitfrage, um deren Klärung Generationen von Archäologen und Floristen miteinander gerungen haben, und die an dieser Stelle nicht entschieden werden kann.

Vor etwa 9600 Jahren tauchten in Europa die ersten Kern- und Scheibenbeile auf, behauene Steinklingen, die an Schäften aus Holz befestigt waren. Für jene Höhlen und Behausungen, in denen unsere Ahnen ebendiese Werkzeuge fertigten, lässt sich die Hypothese aufstellen, dass der Produzent neben unbearbeitetem Rohmaterial auch bereits bearbeitete Holzstiele zwischenlagerte, die zum Zwecke optimaler Raumökonomie und unter Verzicht einer instabilen Stapelung wandseits aneinandergereiht wurden. Die Kernbeile waren quergeschäftet, d. h. die Klinge verlief parallel zum Schaft. Die Schäftung sowie die Gebrauchsspuren weisen darauf hin, dass diese Geräte zur Holzbearbeitung genutzt wurden. Ausgehend von der Kniffelei «Was war zuerst da – die Henne oder das Ei?» stellt sich die Frage: «Was war zuerst da – das Beil oder die Holzbearbeitung?» Antwort: auf jeden Fall die Fußleiste. Sie ist das unbedingte Glied zwischen Baum und Bearbeitung, zwischen Holz und Artefakt. Die Fußleiste im eigentlichen Sinne entsteht also zeitgleich mit Rodung und Architekt, sie ist die Schnittstelle zwischen Hain und Heim, zwischen Wald und Flur.

Mit der neolithischen Revolution, also dem Ende der nomadischen Lebensweise und dem Aufkommen der Landwirtschaft, traten neben die Beilschaftfußleiste Grabstock und Grindel, die gemeinsam den Pflugrahmen bilden, was bei deren Lagerung an den Wänden der Behausung zu einer Verlängerung der Leistensegmente führte. Ausgrabungen am Fuße des persischen Zagrosgebirges erbrachten leider keine Leistenfunde, sodass die kühne These, die Erfindung des Pfluges sei erst durch die Fußleiste inspiriert worden und die Landwirtschaft gleichsam ihr Kind, reizvoll, aber nicht belegbar ist.

Welche Bedeutung jedoch die Fußleiste im Verlauf der kommenden Jahrtausende gewonnen haben muss, wird in den frühen Hochkulturen zwischen Euphrat und Tigris deutlich. In der Stadt Mureybet wurden um 8700 v. Chr. die ersten viereckigen Räume gebaut. Führt man sich die Wuchsrichtung der meisten für die Fußleistenherstellung verwendeten Bäume vor Augen, wird klar, warum die Sumerer geraden Wänden den Vorzug gaben: für die Verleistung von Rundbauten kommen nur wenige Baumarten wie z. B. die Korkenzieherweide in Betracht. Die Bedeutung der Fußleiste für Mesopotamien wird auch in der Keilschrift deutlich; unschwer lässt sich in den Keilen der Querschnitt einer einfachen Sockelleiste erkennen, wie sie noch heute für 1,50 Euro pro Meter in jedem Baumarkt erhältlich ist.

In den Steinbauten der Antike ist die Fußleiste allgegenwärtig. Für die dorische Säulenordnung sind das «Geison» genannte Kranzgesims und die «Guttae», die sogenannten Kälberzähne, elementar; oberhalb der Säulen dienen sie als Basis der, Moment, ich hab's gleich, äh, hier, gefunden, also, der «Triglyphen» und der, Sekündchen, bitte nicht hetzen, äh, der, halt, gleich, hier: der «Metopen». Ich erlaube mir, auf nähere Erklärungen zu verzichten; dem Laien empfehle ich, bei seinem nächsten Akropolisbesuch einfach auf die hohe Anzahl von Simsen zu achten, nein, nicht SMS, sondern quer verlaufende Reliefstrukturen, die das hohe Fußleistenbewusstsein der Antike unterstreichen. Hoch auch deshalb, weil die Fußleiste im damaligen Griechenland nicht erdgebunden war, sondern sich bis zur Unterkante des, verflixt, wie hieß das doch gleich, wo liegt denn der Zettel, irgendwas mit Archi...da...Architravs (Taenia), ja sogar bis hinauf zur Giebelbasis, eben des Geisons, emporschwang. Der Sims – und die Fensterbank – sind sozusagen die Emporkömmlinge unter den Fußleisten. Das architektonische Kernziel der antiken Welt, dass nämlich die Fußleiste dem Himmel näher rückt, spiegelt sich auch in der Mythologie: Die geflügelten Schuhe des Hermes illustrieren die Einheit von Fuß und Flug, unten und oben, 0 und unendlich, Yin und Yang, Himmel un Äd, Fix und Foxi.

Die ersten Säulen werden nach ihrer Anfertigung zunächst eine Weile liegend verbracht haben – eben als Fußleisten. Das Säulenportal ist insofern mehr als die bloße Erektion, es ist die Himmelfahrt der Fußleiste; sie übt sich im aufrechten Gang und wird so vermenschlicht, ja, vergöttlicht.

Auch der zaubermächtige Hermesstab Kerykeion, mit dem Götterbote Hermes einschläfern und Träume bewirken konnte, verweist auf die Horizontale und kann seine Abkunft aus der Fußleiste nicht verbergen, genauso wie der heilkräftige Äskulapstab, an dem sich die gleichnamige Natter emporwindet. Zwar kann die Äskulapnatter durch Einspreizen ihrer Schuppen tatsächlich sehr gut klettern, jedoch verbringt sie die allermeiste Zeit auf dem Boden. Dies legt die Vermutung nahe, dass Stange und Schlange seit der Antike falsch dargestellt werden; eigentlich müsste das gängige Arztsignet um 90 Grad gekippt werden, sodass das Kriechtier kriecht und die Leiste liegt. Wenn Sie also das nächste Mal einen Krankenwagen mit Äskulaplogo sehen, stellen Sie den Wagen bitte hochkant, um der Wahrheit wieder auf die Füße zu helfen. Danke schön.

In der römischen Innenarchitektur gewannen neben den Säulen die eigentlichen, die liegenden Fußleisten immer mehr an Bedeutung. Allerdings wurden diese in Rom nicht verlegt, sondern aufgemalt. Im Haus des Augustus, auf dem Palatin in Rom, sind die Leisten podestartig vergrößert, etwa im

Maskenraum, in dem sie wie eine Bühne für das dekorative Walten der Wand wirken. Mächtige Fußleisten wurden somit einerseits zum Statussymbol, zur Rolex des Römers, und andererseits wurden sie zur Bühne, zu dem Brett, das die Welt bedeutet.

Aus dem Äskulapstab entwickelte sich wiederum das Zepter als mittelalterliches Herrschaftssymbol. Die gottgegebene Allmacht steckte in der auf- und auserlesenen Fußleiste, während die Untertanen an ihrer statt vor dem Regenten im Staube knieten. Im mittelalterlichen Alltagsleben geriet die Fußleiste hingegen ins Abseits. Bauern und Stadtbevölkerung lebten leistenfrei auf blanken Böden; die Fachwerkbaumeister, verantwortlich für die damalige Balkenisierung Europas, hätten die Wandverleistung von Profanbauten sicher als Gotteslästerung empfunden. Grund: Auf vielen mittelalterlichen Darstellungen steht der Heiland auf einer Fußleiste, wie sie tatsächlich bei Kreuzigungen im Palästina der Zeitenwende üblich waren. Im Unterbewusstsein der mittelalterlichen Gläubigen wird dies zu einer Aufladung der Leiste mit religiöser Bedeutung geführt haben – obwohl der Vatikan bis heute darauf verzichtet, die Fußleiste in den Kanon der christlichen Symbole aufzunehmen. Dies mag den kulturgeschichtlichen Leistenbruch am Ausgang der Antike erklären.

Nicht nur der mittelalterliche Otto Normalverbraucher verzichtete auf Fußleisten, auch Otto I., deutscher Kaiser ab 962, lebte, von seinem auffallend langen Zepter abgesehen, fern aller Fußleisten. In Sichtweite des Thrones im Aachener Dom sind sämtliche Wände kahl. Übrigens ist keineswegs belegt, dass Ottos Vorgänger Karl der Kahle seinen Beinamen aufgrund seiner fehlenden Frisur erhielt – hierauf deutet lediglich das Gedicht «De laude calvorum» des zeitgenössischen Verseschmieds Hugbert hin, und auch die gängige Theorie, dass der Karolinger Karl bis zum Reichstag zu Worms 829 hinsichtlich seines Erbes unversorgt, also «kahl» gewesen sein soll, ist nicht deutlich schlüssiger als die Annahme, dass mit «kahl» die Wände des karolingischen Baustils gemeint sind. Erst in romanischen Kirchen tauchten die sogenannten Lambris auf, französisch ausgesprochen, also phonetisch ähnlich wie «le long brie» – der lange Edelschimmelweichkäse. Diese Info offeriere ich lediglich als Eselsbrücke, denn: Lambris waren Holzvertäfelungen im unteren Bereich der Wände, deren Nutzen darin bestand, Feuchtigkeit und Schimmelpilzbefall zu verdecken. Auf Lambris stößt man auch heute noch, etwa an den Tresen irischer Pubs, die diese vor Beschädigungen durch tretende Trinker schützen sollen. Guinness, Messwein und stockfleckfreudiges Wandwasser werden zu den Ozeanen in der Welt der Fußleiste. Deren Wesen erweitert sich um eine Schutzfunktion; die Fußleiste wird zum Komplizen des Menschen in der Abwehr von Feuchte und Fungus, zum Deichgrafen, zum Schimmelreiter. Und so wie jeder Dunst irgendwann Kneipe und Kirche verlässt, um aufzusteigen und Wolke zu werden, so ist inzwischen auch der Lambris in die Luft gegangen, nämlich als sogenanntes Dado Panel, jene Innenverkleidung von Flugzeugkabinen, hinter der sich das elektrische Gekröse verbirgt.

Abgesehen vom Lambris spielte die Fußleiste im Mittelalter jedoch keine bedeutende Rolle – dies sollte sich erst in der Renaissance wieder ändern. Den Beginn des bis heute anhaltenden Fußleistenbooms markierte die Erfindung der Tapete. Reiche Adelige hatten im Mittelalter ihre Residenzen vornehmlich mit großen Wandteppichen geschmückt, bis die Mauren im von ihnen besetzten Spanien Leder- und Pergamenttapeten einführten. Im Jahre 1469 wurden am Mittelrhein die ersten Tapezierversuche durchgeführt, und ihren Durchbruch erlebte der neue Wandschmuck, als ostindische Handelskompanien handbemalte Papiertapeten aus China nach Europa einführten. Kurz nach der Erfindung des Buchdrucks durch Johannes Gutenberg gingen auch die ersten Drucktapeten in

Serie. Die Emanzipation des Bürgertums ging mit der Erfolgsstory der Tapete Hand in Hand; der selbstbewusste Bürger versicherte sich seiner Bedeutung, indem er sein Heim mit einem Wandschmuck versah, der einerseits als gekleistertes Printmedium den technischen Fortschritt widerspiegelte und andererseits mit Vorliebe Motive darstellte, die einen Aufbruch zu neuen Ufern dokumentierten, z. B. chinesische Landschaftsidyllen. Diese Prachtstücke mussten natürlich adäquat präsentiert werden, und so wurde die Fußleiste gleichsam als Rahmen wiederentdeckt. Doch die Fußleiste war nicht nur Trittbrettfahrerin der Tapete, oh nein. Im «Kabinett der Königin» im Schloss Blois an der Loire, Residenz der französischen Monarchen im 16. Jahrhundert, sind in die Fußleisten Pedale integriert, mit deren Hilfe sich vier Geheimfächer in der Wand öffnen lassen. Alexandre Dumas schrieb in seinem Roman «La reine Margot», diese Geheimfächer habe Katharina von Medici für die Aufbewahrung von Giftampullen benutzt; heute wissen wir jedoch, dass in den Fächern wertvolle Kunstgegenstände, Dokumente und Bücher versteckt waren. Hieran wird die Bedeutung der Fußleiste für die Renaissance deutlich: Sie war der geheime Schlüssel zu Bildung und Kunst; ohne die Fußleiste wären die Schätze der geistigen Wiedergeburt verloren gegangen.

Im 18. Jahrhundert entstanden die ersten Lacksiedereien, in denen Leinöl und Pigmente wie Zinnober bei erhöhter Temperatur miteinander vermischt wurden, was die Grundlage für eine Glanzlackierung und somit für eine erhebliche Aufwertung der Fußleisten schuf. Diese ist im Zeitalter der Aufklärung kein Wunder, fungiert doch die Fußleiste als Basis der Wand, ist dabei den willkürlichen Tritten «derer da oben» ausgesetzt und entspricht so dem dritten Stand, dem Fußvolk, das mit dem Sturm auf die Bastille 1789 selbstbewusst darangeht, sich die ihm zustehenden Rechte zu erkämpfen. Als am 14. Juli das Volk in das Pariser Stadtgefängnis einzudringen versucht, besteht die Bewaffnung der Aufständischen anfangs lediglich aus Piken, also angespitzten Fußleisten, was zu einem Blutbad unter den Belagerern führt. Sodann setzt die erregte Menge die Pariser Stadtverwaltung unter Druck, diese bringt mit Hilfe von Militärs vier Kanonen vor der Bastille in Stellung, woraufhin Kommandant Launay kapituliert. Sein abgeschlagener Kopf wird auf eine Fußleiste aufgespießt und zur Schau gestellt.

Ob beim Zug der Poissarden nach Versailles oder beim Sturm auf die Tuilerien – stets waren Fußleisten mit von der Partie und dienten den Parisern als Hieb- und Stichwaffe. Die Einzelmeinung weniger Historiker, es seien auch Dachlatten zum Einsatz gekommen, ist nicht haltbar; Dachlatten sind in der Regel fest im Dachstuhl verbaut und nur unter Einsturzgefahr zu demontieren. Nein; die Fußleiste war die eigentliche Konstituante der Französischen Revolution. Dies gilt auch für alle folgenden Erhebungen, sofern jedenfalls die mittellose Stadtbevölkerung das Heft und somit die Leiste in die Hand nimmt; im ländlichen Raum stehen mit Dreschflegeln und Mistgabeln wirksamere Ersatzwaffen zur Verfügung.

Doch nicht nur ihr massenhafter Einsatz als jederzeit verfügbare Handwaffe revolutionierte die Welt der Fußleiste; mit der Erfindung des vollmechanisierten Webstuhls durch Edmond Cartwright 1785 eröffnete sich ihr noch eine weitere Aufgabe. Beim sogenannten «Power Loom» handelte es sich um eine Schützenwebmaschine, welche die Herstellung von getufteten Teppichböden ermöglichte. Bis zur Geburt der Auslegeware hatte die Fußleiste ihr Dasein in einem innigen Verhältnis zur Wand verbracht und war dabei schmalseitig dem Holzboden aufgesockelt. Zu Annäherungen oder gar Berührungen zwischen Teppich und Fußleiste war es jedoch höchstens zufällig gekommen. In den Frühzeiten der Teppichbodenverlegung wurde die Auslegeware einfach mit Nägeln am Untergrund fixiert, später kamen die sogenannten Nagelleisten in Gebrauch, auf denen der Teppich in Wandnähe gespannt wurde. Die Fußleiste saß fortan Nagelleiste und Teppich auf, was für unser Studienobjekt einen unerhörten Komfortabilitätszuwachs bedeutete. Erschütterungen, vom Tritt bis zum Erdbeben, kamen bei der Fußleiste nur noch gedämpft an, was ihre durchschnittliche Lebenserwartung immens erhöhte. Dieser Dualismus aus roher Gewalt, der die Fußleiste ereilte, wenn sie in Revolutionszeiten aus ihrer Verankerung gerissen wurde, und weichgebetteter Dekadenz ist prototypisch für die Moderne. Ferner wurde nicht nur der Teppich, sondern auch die Fußleiste immer mehr zum Industrieprodukt. Die Trostlosigkeit ihrer Herkunft, nämlich ohrenbetäubend laute und staubige, spanstrotzende Sägewerke, in denen seelenlose Maschinen Profile in Langlatten schnitzten, verbarg man unter klangvollen, noch heute gebräuchlichen Produktbezeichnungen wie «Hamburger» oder «Alt-Berliner Profil». Und den Fortschritt, ihr Dasein im elektrischen Zeitalter auf Streichgarn, Jute oder gar Plüsch zu fristen, bezahlte die Fußleiste, indem man in ihren Rücken eine halbrunde Ausbuchtung hineinschnitt, den Kabelkanal.

Die Idee, Fußleisten als Kabelführungssysteme zu missbrauchen, war nie unumstritten. Ihre Gegner waren keine technikfeindlichen Traditionalisten, sondern zumeist Anhänger einer fortschrittsbejahenden Avantgarde, die keinen Sinn darin erkannte, Kabel zu verstecken. «Man muss die Technik doch sehen!», lautet ein vielzitierter Satz Bertolt Brechts, der in seinen Wohnungen übrigens auch auf Lampenschirme mit Begeisterung verzichtete.

Zu allem Überfluss musste die moderne Fußleiste hinnehmen, dass sie erstmals gesetzlichen Richtlinien unterworfen wurde. In Deutschland geschah dies im Rahmen der Industrienormierung. Im März 1918 erschien die erste DIN-Norm, «DIN 1 – Kegelstifte», und im Jahr 2004 umfasste das Regelwerk 29 800 Positionen. Laut DIN 68 252 handelt es sich bei einer Leiste um ein Schnittholz im Format 16 x 80 mm, wobei es der Gesetzgeber bis heute versäumt hat, die Fußleiste gegenüber der gemeinen Leiste abzugrenzen. DIN 4074 legt fest, welche Hölzer als Bauholz verarbeitet werden dürfen. Entscheidend sind hierbei Risslage, Faserneigung, und dass die Holzfeuchte 20 % nicht übersteigt. Sinn dieser Normierung ist die Gewährleistung der Tragfähigkeit; da Fußleisten jedoch niemals eine tragende Funktion ausüben, ist diese Regelung äußerst ungerecht – Millionen von Holzklaftern wird auf dieser Grundlage ohne Not ihre Qualifikation als Fußleiste verwehrt. Setzt sich das Schnittholz jedoch über DIN 4074 hinweg und lässt sich schwarz verlegen, drohen baupolizeiliche Sanktionen, die ganz bewusst nicht näher definiert sind. Wie mit feuchten Fußleisten verfahren wird, lässt sich lediglich erahnen: Sie werden demontiert und an die Wand gestellt, oder man lässt sie kurzerhand in dunklen Kellern verschwinden. Es ist mühelos nachvollziehbar, dass dem Holz die Mittel fehlen, diesen Teufelskreis aus Willkür und Drohung zu durchbrechen. Franz Kafka lässt grüßen. Dass sich die hölzerne Fußleiste in den letzten 50 Jahren zusätzlich einer anspruchslosen Konkurrenz aus organischen Polymeren gegenüber sieht, sei an dieser Stelle nur als Fußnote erwähnt; die Leiste in der Leistungsgesellschaft teilt ihr Schicksal mit vielen anderen.

Doch zur Resignation besteht kein Anlass. Die Fußleiste ist eine der ältesten Begleiterinnen des Menschen, und in ihrer Geschichte gelang es ihr immer wieder, sich erfolgreich neu positionieren zu lassen. Das jüngste Beispiel für ihre beeindruckende Assimilationsfähigkeit ist ihre Rolle bei der Entwicklung von Computer und Internet. Viele Benutzeroberflächen und Web-Seiten verfügen bereits über Fußleisten, auf denen etwa Lade-Status-Balken oder weiterführende Links untergebracht sind; in kürzester Zeit ist es unserem Studienobjekt gelungen, sich in seiner virtuellen Form im Einzelplatzrechner unentbehrlich zu machen. So kombiniert die Desktop-Fußleiste Elemente aus allen Kapiteln ihrer Geschichte: Wie in den Wandmalereien im alten Rom taucht sie auf der Benutzeroberfläche lediglich zweidimensional auf, und an die Renaissance erinnern die Icons, die wie die geheimen Pedale im Schloss Blois zum Öffnen von Links verwendet werden. Die virtuelle Fußleiste ist die holzfreie Synthese aus all ihren Vorgängerinnen; in Kooperation mit ihren fassbaren, flachgelegten Schwestern wird sie einen entscheidenden Beitrag zum Überleben ihrer Art leisten. Die Fußleiste hat nicht nur eine stolze Vergangenheit, nein, auch die Zukunft gehört der Fußleiste.

Aber: Trotz dieser verlockenden Aussichten sollte unser sperriger Forschungsgegenstand nicht die Bodenhaftung verlieren. Ihm ist weiterhin eine Nischenexistenz beschieden; mit Glamour, Schicki & Micki, Reich & Schön hat die Fußleiste auch zukünftig nichts zu tun. Die roten Teppiche für die Prominenz werden ausgerollt und funktionieren weiterhin fußleistenfrei.

Assel, Bückling, Tse-Tse-Fliege – Prominenz im Tierreich

W er ist ein Promi? Die Soziologie unterscheidet zwischen dem «aktiven» und dem «passiven» Aufmerksamkeitsprivileg. «Aktiv» bedeutet: Eine bestimmte Person genießt das Privileg, ihre Aufmerksamkeit der Gesellschaft zuzuwenden, wobei diese Aufmerksamkeit in der Geschichte oftmals mit Macht verbunden war. Klassisches Beispiel: Der Feldherr steht auf dem Hügel, sieht seine Truppen und entscheidet, wie sich die Menschen zu seinen Füßen verhalten sollen. Die Beaufsichtigten sehen den Feldherrn dabei nicht, werden ihn kaum persönlich kennenlernen, und bis vor einigen hundert Jahren kannten sie das Aussehen ihres Regenten höchstens von Reiterstandbildern oder Münzprägeporträts. Die Entwicklung der Medien hat das aktive mehr und mehr durch das passive Aufmerksamkeitsprivileg ersetzt. «Passiv» heißt: Der Prominente genießt das Privileg, von vielen Menschen wahrgenommen zu werden, – ohne dass diese Bekanntheit unbedingt mit Macht verknüpft ist. Wer ihn wahrnimmt, weiß der Privilegierte nur im Einzelfall; die meisten Medien funktionieren wie eine semi-permeable Membran: Unter dem osmotischen Druck der Neugier diffundieren Informationen vom Promi zum Publikum, ein Rücktransport findet nicht statt.

Auch im Tierreich gibt es das aktive Aufmerksamkeitsprivileg, etwa bei Greifvögeln, die ihre Beutetiere aus großer Höhe am Boden erspähen und sodann den Sturzflug einleiten. Der mächtige Adler ist seinen Untertanen unbekannt, in der Regel hat der Hase nur ein einziges Mal Gelegenheit, mit ihm persönliche Bekanntschaft zu machen. Jedoch hat es zu allen Zeiten auch passiv privilegierte Tiere gegeben, very important beasts, deren besondere Qualitäten der interessierten Menschheit zur Kurzweil gereichten. In der folgenden Untersuchung möchte ich mich einigen dieser Berühmtheiten widmen, wobei ich fiktive und fiktionale Tiere, von Pegasus über Lassie bis zu Spongebob Schwammkopf, auszuklammern gedenke. Man möge mir die politisch unkorrekte Formulierung verzeihen, aber mein Gegenstand soll das Tier sein, und zwar das reale, das in Echt existierende Individuum.

Vorab: Warum werden Menschen bekannt? Weil sie in der Gesellschaft a) eine leitende Funktion ausüben. Oder weil sie b) besondere Begabungen besitzen, z. B. als Künstler oder Sportler. Oder sie verhalten sich c) in besonderen Situationen heldenhaft, indem sie etwa ein Kind vor dem Ertrinken retten. Manchmal handelt es sich auch um betont normale Mitbürger, die d) lediglich in besondere Situationen geraten sind, ohne sich in diesen nennenswert zu bewähren, etwa der strunzdoofe Lottomillionär. Oder sie verdanken ihre Berühmtheit e) ausschließlich ihrer Herkunft, wie Könige oder Hotelerbinnen. Dann gibt es noch f) jene Bekanntheiten, die ihre Prominenz allein der Tatsache verdanken, dass sie mit noch berühmteren Menschen befreundet oder verheiratet sind oder waren – und, zu schlechter Letzt, gibt es g) die Untäter, die Kriminellen, das personifizierte Böse.

All diese Bekanntheitsgründe gibt es auch im Tierreich. Das früher «Eckermann-Kniff», heute zumeist «Naddel-Effekt» genannte Phänomen f), also die Prominenz aufgrund der Nähe zu einem menschlichen A-Promi, ist beim Tier ein häufiger Grund für gesteigertes Medieninteresse – und gleichzeitig der älteste. Das Pferd Bukephalos lebte im vierten Jahrhundert vor Christus und war als Schlachtross Alexanders des Großen das bekannteste Tier seiner Zeit. Zu Alexander, dem makedonischen Megastar, lebte Bukephalos in größtmöglicher Nähe – verbrachte der korinthische Hegemon doch einige der wichtigsten Stunden seines Lebens auf dem Rücken seiner Mähre. Dabei war Bukephalos kein unproblematisches Reittier; seine Angst vor Schatten sorgte in den Klatschforen des vierten vorchristlichen Jahrhunderts für viel Gesprächsstoff. Die Paranoia wird mit Bukephalos zum Kennzeichen der kapriziösen Diva und begegnet uns z. B. in der Mundschutzmanie Michael Jacksons erneut. Über das Aussehen des bei seinem Ertrinkungstod satte 30 Jahre alten Promi-Alphatieres wissen wir bestens Bescheid: Auf makedonischen Bronzemünzen posiert Alexander stets gemeinsam mit seinem Hengst, und auf dem berühmten Alexandermosaik in Pompeji nimmt Bukephalos deutlich mehr Raum ein als sein Reiter – was zugegebenermaßen auch mit den natürlichen Größenverhältnissen zwischen Mensch und Hottehü zu tun hat. Apropos Michael Jackson: Zu den durch den «Naddel-Effekt» bekannt gewordenen Tieren gehört natürlich auch der Schimpanse Bubbles. Der 1983 geborene Menschenaffe wuchs in der Obhut eines Filmtiertrainers in Hollywood auf und wurde vom King of Pop im Alter von einem Jahr erworben. Bubbles bereiste mit Jacko die ganze Welt und erlernte den Moonwalk, den er mehrfach vor Kameras präsentierte. Insofern beruht Bubbles' Berühmtheit nur partiell auf dem unter f) genannten Phänomen, auch b), nämlich sein tänzerisches Talent, begründete seine Prominenz. Bis in die späten neunziger Jahre lebte er mit Michael Jackson auf der «Neverland Ranch», dann verhielt er sich zunehmend aggressiver (der Affe, nicht Michael) und wurde seinem Tiertrainer zurückgegeben. Ähnlich wie Bukephalos ließ sich auch Bubbles mehrfach von namhaften Künstlern porträtieren – so schuf Jeff Koons 1988 die lebensgroße Porzellanskulptur «Michael Jackson and Bubbles», die bei Sotheby's 2001 für über fünf Millionen Dollar versteigert wurde. Bubbles hat sich inzwischen aus der Öffentlichkeit zurückgezogen und lebt im «Center for Great Apes» in Florida.

Zumeist wird der Naddel-Effekt natürlich vom allgemein anerkannt besten Freund des Menschen genutzt, dem Hund. Als besonders markante Beispiele seien Daisy und Blondi erwähnt. Daisy hieß die Yorkshire-Terrierin (oder sagt man Terrine? Nein – so sagt man nicht) des Münchener Modeschöpfers Rudolph Moshammer. Über Daisys Geburtsjahr kursieren wie bei so vielen Starlets widersprüchliche Angaben: Laut Bild-

Zeitung kam sie 1993, nach anderen Angaben bereits 1992 zur Welt. Die jederzeit perfekt gestylte Hundedame ließ sich mit Vorliebe von ihrem Herrchen auf den Arm nehmen. Mit ihrem Erkennungszeichen, der roten Schleife im Fell, war Daisy farblich perfekt auf rote Teppiche abgestimmt und ließ sich bereitwillig fotografieren. Wie Bubbles besaß auch Daisy künstlerisches Talent; u. a. veredelte sie die TV-Serie «Unter uns» mit einer Gastrolle und trat 1998 sogar mit dem Buch «Ich, Daisy – Bekenntnisse einer Hundedame» vor die verblüffte Öffentlichkeit. Schnell stellte sich jedoch heraus, dass sie für dieses Werk ihren Mentor Rudolph Moshammer als Ghostwriter engagiert hatte – was ihrer Popularität jedoch keinen Abbruch tat. Das letzte Kapitel ihres bis dahin ungewöhnlich glamourösen Hundelebens verlief tragisch; sie musste mit ansehen, wie ihr Herrchen mit einem Stromkabel erdrosselt wurde und starb zwei Jahre später an einer Verengung der Luftröhre. Als Trägerin des Titels «Deutschlands bekanntester Hund» (Bild-Zeitung, 2006) hatte Daisy einen ebenbürtigen Vorgänger. Im Dritten Reich war Blondi, der Schäferhund Adolf Hitlers, häufiger Gast in der Deutschen Wochenschau und zweitliebstes Motiv des Führerfotografen Heinrich Hofmann. Für die NS-Propaganda war Blondi der «germanische Urhund», bellender Beweis für die Tierfreundlichkeit der nationalsozialistischen Ideologie. Im Gegensatz zu Daisy überlebte Blondi ihren Halter allerdings nicht, sondern sie wurde kurz vor Hitlers Selbstmord auf dessen Befehl hin umgebracht, um die Wirksamkeit der für den Suizid vorgesehenen Blausäure-Kapseln zu testen. In noch größerem Umfang als Daisy ist Blondi zum Sujet der Literatur geworden, etwa in Günter Grass' Roman «Hundejahre» oder in Walter Moers Comicsatire «Der Bonker». Über besondere Fähigkeiten Blondis, die eine Berühmtheit nach Schema b) gerechtfertigt hätten, ist nichts bekannt. Blondi habe auf Kommando seines Führers in die Höhe hüpfen können, berichtete Hitler-Sekretärin Traudl Junge – aber das können bekanntlich viele Hunde. Somit lässt sich lediglich Prominenz nach Schema f) feststellen.

Auffallend ist, dass seit dem Zweiten Weltkrieg gerade in Politikerkreisen der Hundename «Blondi» eher selten vergeben wird, während wiederum der österreichische Künstler Wolfgang Flatz seine Dogge «Hitler» nannte und mit ihm 1996 das Fotoprojekt «Hitler – ein Hundeleben» realisierte.

Mit Erfindung des Töff-Töff haben Hunde die Pferde mehr und mehr als Politikertier Nr. 1 verdrängt, aber auch Kanzleikatzen geraten bisweilen an die Öffentlichkeit, etwa Jock, der Stubentiger Winston Churchills. Aber egal, ob Hund, Katze, Maus: Zwar haben Tiere im Normalfall gewisse Chancen, ihre Halter in Sachen Beliebtheit zu übertreffen, sie bleiben aber außen vor, wenn es um die Teilhabe an der politischen Macht geht. Es gibt jedoch spektakuläre Sonderfälle: Das Lieblingspferd des römischen Kaisers Caligula hieß Incitatus und bewohnte einen eigenen Palast inklusive Spezialpersonal und kostbaren Möbeln. Sein Zaumzeug war aus Elfenbein und perlengeschmückt, bei Empfängen trank der Gaul teuren Rotwein aus goldenen Pokalen. Nahm Incitatus an Rennen im Circus Maximus teil, ließ Caligula bereits am Vortag die Zufahrtswege durch Soldaten absperren, um die Konzentration des edlen Einhufers auf die Performance zu gewährleisten. Im Jahr 41 nach Christus ließ der Kaiser sein Leibpferd zum Konsul bestallen – eine Maßnahme, die als Demütigung des Senats interpretiert werden kann, oder auch auf den bedenklichen Geisteszustand Caligulas zurückzuführen ist – jedenfalls wurde der oberste Pferdenarr von der Prätorianergarde ermordet, ehe sein gemähnter Kumpel erstmals in den Senat eintraben konnte. Incitatus' Ruhm beruhte also auf den o. g. Popularitätsgründen a), die leitende Funktion in der Gesellschaft, aber auch b) spielte eine Rolle – begann der vierbeinige Senator seine Laufbahn doch als erfolgreiches Sportpferd.

Ein Beispiel für eine lupenreine Politikerkarriere ist das Spitzmaulnashorn Cornelius I., zwischen 1965 und 1993 erster Vorsitzender der kanadischen Parti Rhinocéros. Die Nashornpartei, von Jacques Ferron, einem Arzt aus Québec, 1963 gegründet, erzielte bei den Unterhauswahlen 1980 immerhin ein Prozent der Stimmen und verfehlte einen Parlamentssitz nur knapp. Ziele der Partei waren u.a.: Verlegung der Rocky Mountains um einen Meter nach Westen und «Providing higher education by building taller schools». Sicher; der komödiantische Charakter des Parteiprogramms ist augenfällig, aber erinnert nicht so manches, was von menschlichen Politikern in ernster Absicht geäußert wird, ebenfalls an Satire?

Zwar ist der Begriff «political animal» gang und gäbe, dennoch haben es bis heute nur wenige Tiere geschafft, in der Politik Karriere zu machen. Oft liegt's an diesbezüglich restriktiven Verfassungen; das Grundgesetz bestimmt: «Wahlberechtigt ist jeder Deutsche, der das 18. Lebensjahr vollendet hat und im Besitz der bürgerlichen Ehrenrechte ist», § 13 des Bundeswahlgesetzes regelt den Ausschluss vom aktiven Wahlrecht infolge schwerer Straftaten. Ob man unter einem unbescholtenen Deutschen lediglich einen Menschen zu verstehen hat oder z.B. auch einen Schäferhund, verrät das Gesetz nicht – wobei die durchschnittliche Lebenserwartung eines Deutschen Schäferhundes lediglich 13 Jahre beträgt, er also nur in seltenen Fällen die im Grundgesetz festgelegte Altersuntergrenze erreicht.

Vor diesem Hintergrund ist es verständlich, dass das Desinteresse an Politik im Tierreich weit verbreitet ist – ganz im Gegensatz zum Sport. Besonders für begabte Kampfhähne, Windhunde und Pferde öffnet der Sport ein Tor zu Ruhm und Ehre. Wer kennt sie nicht, die Hessenstute Halla, die ihren schwerverletzten Reiter Hans-Günther Winkler 1956 ohne Fehler zum Olympiasieg in Stockholm trug? Das Fohlen eines französischen Beutepferdes und des Traberhengstes Oberst, das am 16. Mai 1945 in Darmstadt das Stroh der Welt erblickte, gewann 125 Konkurrenzen, ersprang sich zwei Weltmeisterschaften und drei Goldmedaillen. Nach ihrem Tod 1979 wurde in Warendorf, dem Sitz der Deutschen Reiterlichen Vereinigung, eine Straße nach ihr benannt und eine lebensgroße Bronzeskulptur errichtet. Zu ihren Ehren wurde überdies von der Fédération Équestre Nationale verfügt, dass der Name «Halla» nie wieder an ein Turnierpferd vergeben werden darf – eine Ehre, die unter uns Menschen nicht einmal Elvis oder Jesus zuteil wurde.

Ein tierischer d)-Promi – und mein persönlicher Favorit – ist der Zirkuselefant «Tuffi», Zeitgenosse Hallas, der 1950 in Wuppertal aus der fahrenden Schwebebahn in die Wupper sprang. Die Bahnfahrt mit dem berüsselten Passagier wurde eigentlich durchgeführt, um ein Gastspiel des Zirkus Althoff zu bewerben. Zwischen den Stationen Alter Markt und Adlerbrücke geriet Tuffi in Panik, durchbrach die hängende Karosserie und stürzte zehn Meter tief in die dort nur 50 cm flache Wupper. Zu seinem großen Glück trug der geschockte Großsäuger nur einige Schrammen am Hinterteil davon. Obwohl in der Schwebebahn mehrere Pressefotografen zugegen waren, hielt niemand den entscheidenden Moment lichtbildnerisch fest – die auf unzähligen Postkarten dargestellte Szene ist lediglich eine Collage. Der vollschlanke Havarist wurde auch ohne Beweisfoto bundesweit bekannt und ist bis heute in aller Munde – lieh er doch der Joghurtmarke «Tuffi», die heute von der FrieslandCampina Germany GmbH vertrieben wird, seinen drolligen Namen. Ein weiterer Elefant, dessen Name sich im allgemeinen Sprachgebrauch etabliert hat, war der etwa 1860 geborene Jumbo. Jumbo wurde als Jungtier aus Abessinien nach Paris gebracht, später in London und in den USA einem staunenden Publikum vorgeführt und war selbst für einen Elefanten ungewöhnlich groß. «Jambo» heißt auf Swahili übrigens «Hallo» – der Jumbo-Jet ist also demnach nicht nur ein Groß-, sondern auch ein Grußflugzeug.

Die Tatsache, dass man einen Flugzeugtyp nach einem Verkehrsopfer benennt und Milchprodukte nach einem knapp Davongekommenen, zeigt die besondere Wertschätzung, die wir den Elefanten entgegenbringen. Der menschliche Überlebende taugt offenbar weniger für die Werbung, ein Kefir namens «Robinson Crusoe» ist mir jedenfalls nicht bekannt. Der Hund mag der beste Freund des Menschen sein – der Elefant ist sein stärkster. In unserem Unterbewusstsein sehnen wir uns danach, so zu sein wie er. Jüngstes Beispiel war die Fußball-WM in Südafrika: Zigtausende besorgten sich Vuvuzelas und trompeteten, was der Plastikrüssel hergab.

Das Überleben einer existenziellen Gefahr unter außergewöhnlichen Umständen, eben der Tuffi-Trick, bietet im Tierreich besonders gute Chancen, den Bekanntheitsgrad zu erhöhen. Das Hähnchen Mike aus Colorado sollte 1945 enthauptet und zu Frikassee verarbeitet werden. Da das verwendete Beil zu klein war, wurde der Hals nicht komplett durchtrennt; Mikes Kopf – und damit sein Leben – hing fortan am sprichwörtlich seidenen Faden. Der Hahn konnte zwar nicht mehr krähen, wohl aber ziellos umherlaufen und lebte in diesem Zustand noch 18 Monate. Lloyd Olsen, sein, nun ja, «geschäftstüchtiger» Besitzer erkannte Mikes wirtschaftliches Potenzial und gab ihn zur entgeltlichen Besichtigung frei. In Spitzenzeiten verdienten die Olsens an ihrer geschundenen Kreatur monatlich 4500 Dollar – und lösten eine Flut von Nachahmungstaten aus, die jedoch alle mit dem Tod der Unglückshähne endeten. Angeblich soll ja der Pirat Klaus Störtebeker nach seiner Enthauptung ebenfalls noch gehfähig gewesen sein; der damalige Hamburger Bürgermeister hatte ihm versprochen, all jene Mitgefangenen zu verschonen, an denen ihr Kapitän kopflos würde entlanggehen können. Störtebeker passierte elf Kumpane, ehe der Scharfrichter ihm ein Bein stellte – immerhin. Ich erwähne Störtebeker, um vom ebenso grotesken wie traurigen Schicksal Mikes zu jenen Tieren überzuleiten, die durch ihre Entschlossenheit Leben retteten, Menschenleben wohlgemerkt, und so Berühmtheitsgrund c), die Heldentat, für sich beanspruchen können.

Einer der größten amerikanischen Kriegshelden aller Zeiten ist die Brieftaube «Cher Ami», die im Ersten Weltkrieg im Luftraum über Verdun eingesetzt wurde. Sie transportierte insgesamt 12 wichtige Nachrichten; bei ihrem letzten Einsatz wurde sie durch einen Schuss in die Taubenbrust schwer verletzt. Trotzdem gelang es Cher Ami, ihre Nachricht abzusetzen, was die Rettung von 194 hinter den feindlichen Linien eingeschlossenen Soldaten ermöglichte. Für ihre Heldentat wurde dem Tier das französische Croix de Guerre verliehen, und als sie nach Kriegsende ihrer Schussverletzung erlag, wurde sie ausgestopft und in die Racing Pigeon Hall of Fame aufgenommen.

Momentan ist die Verknüpfung des passiven Aufmerksamkeitsprivilegs mit der Gnade der späteren Ausstopfung auf Toptiere beschränkt. Im staatlichen Museum Schloss Nymphenburg in München lässt sich z. B. der sogenannte Problembär Bruno begutachten. Bruno, oder «JJ1», wie er im Behördendeutsch hieß, war seit 1835 der erste freilebende Braunbär auf deutschem Boden. Da er auf seiner Wanderung vom italienischen Adamello-Brenta-Nationalpark nach Bayern mehrfach Bienenstöcke aufbrach, Schafe und Ziegen riss und schließlich sogar von neugierigen Mountainbikern verfolgt wurde, verfügte die Bayerische Staatsregierung Ende Mai 2006 seinen Abschuss. Der bayerische Staatsminister Schnappauf bezeichnete das Verhalten als «abnormal» – wohlgemerkt das Verhalten Brunos, nicht das der neugierigen Mountainbiker.

Die Bezeichnung «Problembär» geht auf den bayerischen Umweltminister zurück und suggeriert, dass er (also Bruno, nicht Schnappauf) ein geisteskranker Unhold war, seine Prominenz also dem Typus g) entspricht, den er sich im Schubfachsystem der Boulevardpresse mit menschlichen Negativberühmtheiten wie Jürgen Bartsch oder Josef Fritzl teilt. Nee, zu stark. Bischof Mixa passt besser.

Interessant ist, dass Bruno nach heutigem Erkenntnisstand keineswegs geistesgestört handelte, sondern schlicht so, wie Braunbären sich in freier Wildbahn verhalten – was ihn wiederum mit Brieftaube «Cher ami» verbindet, die ja bei ihrer Postbotentätigkeit ebenfalls lediglich ihrem angeborenen Bestreben folgte, zügig den Heimatschlag anzuflattern. Böser Bär oder tolle Taube – entscheidend ist der menschliche Faktor. Eigentlich ist beider Berühmtheit keine c)- bzw. g)-, sondern pure d)-Prominenz, sprich: Normalos, die ohne eigenes Zutun in besondere Situationen geraten sind.

Nach der Ablösung der Militärbrieftaube durch das Funkgerät musste der Typus «Fliegender Held» völlig neu interpretiert werden. Das Ergebnis dieser Bemühungen war die Mischlingshündin Laika, die im Rahmen der sowjetischen Mission «Sputnik 2» als erstes Tier im Weltraum weilte. Laika, die als Streunerin auf den Straßen Moskaus aufgegriffen worden war, konnte sich aufgrund ihrer besseren Stressresistenz gegen ihre Mitbewerberinnen Albina und Muschka durchsetzen, startete am 3. November 1957 in Baikonur und verstarb einige Stunden später infolge eines Defekts an der Wärmeisolation – während die sowjetische Propaganda allerdings stets behauptete, Laika sei lebend zur Erde zurückgekehrt. Ihr tatsächliches Schicksal wurde erst im Jahre 2002 bekannt. Ähnlich wie Tuffi wurde auch Laika zur Namensgeberin in der Lebensmittelindustrie, und zwar für Schokolade und Zigaretten.

Die mit dem Tode Brunos entstandene Lücke in der boulevardesken Bärenberichterstattung konnte mit wesentlich weniger Aufwand geschlossen werden: Bereits ein halbes Jahr später kam im Berliner Zoologischen Garten «Knut» zur Welt. Als der Eisbärenbube im März 2007 der Öffentlichkeit vorgestellt wurde, standen sage und schreibe 500 Journalisten aus nah und fern an den Gitterstäben. Der knuffige Knut erntete die Früchte, die Bruno gesät hatte, wobei er aus den Fehlern seines Vorgängers die richtigen Schlüsse zog und sich als das Gegenteil eines Problembären präsentierte. Schon alleine seine Fellfärbung verriet psychologisches Gespür; Weiß ist die Farbe der Unschuld – und hebt sich obendrein auf den Titelseiten der Gazetten viel besser ab als ein schmuddeliges Braun. Schlau auch die Entscheidung, auf den Topos «Freie Wildbahn» zu verzichten – die Gehegehaltung vermittelt jedem Betrachter ein wohliges Gefühl der Sicherheit. Bruno stand für knallharten Rock'n Roll, Knut eher für Ambient. Die tapsige Knutschkugel verdoppelte so den Börsenkurs des Berliner Zoos und ließ sich in allerlei Popsongs besingen, u. a. in «Knut, der kleine Eisbär» von Kitty und Knut, «Knut ist gut» von «Der Eisbär», «Knut geht's gut» von «Knut, der kleine Kuschelbär» und «Hier kommt Knut» von Frank Zander, der hierzu seinen 80er-Jahre-Hit «Hier kommt Kurt» kurzerhand verknutete. Der Fall Knut ist übrigens auch deswegen einmalig, weil hier ein Mensch als der beste Freund des prominenten Tieres selber zum Star wurde (und nicht umgekehrt wie bei Rudolph Moshammer und seiner Daisy): Seine Kindheit verbrachte Knut nämlich unter der Knute seines Pflegers Thomas Dörflein, der daraufhin bis zu seinem Tode 2008 gerngesehener Gast in Funk und Fernsehen war – wobei: Über Verstorbene schlecht zu reden gehört sich nicht; natürlich war der sympathische Thomas Dörflein niemals mit einer Knute bewaffnet, sondern höchstens mit einer Milchflasche. Hiervon überzeugten sich alleine bis Anfang Juli 2007 eine Million Zaungäste.

Der wirtschaftliche Erfolg des Showbären ist beeindruckend, wenn man sich vor Augen führt, wie gering der Einsatz der Protagonisten war. Hähnchen Mike hatte 1945 noch der Kopf abgeschlagen werden müssen, um beim Publikum Interesse zu generieren. Der Schimpanse Congo hatte zwischen 1956 und 1960 immerhin 400 Bilder gemalt, um als wichtigster abstrakter Expressionist seiner Art in die Kunstgeschichte einzugehen, und Klonschaf «Dolly» war es 1996 trotz horrender Produktionskosten nicht vergönnt, beim breiten Publikum populär zu werden (übrigens ist Dolly ein Beispiel für ein Schaf, das ausschließlich aufgrund seiner Herkunft von Interesse ist, ein typischer e)-Promi – ein bisserl wie Gunilla von Bismarck).

Mit Megabär Knut schloss das Tier endgültig zum Menschen auf, um ihn wenige Jahre später zu überflügeln. Ich sage nur «Paul». Geboren am 26. Januar 2008 im Atlantischen Ozean (Datum Pi mal Daumen; hier sind die Fakten unklar, wie es sich für ein Idol gehört), gestorben am 26. Oktober 2010 in Oberhausen, schlug der kesse Krake ein völlig neues Kapitel in der Geschichte der Tierprominenz auf. Pauls Ergebnisprognosen während der Fußball-WM in Südafrika stießen auf ein weltweites Medienecho, und zwar völlig zu Recht; ich will an dieser Stelle nicht darüber spekulieren, was das Geheimnis seiner Orakelkünste ist (das wäre Kaffeesatzleserei) – aber es kann sich ja nur entweder um eine sonderbare Begabung handeln, also Promifaktor b), oder um außerordentliches Glück, also V.I.B.-Grund d), wobei Paul überhaupt das erste Weichtier ist, das für sich das passive Aufmerksamkeitsprivileg beanspruchen kann – womit automatisch Fall e) – Bekanntheit durch Herkunft – festzustellen ist. Da Paul die Halbfinalniederlage Deutschlands gegen Spanien korrekt vorhersagte, wurde er in den Augen deutscher Fans zum Bösen, womit Grund g) vorliegt, während er umgekehrt von den Spaniern zu einem der ihren erklärt wurde, also Kategorie c). Sogar Typus a) lässt sich konstatieren – indem seine Vorhersagen bereits als zuverlässig galten, als er die Halbfinalniederlage prognostizierte, säte Paul im Unterbewusstsein der deutschen Elf Zweifel, gab den Iberern Mut und kreierte eine sich selbst erfüllende Prophezeiung. Wenn aber der Ausgang des Spiels auf ihn zurückzuführen ist, kann er getrost als a)-Entscheidungsträger klassifiziert werden – und somit ist Paul, ganz nebenbei, auch das einzige hier erwähnte Tier, das neben dem passiven auch über das aktive Aufmerksamkeitsprivileg verfügt.

Lediglich einen noch prominenteren menschlichen Freund – Schema f) – hat Paul nie gehabt, was sein Superstardom umso heller erstrahlen lässt.

Und während ich diese Zeilen schreibe, verendet Eisbär Knut, viel zu früh, und schielt sich Heidi, das drollige Punk-Opossum des Leipziger Zoos, in die Herzen des Publikums. Ich wage die Prognose, dass die Tage der berühmten Menschen gezählt sind; ihre Haltung ist zu aufwendig, ihr Salär für jeden Controller eine Pein. Nicht mehr lange, und die Animalisierung des Gesellschaftslebens ist perfekt. Assel, Bückling, Tse-Tse-Fliege – der rote Teppich von morgen gehört dem Tier. Uns Menschen bleibt die Hiwi-Funktion, ob im Pflegedienst, im Teppichhandel oder in der Jod-S-11-Körnchen-Herstellung.

Da! - Ein Leitfaden für Sektengründer

Der Mensch des 21. Jahrhunderts lebt in umfänglicher Verunsicherung, steht kopfschüttelnd vor der Rasanz der technischen Entwicklung und den Auswucherungen der Globalisierung, kann immer weniger Wissenswertes von Wissensunwertem unterscheiden, pendelt zwischen Dutzenden Lebensentwürfen, fühlt sich nahezu täglich von der Politik enttäuscht und betäubt seine als Langeweile getarnte Angst mit Fußball, Facebook, Fernsehserien. Wer es sich leisten kann, fläzt sich mit ein paar Mannequins aufs Sonnendeck, andere erzählen Witze, setzen auf die Heilkraft der Homöopathie oder suchen ihr Glück im Gluck. Der Ruf nach Orientierung, nach Gemeinschaft, nach Heilsversprechen, die dem fassungslosen Individuum im knirschenden Geschiebe des Lebens Trost spenden, erklingt immer lauter.

Bereits als Schüler in der Mittelstufe wurde ich im Religionsunterricht mehrfach auf die Gefahren durch spirituelle Menschenfänger hingewiesen, alternierend mit Warnungen vor allerlei Rauschgiften. Als besonders heimtückisch galt damals, in den frühen 80er Jahren, die Sekte des Koreaners Sang Myung Moon, die in ihrer existenzbedrohlichen Arglist auf einer Stufe mit Heroinkonsum rangierte. Während Religion nach Karl Marx «Opium fürs Volk» ist, handelt es sich also bei einer Sekte um dessen schlimmstmögliches Derivat. Der sofortigen Abhängigkeit folgen Kriminalität und zügiger Persönlichkeitsverfall. Da diese Warnungen vom Religionslehrer mit gruseligen Spielfilmszenen auf Video 2000 illustriert wurden, waren Rauschgift und Sekten in meiner Schulklasse äußerst beliebte Lehrinhalte, fast so gut wie Wandertage oder Bundesjugendspiele.

Herr Hegen, jener Religionslehrer, der uns so eindringlich vor der Moon-Sekte warnte, war ein ergrauter Hippie im Jeans-Anzug, und als in der 9. Klasse die Bergpredigt auf dem Lehrplan stand, stellte er uns Schülern mit weitestmöglich aufgerissenen Augen die Frage: «Das Himmelreich Gottes auf Erden» – was könnte Jesus denn hiermit gemeint haben?» Und nach längerer Stille beschied er raunend: «Der Kommunismus!» Die gesellschaftliche Utopie als diesseitiger Ausdruck des ewigen Lebens ist ein Gedanke, den sich heute nur wenige zu denken trauen. Die katholische Kirche sitzt seit der letzten Hexenverbrennung 1793 in einem schmerzhaften Spagat zwischen Dogma und Toleranz, den Protestanten fehlt konstruktionsbedingt der notwendige Hang zur Ekstase, und der Kommunismus ist nach Diktat mit unbekanntem Ziel verreist.

Keine Frage: Unsere Zeit wartet auf den ganz großen Entwurf, auf den geistigen Universalschlüssel, auf das ultimative Wort zum Sonntag.

Lasst uns der Welt Wort und Schlüssel schenken. Allerdings: Illusionen sollten wir uns dabei nicht hingeben. Die Gründung einer Religionsgemeinschaft ist heute nicht leichter als vor 200 Jahren, sondern eher schwieriger. Zwar schwächelt die Ratio weltweit, jedoch muss dem immer noch weit verbreiteten Hang zur Vernunft Rechnung getragen werden. Gleichzeitig gilt es, eine frohe Botschaft einerseits so zu vereinfachen, dass sie als erstrebenswert erkannt wird, andererseits darf sie nicht so plump sein, dass man sie wirklich verstehen kann; jeder große Künstler verdankt seine Wirkung einer gewissen Restnebulösität, die sich auch der hartnäckigsten Analyse widersetzt, und der angehende Religionsstifter tut gut daran, genauso zu verfahren.

Neulich wartete ich bei einem Friseur in Berlin-Neukölln auf einen Fassonschnitt. Um mir die Zeit zu verkürzen, blätterte ich in Kröner's Philosophischem Lexikon. Auf Seite 118 stolperte ich über folgenden Eintrag: «Da, Begriff der → Existenzphilosophie. Das «Da» des Daseins ist die befindliche (→ Befindlichkeit) Erschlossenheit des Daseins durch die Stimmungen, hauptsächlich durch die → Angst; das Dasein ist in sein Da «geworfen» (→ Geworfenheit); die existenzielle

Räumlichkeit des Da-seins, die seinen Ort bestimmt, gründet auf seinem In-der-Welt-Sein.»

Ich kann wohl sagen, dass mich dieser Artikel elektrisierte wie das zufällige Berühren eines Weidezauns. In diesen wenigen Zeilen steckt so viel: Trios «Ich lieb dich nicht du liebst mich nicht – dadada», weißes Cover, darauf gestempelt: «Regenterstraße 10 a in 2902 Großenkneten», die schickste Bandadresse aller Zeiten, zumal ich ja in Wildeshausen geboren bin – liegt bei Großenkneten gleich um die Ecke. Dann: Zürich 1916, der Dadaismus, Hugo Ball, Richard Huelsenbeck, Pioniere der Moderne, die Vermählung von Abgewogen und Durchgebraten, von Schlau und Hau. Und: das Brabbeln eines Babys. «Da» als Ursilbe, der universelle Erstlaut. Alle Menschen sagen «da» – und die Mama lacht. «Das Dasein ist in sein Da geworfen» – kenne ich; mich hat keiner gefragt, ob ich an dieser Veranstaltung, die sich da Leben nennt, überhaupt teilnehmen möchte. «Die existenzielle Räumlichkeit des Daseins (...) gründet auf seinem In-der-Welt-Sein.» Und schon wieder durchsprudelt Musik den Text, nämlich «Schön ist es auf der Welt zu sein, sagt die Biene zu dem Stachelschwein» von Roy Black mit Anita, die B-Seite hieß übrigens «Keine 10 Pferde», aber das tut jetzt nichts zur Sache.

Die Friseurin hatte Mühe, mich aus meiner Trance herauszureißen und auf den Fußpumpensessel zu bugsieren. Worauf ich hinauswill: Das «Da» ist als frohe Botschaft bestens geeignet. Oder besser gesagt: Die «Überwindung der Erschlossenheit des Daseins durch die Angst» – das klingt doch recht attraktiv, fast so erstrebenswert wie die «Überwindung der Angst durch die Erschlossenheit des Daseins» und wesentlich angenehmer als die «Überwindung des Daseins durch die Erschlossenheit der Angst». Prima auch, dass das «Da» von den Existenzphilosophen analysiert wurde, Heidegger, Sartre, Camus, schwarze Rollkragenpullis im Nachkriegsparis, die paffende Piaf, Kajalstiftverbrauchsweltrekordlerin Juliette Gréco, Miles

Davis tutet in einer einzigen Nacht den kompletten Soundtrack zu «Fahrstuhl zum Schafott». Der Mörder, der im Aufzug steckt und seinem «Da» nicht entfliehen kann, Angst auf zwei Quadratmetern – die «existenzielle Räumlichkeit des Da-seins» ganz wörtlich genommen. Das «Da» gilt es zu überwinden, wohlwissend, dass das Da unser Schicksal ist und bleibt.

Zugegebenermaßen ist der Existenzialismus per se nicht sonderlich religiös; allerdings ist die oben angemahnte Restnebulösität garantiert, und die Nähe zur etablierten Philosophie schützt uns vor dem Vorwurf der Sinn-Simpelei; da orientieren wir uns mal ganz unbefangen an der Meditationsgroßgruppe «Wissenschaft der Spiritualität». Ihr Gründer, Sant Jarinder Singh Ji Maharaj, hat auch tatsächlich studiert, allerdings Elektrotechnik.

Ich rege also hiermit an, dass wir das Da zum Fundament jener Sekte erklären, die es zu gründen gilt. Oder, halt; ist denn Sekte überhaupt der passende Begriff?

Sekte sagt man ja eigentlich gar nicht mehr. Das Grundgesetz kennt nur «Religionen», «Religionsgesellschaften» und «Religionsgemeinschaften». Das Wort Sekte kommt vom lateinischen «secta», die Richtung, und «sequi», folgen, ist also eher geschmacksneutralen Ursprungs. Viele Jahrhunderte lang wurde der Begriff jedoch ausschließlich in strafrechtlich relevanten Zusammenhängen verwendet, etwa in der Konstitution «Ad Deum» Kaiser Friedrichs II. aus dem Jahre 1220, nach der das «Widerspenstige Anhängen an eine Sekte in Acht getan» wurde. Laut Bamberger Halsgerichtsordnung von 1507 waren Sektenmitglieder nicht nur Irrgläubige, sondern auch Staatsfeinde, was ihre Schuld gleichsam verdoppelte – mit unangenehmen Konsequenzen, worauf der Begriff «Halsgericht» hindeutet.

Viele Sekten wehren sich gegen das Wort, wollen am liebsten «Kirche» genannt werden. Max Weber meinte, dass «der Begriff ‹Sekte› kaum von allem ihm durch die kirchliche Verlästerung angehängtem Beigeschmack» gelöst werden kann. Aber zeugt nicht gerade die offensive Selbstbezichtigung von Souveränität? Um es friseurfachlich zu bebildern: Ist nicht das unverkrampfte Zurschaustellen einer Glatze sympathischer als ein Teppichklebeband-Toupet? Schluss mit der verdrucksten Anbiederung an den religiösen Mainstream! Sekte oder Kirche – das ist wie Sekt oder Selters. Lassen Sie uns selbstbewusst sagen: «Ja, wir gründen eine Sekte!», aber nicht irgendeine, nein, sondern: *«unsere* Sekte!»

Was ist nun zu tun, um unsere Sekte groß und stark werden zu lassen?

Als sehr hilfreich hat sich die Ankündigung eines bevorstehenden Weltunterganges erwiesen, wobei wiederum die Nennung eines genauen Datums problematisch ist. Als untaugliches Modell sei «Heaven's Gate» genannt, eine religiöse Bewegung, die in den frühen 1970er Jahren von Marshall Applewhite und Bonnie Nettles gegründet wurde. Die Heaven's-Gate-Mitglieder glaubten daran, dass hinter dem Kometen Hale-Bopp ein Raumschiff stecke, welches mit dem Ziel herannahe, die Erde einem «Recycling» zu unterziehen.

Um der Vernichtung zu entkommen, sei es notwendig, von diesem Raumschiff aufgenommen zu werden. Allerdings müsse sich der Reisewillige von seinem Körper trennen – nur für die Seelen seien Plätze reserviert. Um sich für die UFO-Besatzung als verschonungswürdig zu kennzeichnen, zogen sich 39 Gruppenmitglieder im März 1997 T-Shirts mit der von Star Trek inspirierten Aufschrift «Heaven's Gate Away Team» an und nahmen sich das Leben.

Die Sektengründer erlitten jedoch einen erheblichen Glaubwürdigkeitsverlust, nachdem Hale-Bopp wieder im All verschwunden war, ohne auf der Erde nennenswerte Verwerfungen zu hinterlassen. Während das Timing bei Heaven's Gate nicht überzeugen konnte, besticht die Kreativität der Gruppengründer bei der Namensgebung. Zunächst nannten sich

Nettles und Applewhite «The Two», später «Bo und Beep», «Winnie und Poo», dann, als die Gefolgschaft größer geworden war, «Guinea Pig», «Human Individual Morphosis (HIM)» und «Total Overcomers Anonymous (TOA)», bevor sich schließlich «Heaven's Gate» durchsetzte.

Kein Wunder, dass sich der Erfolg erst einstellte, als die Himmelspforte aufgestoßen wurde. Wer lässt schon gern für Winnie und Poo sein Leben? «Guinea Pig» finde ich sehr spannend. Eine Meerschweinchen-Sekte. Die Tierrichtung gefällt mir; Sie wissen ja bereits, dass ich dem Tier im öffentlichen Leben besondere Starbegabungen zubillige. Jedoch hat das plüschige Meerschwein für mich zu viel Kinderzimmer-Appeal. Wie wäre es, wenn wir unsere Sekte mit dem Kraken Paul assoziieren? Weltweite Einigkeit herrscht über die Merkwürdigkeit der Paul'schen Prognosen. Zufall? Scharfsinn? Oder doch ein Wunder? Eben hierüber wird sich für einige hundert Jahre trefflich streiten lassen. Im Gegensatz zu Jesus, dessen Wundertätigkeit nicht per Videobeweis bei Youtube überprüft werden kann, ist das Wirken des Oberhausener Weichtieres umfassend filmisch dokumentiert. Ja, als Haupt unserer Sekte möchte ich den Kraken vorschlagen, ein großer Kopf über acht Armen, Symbol der Achteinigkeit – über sieben Brücken musst du gehen, um in die Glückseligkeit zu gelangen, die Acht, die auch die Zahl der Oktave ist; achteckig war die Reichskrone, es gibt die acht chinesischen Trigramme, die Gegensatzpaare Himmel, Erde; Wasser, Feuer; Donner, Wind; Berg und See, in der Mandarinküche wurden die acht Köstlichkeiten kredenzt, zu denen traditionell Huhn, Gemüse, Ente, Fisch, auch Kamelhöcker, Bärentatzen und sogar Affenlippen gehörten, aber niemals Kraken, und schließlich: Acht ist die Zahl des Götterboten Hermes. Darum drucken wir für unser Banner einen piktogrammierten Paul, ich improvisiere jetzt mal, auf «Hermès»-Tücher, und unter dem Kopffüßler steht: «In Octopode Veritas.»

Übrigens, kleines Info-I-Tüpfelchen: Das Wort «Krake» stammt aus dem Skandinavischen und bedeutet «entwurzelter Baum». Schau mal einer an; damit müsste sich der nach Halt suchende Mensch doch identifizieren können. Ja, Sie dürfen klatschen.

Ich halte fest: Für uns Octopodisten steht das «Da» im Zentrum, umschmeichelt von acht Armen, wie die Sonne von acht Planeten umschmeichelt wird, darunter: unsere Welt, die dereinst untergeht, verglüht, wenn nämlich der Wasserstoff bis auf den letzten Tropfen abgeflammt, die Sonne daraufhin verlischt. Ein letzter Morgen, ein letztes wirres Flackern, dann bläht sich das Muttergestirn krakenköpfig auf und schickt sich an, seine acht Freunde zu verschlingen; erst ist Merkur dran, ein Happs, Adieu, Good-bye und Tschüss, dann, unter feinem Knistern, schleicht die Venus aus dem Firmament, und wenig später schlägt es, unser letztes Stündchen. Wir stehen auf den Dächern, ergreifen unsere Hände, beichten, bitten, flehen und verzeihen, verteilen feuchte Küsse, umschlingen uns, trinken eine letzte Flasche Bier, Sternenstaub schlurft durch die Stratosphäre, dicke Tränen löschen spitze Schreie, und endlich, wortwörtlich endlich wird das Dasein ein allerletztes Mal in sein Da geworfen, tinnitös rauscht der Untergang heran, das grande Finale, dann macht es Plopp, denn Plopp heißt Stopp.

Wann es so weit ist? In etwa fünf Milliarden Jahren. Nichts Genaues weiß man nicht – man hätte natürlich Paul fragen können, aber der ist tot.

Bis dahin haben wir noch alle Hände voll zu tun. Viele Detailfragen wollen beantwortet werden. So bedarf es im Religionsregelfall des Erweckungserlebnisses, um eine Sekte zu gebären. Die Gründerin der Neuoffenbarungsbewegung «Fiat Lux», Erika Bertschinger-Eicke, besser bekannt unter dem Namen «Uriella», meint seit einem schweren Reitunfall im Jahre 1973 hellsichtig zu sein. Unter anderem sagte sie für 1998 den Einmarsch der Russen in Deutschland voraus.

Mein Erweckungserlebnis war die Entdeckung des Da, oder, besser: Mein Dasein wurde in sein Da geworfen, und zwar beim Friseur in Neukölln. Wer weiß, ob ich die Kraft des Da ebenso vehement im Bus gespürt hätte, oder im Bett? Kamm, Schere und Azubi Ayse sind jedenfalls die Zeugungszeugen unserer Sekte. Wer dazugehören will, muss sich regelmäßig die Haare schneiden lassen – und damit sind wir auch schon bei den praktischen Lebensregeln, unverzichtbar, um den Weg über die sieben Brücken, die der Octopodist in die Glückseligkeit gehen muss, zu pflastern.

Der Glaube im Alltag: Wie halten es die anderen? In der österreichischen «Holic-Gruppe», einer christlichen Wohn- und Glaubensgemeinschaft, die seit den späten 70er Jahren besteht, ist Schlafen verpönt. Wer zu viel pennt, wird exkommuniziert. Ich hingegen favorisiere das Gegengebot; wer schläft, sündigt nicht, also: Augen zu. Anzustreben sind mindestens durchgeschlafene acht Stunden.

Die 1935 gegründete «Internationale Schule des Goldenen Rosenkreuzes» rät ihren Anhängern vom Fernsehkonsum ab, da die Programminhalte das Unterbewusstsein manipulierten. Ein Fernsehverbot kommt für Octopodisten natürlich nicht in Frage, immerhin nutzte Prophet Paul das Fernsehen als Medium.

Dass wir zwar keine Vegetarier sein müssen, aber dem Verzehr von Meeresfrüchten skeptisch gegenüberstehen, ist selbstverständlich. Ferner: Eine Milieukontrolle, also das Verbot des Umganges mit Außersektlichen, lehnen wir ab; wer will schon rund um die Uhr mit Da-Sagern zu tun haben. Dem Gebet hingegen stehen wir aufgeschlossen gegenüber; ich persönlich bete mit Vorliebe in der Badewanne, wobei meine Vorstellung vom lieben Gott eher schwammig ist. Aber es sollte mir gelingen, den Schwamm durch ein Weichtier zu ersetzen. Wie auch immer – die Art der Kontaktaufnahme zu den höheren Mächten ist und bleibt Privatsache.

Auch die Nutzung von Saugnäpfen, etwa zur Befestigung von Haken, an denen unsere «Hermès»-Tücher aufgehängt werden, obliegt der Gewissensentscheidung des einzelnen Krakenverehrers. Obligatorisch hingegen sollte das rituelle Musizieren sein: In Erinnerung an den initiatorischen Friseurbesuch und die Findung unseres Sektengründers (also mich) durch das Da blasen wir gemeinsam auf dem Kamm. Als Repertoire drängt sich auf: «Octopus's Garden» von den Beatles», «Hair», «Figaros Hochzeit», «Schön ist es auf der Welt zu sein» und natürlich «Da Da Da». Als Hauptort unserer Sekte ist Pauls Wirkungsstätte Oberhausen schon dem Namen nach prädestiniert. Hm; sind meine Vorschläge zu läppisch? Schauen wir doch sicherheitshalber noch mal, wie die Konkurrenz vorgeht, um den sittlichen Ernst in den Vordergrund zu rücken.

«The Way International» ist eine in den 50er Jahren von Victor Wierwille gegründete Organisation, die sich am Christentum orientiert, aber den Dreieinigkeitsgedanken brüsk ablehnt. Den Weg zur Erlösung finden die Anhänger Wierwilles in der Xenoglossie, der sogenannten Zungenrede. Hierbei handelt es sich um spontanes, ekstatisches Beten in einer dem Sprecher unbekannten Sprache. Im Neuen Testament ist die Zungenrede eine besondere Gnadengabe des Heiligen Geistes und in der Apostelgeschichte des Korintherbriefes mit dem Pfingstgeschehen verknüpft. In der praktischen Anwendung lässt also der Gläubige zu Pfingsten seine Zunge von der Leine, sabbelt, quasselt, radebrecht, dass es eine wahre Freude ist, steigert sich in einen knacktopoiden Diskurs Kurdiss reblek schni tobu mockadabba ereck la-ö-tata-la Griwimi Plutz wuschl gürgür Tomeck laokoon fi mabale rusch ka tusch ka oblek wauzi makaba rübli tüt potzo jekem simba otto nucki bimba rocko schnucki Treppo Troppi Steppo Stoppi. Arfen sünd düchtige Dinger, geevt se ook keen Knööv in de Knaken, hoolt se doch de Achterpoort apen. (Der letzte Satz war übrigens Platt – auf das Niederdeutsche als Zukunftszungenschlag komme ich später noch ausführlich zurück – notfalls erinnern Sie mich im weiteren Lektüreverlauf daran; danke schön.)

Im Anschluss wird der xenoglossale Vortrag interpretiert.

Ganz im Ernst: Zungenrede finde ich sehr gut, und nichts spricht dagegen, eine bereits bewährte Idee in die Konstruktion unserer Sekte einzufügen. Dies sah übrigens Victor Wierwille auch so, jedenfalls soll er im Laufe seines fruchtbaren Schaffens acht Bücher von drei Autoren komplett plagiiert haben – ein Vorbild in Sachen Fleiß und Ausdauer.

Aneignungswürdig erscheint mir auch die Taufe. Was gibt es Erhebenderes, als in einer feierlichen Zeremonie zum Mitglied unserer Sekte zu werden? Als Taufbecken böte sich natürlich das Aquarium in Oberhausen an, jedoch heißt es in meiner Friseuroffenbarung: «Das Dasein ist in sein Da geworfen» – von Wasser ist keine Rede. Es reicht also der bloße Wurf. Ich werfe hiermit die Anregung zur Trockentaufe in die Runde. Vier Gläubige nehmen den Aspiranten unter ihre acht Arme und werfen ihn ins Da. Und wenn er da ist, stellt sich die Frage: Was zieht er an? Die Hutterer lieben Hosenträger, beim Bagwhan trägt man Orange, aber das eigentlich einzig Wahre in Sachen Bekleidungskonzept hatte der «Sonnenorden» des Apothekenhelfers August Engelhardt. Engelhardt schloss sich 1899 als Jüngling dem «Jungborn» an, einer Vereinigung, die Vegetarismus und Nudismus propagierte. Eine Gefängnisstrafe wegen seiner unstatthaften Nacktheit bewog ihn, ins damalige Deutsch-Neuguinea auszuwandern, wo er auf der Insel Kabakon eine Kokosplantage erwarb. Dort lebte er als einziger Weißer weit und breit seinen Glauben, den er «Kokovorismus» nannte. Sonne und Kokosnüsse waren die Grundpfeiler seiner Weltanschauung. Der ausschließliche Verzehr von Kokosnüssen, so glaubte Engelhardt, führe den Menschen in die Unsterblichkeit, da unter allen Früchten die Kokosnuss der Sonne am nächsten wachse. Der lebenslange Extremnudist meinte ferner, dass das Gehirn seine Energie aus den Haarwurzeln bezöge und lehnte darum auch Kopfbedeckungen aller Art rigoros ab. 1905 war der Sonnenorden auf 30 Mitglieder angewachsen, die jedoch mehr oder weniger alle unter schlechter Gesundheit infolge einseitiger Ernährung litten. Ab 1909 wurde Engelhardt zu einer kuriosen Sehenswürdigkeit für Touristen, ehe er 10 Jahre später mit 42 Jahren starb.

Nun liegt Oberhausen nicht in den Tropen, Nacktheit ist für uns also keine Lösung. Nein, wir Octopodisten tragen Friseurumhänge, jawohl! Und vergessen Sie bitte, was ich vorhin von bedruckten Hermès-Tüchern leichtfertig dahinimprovisiert habe – das war nur ein xenoglossales Intermezzo. Ich korrigiere: Wir drucken unser Kraken-Logo auf den Friseurumhang und schreiben drunter: «Da!», in betont krakeliger Schrift. So beantwortet sich auch die Frage, wie sich unsere Sekte finanziert: Wir eröffnen einen Friseursalon in Oberhausen, machen einen guten Schnitt und legen für die Wartenden philosophische Wörterbücher aus. Dieser Salon ist auch das Zentrum unseres Gemeindelebens; wer heiraten will, kommt hier unter die Haube, oder wir setzen uns in die Fußpumpensessel, xenoglossieren oder befolgen das Schlafgebot. Wer zu früh aufwacht, wird rasiert oder kriegt den Kopf gewaschen. Oder wir sind einfach nur Da. Als Religionsgründer verzichte ich dankend auf alle Privilegien; wir Octopodisten sind gleichberechtigt und werden alle über einen Kamm geschoren. Außer Paul, der trug Glatze und wird diese in unseren Herzen weiter tragen. Das Himmelreich eines Kraken auf Erden, der Kopffüßler-Kommunismus – mein Reli-Lehrer Herr Hegen wird jauchzen.

Und was, wenn uns beim Warten auf den Weltuntergang langweilig wird? Wenn uns das «Da» nicht mehr elektrisiert? Wenn es alt wird, grau, faltig? Für diesen Fall schlage ich Tod, Beerdigung und anschließende Wiedergeburt vor, allerdings nicht die Wiedergeburt meiner Anhänger oder gar jene Pauls, sondern die Reinkarnation unserer Sekte. Im Lebensbereich Zweisamkeit hat sich das Konzept der Lebensabschnittspartnerschaften durchgesetzt: Wenn's anstrengend wird, stößt man einfach die alte ab und sucht sich eine neue, und die Kinder werden kurzerhand gepatchworkt. Mit unserer Sekte halten wir's von vornherein genauso; sobald unser Elan nachlässt, machen wir den Friseursalon zu und lassen uns neu erleuchten. Wie sagt man? Andere Mütter haben auch schöne Töchter. Das religiöse Lebensabschnittsbekenntnis bietet zwei Vorteile: Für Fanatismus und Märtyrertum fehlt – ein ausreichendes Reinkarnationstempo vorausgesetzt – schlichtweg die Zeit. Außerdem wird das lästige Grundgefühl unserer Epoche, ständig irgendetwas zu verpassen, aus dem familiären in den spielerisch-spirituellen Raum transferiert. Wer jedes Jahr erneut zum Konvertiten wird, verliert die Lust, alle naselang auch noch sein Eheleben übern Haufen zu werfen; Einweg-Sekten könnten so die Scheidungsrate erheblich verringern.

Wer auf Paul folgt, ob das Da durch Buchstabensuppe ersetzt wird, der Friseurumhang durch eine Pudelmütze, und wenn ja, warum – all das wird einvernehmlich unter den Instant-Sektierern entschieden. Wer ein brauchbares Erweckungserlebnis vorweisen kann, möge bitte vortreten. Schön ist es auf der Welt zu sein. Zumal, wenn die Frisur sitzt. Bleiben wir doch noch ein Weilchen im Salon.

Kleine Frisurenkunde
künstlerisch begabter
Staatsmänner

Eine recht junge Wissenschaft ist die vergleichende Frisurologie. Ihr Gegenstand ist die Haartracht, zumeist das Kopfhaar, bisweilen auch der Bart, seltener Brust- und Beinbehaarung, noch seltener Rücken-, Hand- und Fußbewuchs. Der Frisurologe arbeitet an der Schnittstelle von Schere und Schopf, analysiert die ästhetischen Konnotationen von Wolle, Wuchs und Wurzel und ergründet die Beziehung zwischen Frisur und Restpersönlichkeit. Ein wichtiges Teilforschungsgebiet des Haarkundlers ist der Einfluss der Coiffure auf das Weltgeschehen. Um Sie exemplarisch mit der Methodik der Frisurologie vertraut zu machen, sei Ihnen der folgende Text empfohlen. Er untersucht u. a. die besondere Bedeutung der Schläfenscheitelung für Staatsoberhaupthaare, deren Träger sich künstlerischer Begabungen erfreuen.

Widmen wir uns als Erstes Helmut Schmidt. Dieser krönte seine Kanzlerschaft durch eine Schallplatte. Im Dezember 1981 reiste er gemeinsam mit Justus Frantz und Christoph Eschenbach nach London, um im legendären Abbey Road Studio das Konzert für drei Klaviere KV 242 von W. A. Mozart aufzunehmen. Die Session gehörte sicher zu den angenehmeren Terminen des Regierungschefs in diesem Jahr; der NATO-Doppelbeschluss drohte die SPD zu zerreißen, FDP-Chef Genscher verlangte den Verzicht auf die sogenannte Ergänzungsabgabe und leitete so den späteren Koalitionsbruch ein, die krisenhafte Kontroverse Schmidts mit Staatschef Menachem Begin führte zu einer schweren Belastung des Verhältnisses zu Israel, und zudem hatte sich der Hamburger Strengscheitelträger im Herbst einen Herzschrittmacher einsetzen lassen müssen. Das Konzert war mit Bedacht gewählt, drohte doch Schmidt durch den dritten Solopart, den Mozart einst für eine Elfjährige geschrieben hatte, keine Überforderung. Man munkelt, der Produzent habe dem Kanzler an ein, zwei Stellen dennoch helfend unter die Arme greifen müssen; diese Vorgehensweise passt aber als Akt der Solidarität vortrefflich zum Schallplattendebüt eines Sozialdemokraten. Schmidt hatte sich mit Justus Frantz bereits an vierhändigen Klavierstücken versucht, als dieser noch an der Hamburger Musikhochschule studierte. In der Meisterklasse von Eliza Hansen war Frantz kurz darauf Christoph Eschenbach begegnet, und gemeinsam mit Schmidt bildeten die drei eine Troika, deren Bilanz heute deutlich positiver ausfällt als jene der Nichtmusiker Scharping, Schröder, Lafontaine, die sich Mitte der Neunziger ebenfalls mit dem Wort «Troika» schmückten. Ob sie alle wirklich wussten, was eine Troika ist? Russische Kutscher nennen so eine Bespannungsweise für Fuhrwerke und Schlitten; der Kutscher hält vier Leinen, lenkt aber lediglich das Mittelpferd, die beiden anderen sind schlichte Mitläufer. Da fragt man sich natürlich, wer Mittelpferd ist und wer die Zügel hält.

Übrigens wurde das Wort «Troika» durch Ivan Rebroffs galoppierende Pelzmützen-Polka «Mit der Troika in die große Stadt» in unsere Sprache eingeritten. Jetzt aber, hü Liesl, mit wehender Mähne zurück zum Thema. Wobei die Mähne natürlich ein gutes Stichwort ist, befand sich der Schopf Schmidts doch stets in einem auffallenden Status vollkommener Kämmung, und die im Zusammenhang mit der Schallplattenveröffentlichung einsehbaren Bilddokumente legen nahe, dass dies auch an der Abbey Road, immerhin Studio der Pilzköpfe, nicht anders war. Schmidts Scheitel war lebenslang gedrittelt – zwei Drittel Haupthaar rechts weg über die Mitte gekämmt, ein Drittel linkslängs, bei bis auf den Kopfhautgrund einsehbarem Scheitelgraben – politisch lässt sich diese Frisur als Bekenntnis zu Rechtslast im Linkssein, zu Ordnung, Nüchternheit, aber auch zum Lagerdenken begreifen, musikalisch passt das edelgraue Kanzlerhaupthaar natürlich vortrefflich zum Triogedanken der Klassik, ein goldener Schnitt, wobei Schmidt selbst, ohne seinen pianistischen Fähigkeiten zu nahe zu treten, dem kürzeren Scheitelsegment entspricht, während Eschenbach und Frantz das längere Ende darstellen. Wie auch immer; am 1. Oktober 1982 kam Helmut Kohl durch ein konstruktives Misstrauensvotum an die Macht, und Schmidts Schallplatte wurde zum Bestseller. Ob er während des Musizierens an Friedrich den Großen gedacht hat? Es ist nicht schwer, zwischen Schmidt und dem Preußenkönig auf gewisse Analogien zu stoßen, von der Vorliebe für intellektuelle Freundschaften (Voltaire/Karl Popper), die betont unpathetische Nüchternheit in der Amtsführung, oder eben die Liebe zur Musik des «galanten Stils», dem Mozarts flotter Pianodreier durchaus zugerechnet werden kann. Friedrich II. schrieb 121 galante Sonaten, vier Konzerte und zahlreiche Etüden.

Auf dem berühmten Gemälde «Das Flötenkonzert Friedrichs des Großen in Sanssouci» von Adolph Menzel bleibt Friedrichs Frisur etwas unklar: Knapp über den Ohren erkennt der Betrachter dunkelweiße Lockengewölle, die einen ansonsten glatt nach hinten geschniegelten Schopf abschließen. Vielleicht sind die oberohrigen Wespennester Teil einer Perücke, wahrscheinlich ist dies jedoch nicht. Immerhin hatte sein Vorvorgänger Friedrich I. die Perückensteuer eingeführt; Kunsthaar durfte nur mit einer kostenpflichtigen Lizenz getragen werden. Spezielle Kopfkontrolleure, sogenannte Perückenriecher, mischten sich unter das Berliner Volk, um an den Haaren Verdächtiger zu rupfen und so Perückensteuerhinterzieher zu enttarnen. Die frisürliche Betonung der royalen Ohrmuschel, ob mit Perücke oder ohne, unterstreicht in jedem Fall die Bedeutung der Klangwelt für Friedrich II., und spontan denkt man an den ehemaligen Finanzminister Theo Waigel, dessen buschige Augenbrauen den Gesichtssinn markieren und so die Bedeutung des Aktenstudiums hervorheben. Über Waigels musische Adern liegen mir keine Informationen vor, auch nicht über seine sonstigen Hobbys; ich weiß lediglich, dass Waigel seit 2005 Aufsichtsratsvorsitzender des

Spielautomatenherstellers NSM Löwen-Entertainment ist. Ob er in seiner Freizeit gerne ein paar Euro verdaddelt? Keine Ahnung.

Über die Qualität der königlichen Kompositionen Friedrichs herrscht unter Musikwissenschaftlern Einigkeit: Sie sind nett und gediegen, aber keine Geniestreiche, wobei der preußische Thronsetzer sich im Zweifel ebenso helfen ließ wie 250 Jahre später Bundeskanzler Schmidt.

Ein Profimusiker mit Regierungsverantwortung war Lothar de Maizière, erster und letzter frei gewählter Ministerpräsident der DDR. Der kleine Mann studierte von 1959 bis 1965 an der Musikhochschule «Hanns Eisler» in Berlin und arbeitete bis 1975 als Bratschist in verschiedenen Orchestern. Dann zwang ihn eine Nervenentzündung im linken Arm zum Abfiedeln, und der Musikinvalide wurde Anwalt. Sein diffus waschbetongraues Kurzhaar über hoher Stirn illustrierte nicht nur vortrefflich den allgemeinen Glanzlackmangel in der untergehenden DDR, sondern war auch die zeitlos-klassische Entsprechung des Bratschenklangs in der Coiffeurskunst: So wie der Bratschist freiwillig auf das Spielen der ersten Geige verzichtet und sich selbstlos in das Ensemble eingliedert, so drängen sich weder die de Maizière'sche Schädelmatte noch sein fugenfrei ankotelettierter Vollbart in den Vordergrund; beide komplettieren in Würde und Anmut die Gesamtfrisur, so wie sich auch die DDR bescheiden ins wiedervereinigte Gesamtdeutschland integrierte.

Auf hohem Niveau streicht auch die ehemalige US-Außenministerin Condoleezza Rice, allerdings nicht Bratsche, sondern Violoncello. Violoncello? Verflixt, jetzt habe ich mich vertan, sie spielt natürlich Klavier, hat allerdings diverse Male mit dem 16-fachen Grammy-Gewinner Yo Yo Ma konzertiert; der spielt Cello, daher der Lapsus. Violoncello wird also hiermit gestrichen. Schon Rices Vorname verrät Musikalität, ist Condoleezza doch von der musikalischen Anweisung «Con dolcezza», «mit lieblichem Vortrag» abgeleitet. Nach eigener Aussage konnte Rice früher Noten lesen als Buchstaben, und mit zehn Jahren wurde sie eine der ersten afro-amerikanischen Schülerinnen am Konservatorium in Birmingham, Alabama. Ihr Musikstudium in Denver brach sie jedoch nach zwei Jahren ab, als ihr dämmerte, dass die angestrebte Weltkarriere ein noch größeres Talent erfordern würde als das ihrige. Auch Condoleezza Rice trägt ihre Haare meistenteils gescheitelt, jedoch war in ihrer Karriere als Außenministerin die Trennfurche zwischen den beiden Scheitelhälften niemals so freigeräumt, dass ein Blick auf das Schädeldach erhaschbar wurde. Ein sichtbares Bekenntnis zur Diffusität? Oder manifestiert sich in der gefüllten Scheitelnaht der Wille, Gräben zuzuschütten, Brücken zu bauen und die Kontinente zusammenzuführen? Der Verlauf ihrer Amtszeit lässt einen natürlich zunächst an die erste Möglichkeit glauben; dem Scheinscheitel entspricht die Stärkung der Geheimdienste, täglich werden die sich sträubenden Haare neu den beiden Frisurpakten zugeordnet, und wenn denn con dolcezza keine Wirkung erzielt werden kann, muss eine Ordnungsmacht auch rohe Bürstengewalt anwenden dürfen, zur Not sogar ohne Abstimmung mit den verbündeten Friseuren.

Ebenso wie Rice begrub auch Bundesverkehrsminister Peter Ramsauer (CSU) seine Musikerträume. Ramsauer wollte ursprünglich Konzertpianist werden, wobei seine Haare ungescheitelt sind. Auf älteren Bildern ist Ramsauers Schopf durch eine Welle geprägt, die ein wenig an den Liegestuhl «LC4» von Le Corbusier erinnert.

Heute ist die wollige Welle weg, vielleicht eine Folge des unbarmherzigen Regierungsalltags. Nicht mehr lange, und Ramsauers Frisur ähnelt der des begeisterten Hobbyklarinettisten Friedrich Merz, wobei dieser noch vor wenigen Jahren über einen Gabriele-Krone-Schmalz-oder-auch-Ingo-Appelt-artigen, in die Stirnmitte hineinreichenden Wuchskeil verfügte, einen Löckstachel aus Horn, der sich infolge natürlicher Alterungsprozesse auf dem Rückzug befindet, wie Merz selber sich aus der Politik zurückgezogen hat. Im Gegensatz zu Rice und Ramsauer, die ihr musikalisches Können zur Not auch vor Publikum präsentieren (Ramsauer etwa in der Fernsehsendung «Was erlauben Strunz», 2010), war Merz während seiner Tätigkeit als Fraktionsvorsitzender stets darauf bedacht, die Klarinette im Koffer zu lassen. Vielleicht war er durch das Schicksal eines anderen Verkehrsministers gewarnt; ich denke an Günther Krause (CDU), der 1990 gemeinsam mit Wolfgang Schäuble den Einigungsvertrag aushandelte. Über Krauses Können am Klavier gibt es kaum Positives zu berichten; Anfang der 90er soll er sich mehrfach zu später Stunde als Wirtshauspianist versucht haben, mit einem Potpourri aus altdeutschen Weisen, Beatles und Weihnachtsliedern. Zu seiner Haartracht ist zu sagen: Tagsüber Scheitel, aber nachts, am Klavier, wurde Klimper-Krauses Krause kraus. Zum Niedergang der Karriere des Skandalsammlers spielte dieser also seine eigene Begleitmusik, und Friedrich Merz dürfte aufmerksam zugehört haben. Übrigens gibt Bierdeckel-Merz als seinen Lieblingskomponisten Johann Sebastian Bach an, aber seine wahre Leidenschaft gehört dem Jazz. Ein Bekenntnis, das man aus dem Munde von Politikern selten hören wird – kam doch der Jazz im Tonträgermarkt 2010 auf einen Marktanteil von lediglich 1,9 %, was in der Innung der Berufspolitiker abschreckend wirken dürfte. Wer im Wahlkampf öffentlich seine Sympathie für diese 1,9-%-Musik äußert, kann sich auch einen Irokesenschnitt zulegen, beides führt gleichermaßen ins Off. Gleichwohl gelingt es bei ausreichender Zurückhaltung sogar praktizierenden Jazzmusikern, in höchste Staatsämter zu gelangen; erwähnt sei Manfred Lahnstein, der letzte Finanzminister in der Regierungszeit Helmut Schmidts. Posaunist Lahnstein spielte nämlich zeitweise bei den «Feetwarmers», der ersten Combo Klaus Doldingers. Der spätere Bertelsmannvorstand über seine erste Schallplatte mit dem Titel «Enter the feetwarmers» von 1955: «Die Feetwarmers waren, wenn man der Presse, dem Hörfunk und dem Fernsehen der damaligen Zeit glauben darf, die beste deutsche Dixieland- und Swingband. Nun, das waren wir wahrscheinlich wirklich.» Lahnstein amtierte nur fünf Monate als Bundesminister, dann kam Kanzler Kohl. Ob die Mozartinterpretation Schmidts, die Arbeit des Jazzmusikers Lahnstein und das Ende der sozial-liberalen Ära miteinander in einem Zusammenhang stehen? Womöglich war die übergroße Bandbreite an musikalischen Grundüberzeugungen ursächlich für das Überwinden des Scheitelpunktes, für die Flucht der FDP aus der gemeinsamen Regierungsverantwortung. Apropos Scheitel: Lahnsteins Fri-sur entsprach formal jener des Bundeskanzlers, allerdings bei weit größerer Tuffigkeit des Wuchskörpers. Nicht minder fül-lig präsentierte sich das Haupthaar des US-Präsidenten Bill Clinton, der sich nicht scheute, sein Tenorsaxophonspiel als integrative Kraft in die politische Auseinandersetzung ein-zubringen – immerhin ist der Jazz die genuine, identitätsstif-tende Musik Amerikas. Der lauschende Kenner begriff nach wenigen Takten, dass Clinton sich tatsächlich einmal ausführ-lich mit Jazzimprovisation auseinandergesetzt haben muss; der hörbare Mangel an Übung wiederum bewies lediglich, dass der Mann aus Little Rock (Arkansas) sich meistenteils mit Regierungsarbeit beschäftigte, so wie es sich für einen Präsidenten gehört. Nennt man die Bewohner der Stadt Little Rock eigentlich Little Rocker? Eigentlich eine Nebensächlich-keit, aber, wie ich finde, durchaus im Zusammenhang mit dem Thema dieser Studie stehend.

Ein Jazzer von königlichem Format ist der thailändische König Bumiphol. Als Altsaxophonist, Klarinettist und Kom-ponist spielte er mit Großmeistern wie Benny Goodman, Lio-nel Hampton und Jack Teagarden. Auch bei meinem Freund, dem Münchener Pianisten Roberto di Gioia, klingelte eines

Tages das Telefon, und ein Herr von der thailändischen Botschaft fragte an, ob Roberto nicht Lust hätte, im Rahmen eines bevorstehenden Staatsbesuches gemeinsam mit dem König zu musizieren. Mein Freund lehnte ab, was ich, der schon Thailand besucht und dort die enorme Verehrung der Thais für ihren König kennengelernt hat, für eine tragische Fehlentscheidung halte. Wer weiß? Womöglich hätte Roberto nach dieser Session lebenslang in allen thailändischen Restaurants weltweit umsonst essen können, jedenfalls nach Vorführung einer Beweis-CD. 40 Kompositionen sind von Bumiphol bislang bekannt, darunter die thailändische Königshymne. Neben seiner Tätigkeit als Musiker betätigt sich der Monarch auch als Maler, Schriftsteller, Segler, Segelbootdesigner, Funkamateur (Rufzeichen: HS1A) und, vor allem, Fotograf; auf der thailändischen 1000-Bath-Banknote ist Bumiphol mit umgehängter Spiegelreflexkamera abgebildet. Die königlich-thailändische Frisur war in jungen Jahren durch eine auffällig keilförmige Verjüngung der Scheitelfurche geprägt, die seiner linken Schläfenpartie das Aussehen einer Flussmündung verlieh. Dies war eventuell ein Verweis auf das Mekongdelta; der Mekong, wichtigster Wasserlauf Thailands und Grenzfluss zu Laos, mündet südlich von Ho-Tschi-Minh-Stadt ins Südchinesische Meer. Nutzte Bumiphol, der sich nur ungern offen in die Tagespolitik einmischte, dieses Frisurdetail, um seine Solidarität mit Südvietnam im Kampf gegen die kommunistischen Vietcong auszudrücken? Immerhin war Thailand im Vietnamkrieg Verbündeter der USA. Andererseits ähnelt die Stirnmündung aber auch dem Schalltrichter einer Trompete. Mit Ende des Krieges geriet die Frisur des Königs jedenfalls zunehmend unflüsslicher und erinnerte mehr und mehr an jene Lothar de Maizières, allerdings ohne Vollbart und Koteletten.

Mit dem siamesischen Tausendsassa wenden wir uns den Universalgenies unter den Politkern zu, oder besser gesagt: Dem Universalgenie, denn in seiner Vielseitigkeit ist und bleibt

Winston Churchill im Kreise der kunstsinnigen Staatsmänner ein Solitär. 1915 verlor Churchill den Posten des Marineministers, blieb aber Kabinettsmitglied ohne Geschäftsbereich. Zur Untätigkeit verurteilt, wandte er sich der Malerei zu. Schnell erkannte er die Parallelen zur Kriegsführung: Unabdingbar, so sagte er, sei das genaue Studium des Gegners (also des darzustellenden Gegenstandes), und für ein gelungenes Bild brauche man ein gelungenes Konzept und eine starke Reserve. Churchill malte mit Vorliebe intensiv leuchtende Sonnenuntergänge, aber auch Stillleben mit Stehlampen und Alkoholflaschen gerieten ihm ansehnlich. Der heutige Betrachter mag meinen, dass das Interessanteste an diesen Bildern doch der Name ihres Malers gewesen sei – eine Unterstellung, die Churchill durchaus ahnte und ärgerte. 1947 schickte er daher unter dem Pseudonym David Winter drei Bilder an die Royal Academy; alle drei wurden akzeptiert. Während Churchill die Malerei jedoch eher als Entspannungstechnik begriff, war sein Ehrgeiz als Schriftsteller unbändig. 1930 beschrieb er in «My Early Life» seine eigene Jugend, ein Buch, das von Kritikern damals zu «einer der unterhaltsamsten Abenteuergeschichten der Welt» erklärt wurde. Bei «My Early Life» kam er mit einem einzigen Band aus, während er für «Marlborough», die erstaunliche Biographie seines Vorfahren und Feldherrn im Spanischen Erbfolgekrieg, vier Bände benötigte. Seine Darstellung des Zweiten Weltkriegs, für die er 1953 mit dem Literatur-Nobelpreis ausgezeichnet wurde, umfasste schließlich sechs Bände. Der Umfang der Churchill'schen Schreibesfrucht verhielt sich somit umgekehrt proportional zur Fülle seiner Haarpracht. Oder, anders ausgedrückt: Seitenausstoß gleich Haarausfall. Neben Bildern und Büchern schuf Churchill Mauern. Das Maurerhandwerk war eine weitere Leidenschaft, welcher sich der bullige Engländer mit Haupt und Haaren verschrieben hatte. Vor, neben und hinter seinem Landsitz in Chartwell, zwischen den grünen Hügeln des Weald of Kent,

zog er ab 1924 Mauer um Mauer, wobei diese Steinbauten größ-
tenteils zweckfrei errichtet wurden; offenbar stand für den
begeisterten Kellenschwinger der schöpferische Akt im Vordergrund, nicht der spätere Verwendungszweck. Heute sind
die Mauern von Chartwell eine gleichermaßen enigmatische
wie gutbesuchte Touristenattraktion.

Es ist natürlich ein merkwürdiger Zufall, dass ausgerechnet Hitler, der Gegenspieler Churchills, ebenfalls malte. Mich
dünkt, nach Hitler ist die praktizierte bildende Kunst für
das politische Führungspersonal in Deutschland ein heikles
Hobby, ebenso wie das Tragen des Führerbartquaders. Das
Problem ist ja mittlerweile nicht mehr ganz neu, aber immer
noch tappen bisweilen hochintelligente, aber dabei völlig ah-
nungslose Demokraten in die berüchtigte Schnauzerfalle; erwähnt seien Möllemann und Sarrazin.

Nebensätzlich erlaube ich mir, an dieser Stelle Otto Gro-
tewohl in den Text einzuflechten, den ersten Ministerprä-
sidenten der DDR. Ausgiebig widmete sich der sozialistische
Pinselschwinger der Darstellung seiner Heimatstadt Braun-
schweig und der Mühsal des Klassenkampfes, etwa in seinem
Zyklus «Menschen der Stille» von 1945. Seine Haare trug Gro-
tewohl am liebsten streng pomadisiert, so wie er auch als Maler Arbeiten in Öl bevorzugte. Kein Öl, aber doch Gel bändigt
bekanntlich die Haare Karl-Theodor zu Guttenbergs, der als
Schriftsteller mit seinem aus unterschiedlichsten Fremdtex-
ten montierten Großessay «Doktorarbeit» für enormes Aufsehen sorgte und in seiner öffentlichen Wirkung das literari-
sche Debüt einer Helene Hegemann spielend in den Schatten
stellte. Übrigens kann zu Guttenberg auch Klavier spielen,
wenn man seinen Worten trauen darf.

Hm. Je länger ich mich mit dem Thema beschäftige, desto
deutlicher wird die Sonderstellung der sozialliberalen Regierungsarbeit an der Schnittstelle zwischen Kunst und Kamm.
Beleuchten wir kontrollhalber den wichtigsten Belletristi-

ker unter den damaligen Kabinettsmitgliedern: Horst Ehmke, Chef des Kanzleramts von 1969 bis 1972, danach Forschungsminister bis 1974, kombinierte den Schmidt'schen Scheitel mit der Ramsauer'schen Le-Corbusier-Welle über dem zentralen Schädeldachfirst, untermauert von einem pflaumenförmigen Kinnbart. In seinem Krimi «Himmelsfackeln» (2008) geht es um organisiertes Verbrechen und die Rolle der Türkei in Europa, scharf gewürzt mit heißem Sex.

Auf internationaler Ebene sei der Europäische Ratspräsident Herman van Rompoy genannt, der 2010 einen Band mit Haiku-Gedichten veröffentlichte. Kostprobe: «Na Washington/Twee dagen weg/Fruitboomen in volle bloei/Alles is anders.» Ich habe dieses Beispiel natürlich gewählt, weil der deutsche Leser die Zeilen auch ohne Übersetzung versteht: Humorvoll macht sich der Flame über seinen fortschreitenden Haarausfall lustig. Oder ist alles anders? Einen eher gärtnerischen Umgang mit seiner Glatzenbildung pflegt der italienische Ministerpräsident Silvio Berlusconi: 2004 unterzog er sich einer Haartransplantation, einer sogenannten Selbstverpflanzung. Die Klatschzeitung «Novella 2000» behauptete unlängst, der «Cavaliere» verwende darüber hinaus täglich eine dunkle Keratin-Creme, um lichte Stellen zu kaschieren. Warum ich Berlusconi hier überhaupt erwähne? Weil auch er künstlerisch in Erscheinung getreten ist, nämlich als Sänger neapolitanischer Liebeslieder. Zu seinem 70. Geburtstag beschenkte sich der vitale Eigenhaarspender mit einer CD, die von Mariano Apicella produziert wurde. Titel: «Meglio una canzone» («Besser ein Lied»). Mit seinem öffentlich ausgelebten Sangesdrang setzt Medienmogul Berlusconi eine Jahrtausende alte Tradition römischer Staatenlenker fort; bereits von Kaiser Nero ist der Satz «Musik im Verborgenen hat keinen Wert» überliefert. Samt Kithara stellte sich Nero regelmäßig auf die Bühne; sein Talent hierfür soll – anders als die Ustinov'sche Darstellung im Kintopp nahelegt – beachtlich gewesen sein. Ein die Beatles vorwegnehmender Moptop veredelte hierbei den Kaiserkopp. Die Bühnenkarriere des stimmstarken Christenjägers begann im Jahr 64 in Neapel, im Rahmen der von ihm gegründeten «Juvenalia», das war so eine Art Vorläufer des Eurovision Song Contest. Die erste kaiserliche Performance soll übrigens durch ein Erdbeben gestört worden sein, was Nero jedoch keineswegs verunsichert habe; im Gegenteil: Wenn man den zeitgenössischen Quellen glauben kann, improvisierte der Kaiser geistesgegenwärtig einen Dank an die Götter, woraufhin seine Fans in blanke Raserei gerieten. Der Adel soll auf die Pop-Ambitionen seines Chefs hingegen mit Entsetzen reagiert haben, wie ja auch Berlusconi für seine CD hauptsächlich Häme einstecken musste. Aber was soll's; sogar Bundespräsident Walter Scheel, der mit «Hoch auf dem gelben Wagen» 1974 die Hitparaden stürmte, wurde für sein Organ anfangs belächelt. Oder lächelte das Publikum vielmehr wegen der schneeweißen Löckchen, die bei der Zeile «aber der Waaagen, der rollt» so angenehm ungezwungen seine hohe Stirn umtänzelten?

Vorläufiges Fazit: Die Beziehung zwischen den drei Faktoren politische Macht, künstlerische Begabung und Frisur lässt an einen Zopf denken, der bekanntlich ebenfalls aus drei voneinander unabhängigen Strängen geflochten wird. Zu entscheiden, welcher Strang für den Zopf den entscheidenden Beitrag leistet, ist eine haarige Angelegenheit, gelegentlich sogar Haarspalterei.

Die politische Frisurologie steht erst am Anfang, so wie ja auch die Vergabe des bundesrepublikanischen Kanzlercoiffeur-Privilegs eine junge Tradition ist. Erstmals wurde das Privileg von Gerhard Schröder an den Berliner Pony-Papst Udo Walz vergeben, und Kanzlerin Angela Merkel hat den Autor der (übrigens sehr lesenswerten) Autobiographie «Waschen, Schneiden, Leben» in seinem Amt bestätigt. Keine Frage, die Bedeutung des Haars in der Politik wächst. In welchem finanzpolitischen Zusammenhang stehen Stufentarif und Stufenschnitt? Sollte der Stabschef des Verteidigungsministers über einen eigenen Ondulierstab verfügen? Kann natürlicher Bartspliss vom Westen im Kampf gegen die Taliban instrumentalisiert werden? («Le Figaro» sagt nein.) Auf zukünftige Haarkundler-Generationen wartet enorm viel Arbeit. Schnitt.

Die Kuckucksuhr
im Wandel
der Zeit

Hoppla, schon wieder die Wettiner. Zum zweiten Mal stolpere ich bei der Arbeit an diesem Buch über einen sächsischen Regenten. Diesmal bei der Recherche zum Thema «Die Kuckucksuhr im Wandel der Zeit». Kurfürst August von Sachsen (1526–1586) besaß nämlich eine Kuckucksuhr, wie wir aus einem Bericht des Augsburger Patriziers Philipp Hainhofer wissen. Wie der Zeitmesser aussah und warum der kunstsinnige Sachse solch eine Uhr besaß, kann ich leider nicht sagen, außer, dass sie, vom Kuckuck abgesehen, sicher nur wenig mit dem heute gängigen Hängechronometer zu tun hatte. Hainhofer verfasste seinen Bericht 1629, also mitten in den Wirren des Dreißigjährigen Krieges, was uns sogleich an «Der dritte Mann» denken lässt. Im Wiener Praterriesenrad sinniert Orson Welles in der Rolle des Medikamentenschiebers Harry Lime über die kreativitätsfördernde Wirkung des Krieges und schließt seinen Vortrag mit: «In der Schweiz herrschten 500 Jahre Demokratie und Frieden. Und was haben wir davon? Die Kuckucksuhr.» Orson Welles hat sich hierbei gleich doppelt geirrt; die moderne Kuckucksuhr geht nämlich auf einen Uhrendesign-Wettbewerb der Großherzoglich Badischen Uhrmacherschule in Furtwangen zurück, der im Jahr 1850 stattfand. Und auch jenes Gerät, das Philipp Hainhofer am sächsischen Hof gesehen haben will, dürfte kaum eidgenössischer Herkunft gewesen sein, wurde doch die weltweit erste Uhrmacherinnung 1540 in Dresden gegründet, also vor Ort. Vielleicht kam der Uhrvogel tatsächlich aus der Schweiz, jedoch aus der sächsischen, aber, wie gesagt, meine Quellenlage ist mau.

Auf jeden Fall ist der Kuckuck ein zweideutiges Symbol: Cuculus Canorus mag aufgrund seines obertonarm vorgetragenen Rufes akustisch für Harmonie stehen, abgesehen davon kann auch der unmusikalischste Uhrenfreund den Kuckucksruf ohne Verrenkung nachsingen. Als Brutparasit hingegen bündelt der graugefiederte Langstreckenzieher in seinem Verhalten elterliche Pflichtvergessenheit, Hinterlist und Sozial-schmarotzertum à la Harry Lime: Er legt seine Eier in fremder Vögel Nester und macht sich einen feinen Lenz. Allein die Tatsache, dass weder er noch die von ihm ausgenutzten Pflegeeltern das Fehlverhalten als solches erkennen, ermöglichte die Kür des Kuckucks zum «Vogel des Jahres 2008» durch den deutschen Naturschutzbund.

Ob die kurfürstlich-sächsische Kuckucksuhr auch eine Hommage an die Dolce Vita war, an den Hedonismus derer, die gerne Kinder machen, sich aber nur ungern der Brutpflege widmen? Kurfürst August brachte es auf satte 15 Nachkommen, allesamt gezeugt mit seiner Ehefrau Anna von Dänemark und Norwegen. Oha. Über Eier, die er in fremde Nester gelegt haben könnte, ist mir nichts bekannt, ganz anders als bei seinem Nachfolger August dem Starken, über den die Schwester Friedrichs des Großen, Markgräfin Wilhelmine von Bayreuth, schrieb: «Er unterhielt eine Art Harem der schönsten Frauen seines Landes. Als er starb, berechnete man, dass er von seinen Maitressen 354 Kinder gehabt habe», wobei der potente Elb-Iglesias sehr darauf geachtet haben soll, in der Öffentlichkeit als blendender Liebhaber wahrgenommen zu werden, sodass die Gerüchtestreuung von ihm möglicherweise genauso aktiv gefördert wurde wie die Kinderzahl selbst. In wie vielen Fällen er sich kuckücksch der Vaterpflichten entzog, wissen wir nicht; immerhin beschenkte er sein Lieblings-Gschpusi Anna Constanze von Brockdorf, der er drei Kinder anhängte, mit dem eigens für sie erbauten Taschenberg-Palais in Dresden.

Ob der Universalgelehrte Athanasius Kircher, ein Zeitgenosse Augusts des Starken, sich in besonderem Maße für Kinder begeisterte, ist nicht bekannt, aber immerhin beschrieb er als erster Wissenschaftler den Einfluss von «kleinen Wesen» auf die Ausbreitung der Pest. Im Jahr 1650 jedenfalls konzipierte Athanasius Kircher eine Orgel, deren Pfeifen in beweglichen Tierfiguren mündeten, darunter auch ein Kuckuck. Auf passenden Tastendruck öffnete der Vogel den Schnabel, und es ertönte sein Ruf, gleichzeitig flatterten die Holzflügel und wippte die Schwanzspitze.

1669 erschien das Buch «Horologie Elementari» des Barock-Architekten Domenico Martinelli, in dem dieser vorschlug, dass Uhrenkuckucke in Zeitmessern eingesetzt werden sollten, um mit ihrem Ruf die vollen Stunden zu markieren. Keine Ahnung, wann die Holzvögel vorher, etwa am sächsischen Hofe, losgeflötet haben. Alle drei Minuten? Zum Kaffee? Immer? Jedenfalls hat sich der Vorschlag Martinellis durchgesetzt wie der Code Civil in der Rechtsprechung oder die Schraubstolle unterm Fußballschuh.

Mit der Standardisierung des Vollzeitrufes ging eine bauliche Vereinfachung des Kuckucks einher; spätestens ab Mitte des 17. Jahrhunderts waren dessen Glieder unbeweglich, dafür hatte das Uhrvieh auf einer Vogelstange Platz genommen und wurde pünktlich zur Zeitansage per Schwenkvorrichtung durchs mit dem Vogelfuß verdrahtete Türchen geschoben. Die Gehäuse hatten damals die unterschiedlichsten Formen, ab 1770 setzen sich aber mehr und mehr sogenannte Lackschild-Uhren durch, deren Schildbogen zunehmend aufwendig bemalt wurden. Technisch basierten die noch heute gängigen Lackschild-Uhren auf der Waagbalkenuhr, die ab 1640 in einigen Schwarzwaldtälern hergestellt wurde. Die Waagbalkenuhr, eine Einzeigeruhr mit Holzräderwerk böhmischen Ursprungs, ist also die Mutter der Schwarzwalduhrenindustrie, und die Kuckucksuhr des Sachsenaugust ihr Vater, und nachdem diese beiden Zeuger ihre Zeiger übereinanderlegten und tüchtige Uhrmacher in einem Schwarzwälder Nest das befruchtete Kuckucksei bebrüteten, entstand jener Klassiker made in Black Forest, der schnell flügge wurde und sich flugs auf der ganzen Welt ausbreitete.

Wo genau sich das Nest befand, lässt sich nicht mehr genau sagen, aber es dürfte sich um eine der Städte handeln, in denen noch heute der Zeitmesserbau beheimatet ist und die durch die «Deutsche Uhrenstraße» miteinander verbunden sind. Triberg käme in Frage, aber auch Deißlingen, Furtwangen oder St. Peter, dessen blühende Obstbäume dem Cineasten aus der Technicolor-Schmonzette «Schwarzwaldmädel» bekannt sind, mit der 1950 im deutschen Kintopp die Ära der Trümmerfilme endete. Wie dem auch sei, die verkürzten Vegetationszeiten des Hochschwarzwaldes erzwangen Zweitjobs im Zeitmesserbau.

Die winterliche Heimarbeit der Engtalbevölkerung könnte außerdem durch eine katastrophale Klimaanomalie befördert worden sein, nämlich das «Jahr ohne Sommer», 1816. Im April 1815 war der Vulkan Tambora auf der Insel Sumbawa im heutigen Indonesien ausgebrochen und hatte ungefähr 150 Kubikkilometer Staub und Asche in die Atmosphäre gepustet. Wie eine Ado-Gardine zog sich die Schuttluft vor den Sonnenball. Während es in Nordamerika im August 1816 zu Nachtfrösten kam, was dazu führte, dass dieses Jahr dort den Spitznamen «Eighteen Hundred and Froze to Death» erhielt, kam es in Europa zu Dauerregen mit Überschwemmungsfolge, besonders nördlich der Alpen, und ganz besonders im Südschwarzwald. Die unabwendbare Missernte stürzte, gemeinsam mit den Folgen der Napoleonischen Kriege, die Bevölkerung des Großherzogtums Baden in Hungersnöte, was wiederum eine Auswanderungswelle nach Übersee zur Folge hatte. Ein «Jahr ohne Sommer» begünstigt nicht nur Hunger, sondern auch Melancholie. Und: Wie alles Menschenwerk ist auch der Uhrenbau eine Frage der Liebe; nur der Liebende schafft Werke, die seine körperliche Existenz überdauern. Eingekeilt im engen Schwarzwaldtal, den Teller leer, die Regentonne voll, schufen also die fröstelnden badischen Uhrmacher mit spitzen Fingern und högschter Effizienz Liebeserklärungen an die Vergänglichkeit; aus Leid wurde Zeit.

Erster Exportschlager waren handbemalte Lackschild-Uhren, die über ein eigenes Filialnetz vorrangig in Frankreich vertrieben wurden. Die Gestaltung der Schildbögen folgte aktuellen Modeströmungen und wurde regelmäßig gewechselt. Ein überaus beliebtes Motiv war in den späten 1820er Jahren eine Giraffe, flankiert von zwei Mohren, was auf den französischen König Karl X. zurückgeht, der 1827 der staunenden Pariser Bevölkerung die Giraffe «Zarafa» präsentierte. Über die Welt der prominenten Tiere habe ich ja bereits ausführlich referiert, und staunend stelle ich fest, dass wenigstens eine Stargiraffe die Entwicklung der Uhrenindustrie mitgeprägt hat, neben zahl- und namenlosen Kuckucken. Ganz nebenbei fällt mir ein, dass ich seit den späten Neunzigern Besitzer einer Plastikarmbanduhr bin, die mit dem Schriftzug «CompuServe» bedruckt ist. Erinnert sich noch jemand? «CompuServe» war einer der frühen Online-Dienste, wurde 1999 von AOL geschluckt und 2009 endgültig abgeschaltet. Immerhin hat CompuServe bereits 1980 den «Echtzeit-Chat» erfunden, eine noch heute gängige Methode, die Zeit totzuschlagen. Und auch das Graphik-Format «GIF» ist eine CompuServe-Erfindung.

Woran liegt es, dass die Kuckucksuhr seit dem «Jahr ohne Sommer» Eingang in das gefühlte Weltkulturerbe fand, CompuServe jedoch weg vom Fenster ist, so wie Messerschmitt-Bölkow-Blohm, Grundig und Max Schautzer?

1850 galt der Südschwarzwald als Armenhaus des Großherzogtums Baden, und um Ausbildung und Ertragsmöglichkeiten der Uhrmacher zu verbessern, ließ die Regierung die bereits erwähnte Uhrmacherschule in Furtwangen gründen. Mit dem Aufbau der Lehranstalt wurde der junge Ingenieur Robert Gerwig betraut, und auf ihn ging die Idee für jenen Gestaltungswettbewerb zurück, der für die Entwicklung der Kuckucksuhr ähnlich bedeutsam werden sollte wie die amerikanische Unabhängigkeitserklärung für die Menschenrechte.

Alle «Vaterländischen Künstler» waren aufgerufen, einen zeitgemäßen Uhrenentwurf abzuliefern, sprich: Baden sucht die Superuhr. Der Sieger hieß Friedrich Eisenlohr und war ein Karlsruher Architekt, der sich auf Bahnhofsgebäude, Wartehallen und Lokschuppen spezialisiert hatte. Sein Entwurf war einem Bahnwärterhäuschen der Badischen Staatsbahn nachempfunden und wurde als «Bahnhäusleuhr» zum Prototyp der Kuckucksuhr, wie wir sie heute kennen.

Der Vertrieb dieser Bahnhäusleuhr mit integriertem Kuckuck begann zeitgleich mit der Entwicklung des modernen Tourismus. Zunächst bevorzugte das frischluftfreudige Bürgertum die schöne Schweiz, aber bereits 1864 wurde der «Badische Verein zum Zweck, den Schwarzwald und seine angrenzenden Gegenden besser bekannt zu machen» gegründet. Solch ein Verein sorgt alleine schon aufgrund seines langen Namens für Aufsehen, so wie ja auch ein Bahnhäusle, in dessen Innern ein Kuckuck wohnt, den unvorbereiteten Betrachter zum Stutzen zwingt. Der Schwarzwaldtourismus setzte also von Anfang an auf Erholung durch Kopfschütteln, wobei der Kopfbedeckung in diesem Zusammenhang eine besondere Rolle zufiel. 1880 wurde nämlich von Wilhelm Hasemann und Curt Liebich die Gutacher Künstlerkolonie gegründet. Bevorzugte Motive der geschäftstüchtigen Maler waren Bilder, auf denen glückliche Dorfbewohner Schwarzwälder Trachten trugen. Im Laufe der Zeit fanden die Künstler heraus, dass sich ihre Bilder umso besser verkauften, je größer die kleinen Wollröschen auf den Hüten gemalt waren, und die Hutmacherinnen der Gegend passten die Bollen wiederum den beliebten Bildern an. Mit dem knallroten Bollenhut entwickelte sich neben der Kuckucksuhr ein weiteres Heimeligkeitssymbol mit höchstem Absurditätsgrad. Hamburg hat den Elbsegler, Bayern den Gamsbart, Bilbao die Baskenmütze – der Bollenhut schlägt sie alle, und zwar in den Kategorien Wiedererkennbarkeit, Überkandidelung sowie Verkehrssicherheit. Mit dem

Bollenwachstum der 1880er Jahren endete das entscheidende Kapitel der Schwarzwälder Imagebildung (die gleichnamige Kirschtorte wurde als Nachzügler erst ab 1930 verzehrt).

Der Anthropologe nennt ein solches Konzept übrigens «Invention of Tradition»: Wir sehen eine folkloristische Tracht, einen Brauch oder ein Utensil und nehmen unwillkürlich an, dass es sich um Zeugnisse aus alter Zeit handelt. «Invention of Tradition» bedeutet: alt? Pustekuchen. Der Schottenrock z. B. wurde erst im 17. Jahrhundert erstmals getragen, der Sirtaki 1964 für den Film «Alexis Sorbas» choreographiert, angeblich, weil Hauptdarsteller Anthony Quinn sich als zu ungelenk für den eigentlich vorgesehenen – jahrtausendealten – Pentosalis entpuppte. Ein junges Beispiel für «Invention of Tradition» ist die Vuvuzela-Tröte, die extra für die Fußball-WM in Südafrika ersonnen wurde, und von der das weltweite Publikum sogleich meinte, es handele sich um ein Instrument aus der Steinzeit. Von wegen.

Die ersten Engländer, die 1865 im neueröffneten Feldberg-Gasthof einkehrten und im Zuge ihres Aufenthaltes sicher auch eine Kuckucksuhr sahen, werden große Augen gemacht haben: Cuckoo! Damned crazy! Die gebildeten Angelsachsen werden sich überdies eventuell an das Gedicht «The Cuckoo Clock» (1842) von William Wordsworth erinnert haben, dem der Autor folgende Einleitung vorangestellt hatte:

Of this clock I have nothing further to say than what the poem expresses, except that it must be here recorded that it was a present from the dear friend for whose sake these notes were chiefly undertaken, and who has written them from my dictation.

Eine entscheidende Weichenstellung! Bereits die erste Erwähnung einer Kuckucksuhr durch einen namhaften Poeten behandelte diese als Geschenk für einen lieben Freund. Damit war die Mitbringselhaftigkeit des Geräts beschlossen. Das Bahnhäusle der Badischen Staatsbahn werden die Sommerfrischler allerdings kaum als solches identifiziert haben, zumal der Uhrmacher Johann Baptist Beha aus Eisenbach zwei Jahre zuvor das Design nochmals leicht verändert hatte – der Eisenbahnschuppen war nunmehr hinter einem Wildwuchs aus hölzernem Schnickschnack verborgen, und zudem ward der Blick des potenziellen Eisenbahnarchitektur-Connaisseurs von neuerdings tannenzapfenförmigen Gewichten bodenwärts abgelenkt.

Das Bahnhäusle wurde also in wenigen Jahren von Unkraut umwuchert wie seine an den Gleisen zwischen Mannheim und Basel stehenden großen Brüder. Doch während die Badische Staatsbahn Jahr für Jahr mit der Heckenschere für Ordnung sorgte, verzichten die Kuckucksuhrmacher bis heute auf wachstumsbegrenzende Maßnahmen und setzen auf Kraut und Rüben. Schaffe, schaffe, Häusle baue – und dann einwachsen lasse. Die Kuckucksuhr wurde binnen 10 Jahren vom Symbol der geschienten Mobilität, des technischen Fortschritts, zum an die Wand gehängten Busen der Natur. Heute ku, morgen ckuck. Seltsam.

Die ersten englischen Touristen werden diese Volte nicht erkannt haben, sie erfreuten sich schlicht am drolligen Vogelruf, nahmen die Uhren mit und hängten sie in ihre Salons.

1912 hatten acht Prozent der Industriearbeiter in Deutschland Anspruch auf bezahlten Urlaub, und allmählich änderte sich die Gästestruktur. Angelockt durch den Bollenhut wie Stiere vom roten Tuch, strömten die Malocher in den Schwarzwald und belebten den Souvenirhandel. Da die technikaffineren Männer die Finanzhoheit besaßen, wurden mehr Kuckucksuhren in die heimischen Industriequartiere mitgebracht als Kugelkopfbedeckungen, und so wurde der eingewachsene Zeitmesser zum gesamtdeutschen Wohnzimmerstandard – und eben nicht der Hut. Als nach KdF und Zweitem Weltkrieg das ausländische Publikum erneut begann, Deutschland zu bereisen, war die Kuckucksuhr bereits weltweit bekannt. Sie hatte Karriere gemacht, und zwar als Darstellerin in Hollywood. Ihre Filmpremiere feierte die Kuckucksuhr 1912 in einem nach ihr benannten Kurzfilm an der Seite von Edward P. Sullivan, 1933 spielte sie eine wichtige Nebenrolle in «Dirty Work» mit Stan Laurel und Oliver Hardy. 1940 brillierte sie in Walt Disneys «Pinocchio», ehe sie mit Tex Avery 1950 «Die Kuckucksuhr» drehte; der Schwarzwälder Stundenschläger war heimlicher Hauptprofiteur des goldenen Zeitalters der Animation. Das darstellerische Erfolgsgeheimnis der Uhr war ihre Wandelbarkeit. Indem man den Kuckuck auf einem überlangen, ausfahrbaren Arm montierte, ließen sich uhrkomische Slapstick-Effekte erzielen; aber auch im ernsten Fach wusste sie zu überzeugen, so als Symbol der Bedrohung in Fritz Langs «M – eine Stadt sucht einen Mörder». Frau Beckmann wartet auf ihre Tochter Elsie, während der Mörder in der Stadt sein Unwesen treibt. Immer wieder fällt ihr Blick auf die Kuckucksuhr. Das putzige Zeitzeichen steht in scharfem Kontrast zur Bedrohlichkeit der Situation; doch die Kuckucksuhr ist nicht nur Kontrastmittel, sie ist gleichzeitig eine Spiegelung des Mördercharakters, verbirgt doch der von Peter Lorre dargestellte Unhold seinen wahren Charakter hinter einer Fassade aus Harmlosigkeit, wie auch Kuckuck und Bahnhäusle durch die Tür respektive Gestrüpp dissimuliert sind. In «M» besteht die Tarnung übrigens aus geschnitzten Holzelementen, die den Blättern der amerikanischen Sumpfeiche nachempfunden sind, außerdem sitzen zwei kleine Auerhähne vor bzw. auf dem Bahnhäusle. Dass diese Filmuhr mit Sumpfeichenblättern verziert ist, verdient ein besonderes Lob: Die amerikanische Sumpfeiche Quercus palustris heißt zwar Sumpfeiche, meidet jedoch feuchte Standorte und bevorzugt normale bis mäßig trockene Böden – ein weiterer Fall verstörender Camouflage. Der Requisiteur dachte offenbar mit. Toll.

Kein Wunder, dass gerade die Kuckucksuhr zu einem Symbol für Deutschland wurde. Sie vereint all die gegensätzlichen Züge unseres Nationalcharakters: Unser erbarmungsloser Wille zur Präzision wird von einem liebenswerten Piepmatz verkörpert, der allerdings Eier in fremde Nester legt. Das Bahnhäusle preist den technischen Fortschritt, der Krautklimbim die Mystik des germanischen Waldes. Umso perfider, dass in den Augen überseeischer Touristen unsere Uhr als typisch auch für Österreich und die Schweiz gehalten wird. Immerhin sind in Kuckucksuhren Schweizer Provenienz die Bahnhäusle durch Chalets ersetzt, und auch der Wald wuchert weniger wild; man ist schließlich oberhalb der Baumgrenze. Korinthenkacker kann ich beruhigen: Der Kuckuck wurde in der Schweiz in Höhen bis zu 2400 Metern nachgewiesen, insofern ist die «Chalet»-Uhr keine plumpe Flunkerei.

Auch ich bin Besitzer einer Kuckucksuhr, erworben 1995 im Kölner Kaufhof, zusammen mit einer überdimensionierten Vase in Schwanenform. Einige Tage hing diese deutsche Nationaluhr in meiner Wohnung, doch es wollte mir nicht gelingen, mich mit der regelmäßigen Rufbelästigung anzufreunden. Eines Nachts entstieg ich genervt meiner Heiakiste und nahm die Anlage außer Betrieb. Jahre später nutzte ich einen Revival-Auftritt meiner ersten Band, der Experimental-Punkkapelle KIXX, um die Kuckucksuhr bühnenwirksam per Hammer zu zerlegen. Das Publikum fand's einigermaßen unterhaltsam, doch die Gewalttat rächte sich. Mein Gewissen war schlecht, und ein diffuses Schuldgefühl hielt mich davon ab, die Trümmer meiner Uhr zu entsorgen. Jetzt, da ich diesen Text schreibe, weiß ich, was mich am Tonnengang hinderte: Ich bin Deutscher, deutscher geht's nimmer, und offenkundig hatte ich mich an einem Sinnbild meiner selbst vergangen. Mit der Zertrümmerung schuf ich meine persönliche Stunde null; seither lebe ich in Ruinen. Unter den nächtlichen Kuckucksrufen litt ich, wie ich unter meinen Landsleuten leide, wenn sie nächtens am Ballermann dummes Zeug grölen, und dennoch habe ich nur eine, meine, Identität, von der ich mich nicht mir-nichts-dir-nichts zu trennen vermag. So werde ich die Reste meiner Kuckucksuhr lebenslang mit mir herumschleppen müssen, von Umzug zu Umzug, bis dass der Tod uns scheidet.

Viel wurde gegrübelt, warum 2010 ausgerechnet die Stuttgarter so vehement gegen den Neubau eines Bahnhofs protestierten. Um ein nüchternes Verkehrsprojekt rangen Maultäschler und Neckarinen mit einer Leidenschaft, die dem Kuckucksuhrunkundigen bis heute unbegreiflich geblieben ist. Meine These: Unbewusst weiß man im Ländle besser als anderswo, in welchem Haus der Kuckuck wohnt, nämlich: im Bahnhäusle der Badischen Staatsbahnen. Fahren die Züge unterirdisch, werden Bahnhäusle überflüssig. Im Kern lag dem Protest gegen Stuttgart 21 also die Angst vor dem Verlust der Identität zugrunde, die Angst um die Kuckucksuhr. Sicher, man könnte das Uhrendesign an die neue unterirdische Realität anpassen. Hierzu müsste man die Uhr: beerdigen. Kuckuck.

Herzinfarktprävention
bei Wellensittichen

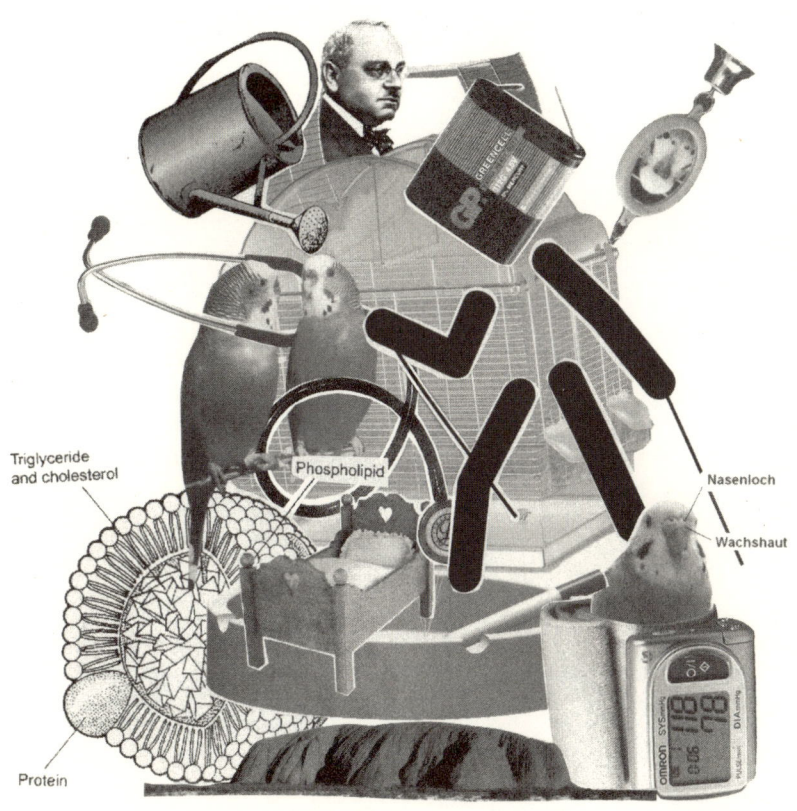

Triglyceride
and cholesterol

Phospholipid

Nasenloch

Wachshaut

Protein

Während der Uhrenkuckuck ein recht gut durchforschter Gesell' ist, sind unsere Kenntnisse über andere Hausvögel erstaunlich lückenhaft. Das ist besonders erschreckend bei einem der beliebtesten gefiederten Mitbewohner der Deutschen: dem Wellensittich. Gerade das derzeitige Wissen über die Herzkrankheiten des Wellensittichs und deren Therapien kann getrost dürftig genannt werden. Um diesen beklagenswerten Zustand zu ändern, habe ich gefühlte einhundert «Welli-Foren» im Internet besucht und mir von einem Rostocker Herzspezialisten den derzeitigen Forschungsstand auf dem Gebiet der Humanmedizin erläutern lassen. Nach seiner Einschätzung ist die anatomische Schnittmenge zwischen Homo und Hansi groß genug, um – ganz grundsätzlich und unter dem Vorbehalt der Praktikabilität – die wesentlichen Therapieansätze der Kardiologie auf den gefiederten Organismus zu übertragen.

Alle zartbesaiteten Vogelfreunde möchte ich vorwarnen, ganz speziell jene, die beim Gedanken an Krise, Kittel und Karbol von leichtem Schwindel ergriffen werden. Mein Ehrenwort: Ich gebe mir größte Mühe, die geschilderten Behandlungsmethoden nicht über das notwendige Maß hinaus zu dramatisieren. Wer jedoch partout kein Blut lesen kann, sollte das Kapitel besser überspringen. Also los.

Unter den Krankheiten des Wellensittichs ist der Herzinfarkt vergleichsweise selten. Wesentlich häufiger treten Durchfall, Erkältungen, Mauser- und Pilzerkrankungen, Federrupfen und die berüchtigte Legenot auf. Dennoch kommt es immer wieder zum plötzlichen Herztod, häufiger übrigens bei Jungvögeln als bei älteren Tieren. Wir unterscheiden zwischen drei Ablebemustern: Entweder der Sittich verhält sich bis zum Tag X unauffällig, scheint sich bester Gesundheit zu erfreuen, kippt dann aber plötzlich von der Stange und bleibt leblos im Vogelsand liegen. In diesem Fall liegt zumeist ein angeborener Herzfehler vor. Leider ist es für den Laien kaum möglich, diesen bei der Anschaffung des Piepmatzes zu erkennen; lediglich das gewissenhafte Abhören des Brustkorbs per Stethoskop sorgt für Klarheit, sofern der Vogelfreund in der Lage ist, die Herztöne richtig zu deuten. Seltener geht dem Vogeltod eine Herzinsuffizienz infolge einer akuten Erkrankung voraus; betroffen sind in diesem Fall zumeist ältere Kleinpapageien. Sehr unterschiedliche Symptome können auf eine koronare Herzerkrankung hindeuten, etwa ausgeprägte Kurzatmigkeit beim Freiflug oder gar in Ruhe, Lustlosigkeit, kalte Füße, die auf mangelnde Durchblutung schließen lassen, ferner schlechter Appetit oder eine Blau-Verfärbung des oberseitigen Schnabelhorns. Bei den beschriebenen Symptomen sollte der Patient umgehend einem Facharzt vorgestellt werden, der per Belastungs-EKG oder gegebenenfalls mit Hilfe einer Computertomographie über den Einsatz von Medikamenten wie Thrombozytenaggregationshemmern oder gar Kalziumkanalblockern entscheiden wird. Schließlich gibt es, wenngleich eher selten, Herzinfarkte, die durch äußere Einflüsse ausgelöst werden, etwa durch laute Musik, Jagd oder fehlerhaften Fixiergriff. Auf die ein solches Vorkommnis begünstigenden Risikofaktoren komme ich später noch ausführlich zurück.

Während es beim menschlichen Herzinfarkt um Minuten geht, zählt beim Wellensittich jede Sekunde. Der gefiederte Organismus ist kleiner, alle Prozesse verlaufen schneller, auch Siechtum und Tod. Also gilt es, den Sittich so zügig wie möglich zu hospitalisieren. Achtung: Der gemeine Rettungswagen ist im Normalfall nur auf menschliche Patienten eingerichtet; v. a. ist das Fehlen einer Spezialtrage für Kleintiere nicht ungewöhnlich. Wenn Sie sicher gehen wollen, dass Ihr Liebling artgerecht zum Krankenhaus rollt, so besorgen Sie sich bereits in gesunden Zeiten eine Kleintiertrage. Als solche eignet sich ein Puppenbett, an dessen Kopf- und Fußende Kasserollenhenkel oder Tragschlaufen befestigt werden. Die Schlaufen lassen sich mit etwas Geschick auch selber anfertigen, etwa mit Hilfe einer Strickliesel. Um zu verhindern, dass das malade Tier auf dem Transport von der Trage kullert, ist es gewissenhaft zu fixieren. Als ungeeignet haben sich hierfür Haushaltsgummis oder gar Einmachringe erwiesen; der Einsatz von Paketklebeband ist ebenfalls heikel. Weiche Klettbänder sind hingegen eine gute Wahl. Als pfiffiger Geheimtipp gilt unter Fachleuten der Einsatz von Blutdruckmessmanschetten als Vogelfessel, da auf dem Transport sowieso zunächst Blutdruck und Herzfrequenz zu ermitteln sind. Das gesunde Sittichherz schlägt im Ruhezustand 240-, unter Belastung bis zu 600-mal. Verfügt der Vogelfreund über kein geeignetes Gerät, so umfasst er den Oberschenkel des Kleinpapageien und zählt 15 Sekunden lang die gefühlten Schläge. Das notierte Ergebnis multipliziert er mit der Zahl vier. Hoher Puls in Kombination mit ungewöhnlich niedrigem Blutdruck ist typisch für einen Myokardinfarkt. Nach der Anamnese verabreichen Sie dem schwächelnden Tier 0,005 mg Diazepam zur Sedierung und 0,005 mg Dipidolor gegen die starken Schmerzen. Außerdem geben wir dem Patienten 0,004 l Sauerstoff pro Minute per Schnabelsonde. Ähnlich wie bei der Kleintiertrage ist auch die Schnabelsonde ein wichtiges Utensil, das der verantwortungsbewusste Sittichhalter bereits im Vorfeld einer Erkrankung besorgt. Diese Sauerstoffmaske sollte einen Durchmesser von einem Zentimeter aufweisen, über den Schnabel gestülpt und mit weicher Angelschnur als Kopfriemen befestigt werden. Zur Selbstfertigung der Maske eignen sich transparente Verschlüsse von Plastikflaschen oder Seifenspendern, welche mit Tesafilm und einem Stück Aquarienschlauch via Adapter an die Sauerstoffflasche angeschlossen werden. Die kleinsten gängigen Sauerstoffflaschen fassen drei Liter und reichen im Normalfall für 100 Vogelherzinfarkte. Sollte das sprachbegabte Federvieh übrigens während der Erstversorgung Sätze sagen wie: «Mir geht's gut», «Hasta la vista, baby» oder «Wann wird es endlich wieder Sommer», sollten Sie sich hiervon nicht beirren lassen; in der Regel haben derartige Äußerungen mit dem tatsächlichen Befinden des verwirrten Tieres nichts zu tun. Der gewiefte Halter bereitet seinen Sittich auf die Infarktsituation vor, indem er ihm sinnvollere Sätze antrainiert, etwa «Herr Doktor, ich habe einen Vorderwandinfarkt». Besonders klug ist es, dem Patienten in spe eine To-do-Liste einzubimsen, zum Beispiel «Diazepam, Dipidolor, je 0,005».

Sodann ist ein EKG-Monitoring durchzuführen und parallel 0,5 mg Acetylsalicylsäure anzuwenden, um die Thrombozytenaggregation zu stoppen. Leidet der Wellensittich weiterhin erkennbar unter Schmerzen, so werden ihm zudem 0,003 mg Morphin gespritzt. Außerdem wird die Heparinisierung eingeleitet, das heißt, dem Tier werden per Nitroperfusor 0,0001 mg Heparin zugeführt, um die Blutgerinnung zu hemmen.

Lautet die Diagnose kardiogener Schock bei frischem Vorderwandinfarkt, so streben wir eine PTCA-Therapie an, also eine Ballondilatation, um das Myokardgewebe zu retten. Zunächst müssen jedoch denkbare Kontraindikationen ausgeschlossen werden. Hatte der Wellensittich unlängst einen Schlaganfall? Litt das Tier in jüngster Zeit an akuten Blutungen aus Magen und Darm? Sind dem Halter Leber- und Nierenschäden bekannt? Neigt der Vogel eventuell sogar zur Hypochondrie? Vorsichtshalber muss eine medikamentöse Lysetherapie als Alternative erwogen werden.

Diese Notmaßnahmen werden natürlich tunlichst während der Fahrt zum nächstgelegenen Vogelherzzentrum durchgeführt. Die Auswahl geeigneter Kliniken ist leider klein; als einziges Ziel kommt in Deutschland die Taubenklinik des Deutschen Brieftaubenzüchterverbandes e. V. in Essen-Katernberg in Betracht. Keine Sorge, in dieser Einrichtung werden nicht nur Brieftauben, sondern auch Ziervögel und Exoten behandelt. Da, wie gesagt, jede Sekunde zählt, tut man gut daran, den Weg ins Ruhrgebiet mit Höchstgeschwindigkeit anzutreten, oder, besser: Vogelfreund und Wellensittich verlegen ihren Wohnsitz rechtzeitig in die Nähe des Klinikums, um im Notfall keine Zeit zu verlieren. Während des Transportes sollte der Patient aufmerksam beobachtet werden, um notfalls Reanimationsmaßnahmen ergreifen zu können. Werden diese notwendig, so sind Herzdruckmassage und Beatmung im Verhältnis 10:2 durchzuführen. Vorsicht bei der Herzdruckmassage, der Krafteinsatz sollte dem filigranen Körperbau angemessen sein. Es reicht ein leichtes Klopfen mit der Zeigefingerkuppe auf das Brustbein, um das Herz Richtung Wirbelsäule zu pressen. Bei der Mund-zu-Schnabel-Beatmung ist darauf zu achten, dass der Vogel nicht aus Versehen verschluckt wird. Vom Einsatz eines handelsüblichen Defibrillators ist unbedingt abzusehen; geeigneter sind elektrische Massagegeräte, falls nicht vorhanden, tut's auch eine 6-V-Blockbatterie, deren Kontakte per Krokodilklemme an der angefeuchteten Brustbefiederung befestigt werden.

In der Klinik angekommen, muss der kleine Patient so schnell wie möglich ins Herzkatheterlabor verbracht werden, um die Ballondilatation vorzubereiten. Hierzu wird dem Wellensittich über die Leistenarterie ein sehr kleiner Ballon an einem sehr, sehr schmalen Führungsdraht eingeführt, bis die verengte Stelle an der Herzkranzarterie erreicht ist. Dann wird der Ballon unter hohem Druck für wenige Sekunden aufgeblasen, wobei per Röntgenkontrastmittel der Behandlungserfolg sicherzustellen ist. Gegebenenfalls muss auch ein Stent gesetzt werden, also eine Gefäßstütze aus sehr, sehr, sehr feinem Edelstahlgeflecht, um die Aufdehnung zu stabilisieren. Diese Technik hat sich mittlerweile gegenüber der früher üblichen Bypassoperation durchgesetzt und gilt als sicher und zuverlässig; jährlich werden in Deutschland 290 000 Ballondilatationen durchgeführt, allerdings nur sehr, sehr, sehr, sehr selten bei Wellensittichen, oder, ums ganz offen auszusprechen: bisher noch nie.

Der verantwortungsbewusste Ziervogelfreund wird alles daransetzen, dass der Ballon schlaff bleibt, sprich, der Sittich gesund. Was kann er tun, um das Herz seines Zöglings in Form zu halten? Die wichtigsten Risikofaktoren sind: Bluthochdruck, Fettstoffwechselstörung, Zuckerkrankheit, Rauchen, Alkohol, Übergewicht, Bewegungsmangel, familiäre Veranlagung und Stress. Nehmen wir die Risiken im Einzelnen unter die Lupe. Zunächst: Genau wie beim Menschen ist die familiäre Veranlagung leider nicht therapierbar, ganz anders als der Bluthochdruck, unter dem in Deutschland jeder zweite Erwachsene leidet. Zahlen aus dem Tierreich liegen zur Stunde nicht vor. Eine tägliche Messung ist dem Tier aufgrund der damit verbundenen Aufregung wenn möglich zu ersparen; man verlasse sich lieber auf die Wahrnehmung der klassischen Symptome für Hypertonie, etwa den charakteristischen hochroten Kopf. Wir kontrollieren also regelmäßig die Farbe der Vogelkopfhaut, wenigstens jedoch während der mauserbedingten Glatzenbildung. Auf einer Farbskala Gummibärchen‑Schlauchboot‑Feuerlöschzug‑Jupp‑Heynckes‑ Rote-Beete-die-Lippen-von-Katie-Price sollte der Vogelkopf den Farbintensitätswert des Feuerlöschzuges nicht übertreffen. Ähnelt der putzige Pocket-Papagei jedoch eher einer roten Beete und wirkt das Tier außerdem des Öfteren desorientiert, fliegt gegen Hutständer oder geschlossene Türen, wofür Schwindelattacken die Ursache sein könnten, liegt eindeutig zu hoher Blutdruck vor. Von Kalziumantagonisten ist abzuraten, sie weiten zwar die Gefäßmuskulatur und senken so den Blutdruck, führen aber zu Schlaflosigkeit; der Sittich zirpt und zwitschert nächtelang. Dies ist vor allem dann lästig, wenn der Vogelkäfig im Schlafzimmer steht. Vorzuziehen sind Naturheilmittel wie Olivenblätter oder Baldrian-Pomeranzen-Tee. Auch in Mais und Mistel sind blutdrucksenkende Substanzen enthalten. Ideal ist natürlich frischer Knoblauch, sofern es den Halter nicht stört, wenn sein Schmusi aus dem

Schnabel riecht. Vorsicht mit Salz! Haben Sie, lieber Leser, Ihren Vogel als Hypertoniker identifiziert, so sollten Sie umgehend den Leckstein aus seinem Käfig entfernen. Auch sollten Sie zukünftig darauf verzichten, ihren Stubenkondor mit Lakritze zu füttern; die in der Lakritze enthaltene Süßholzwurzel erhöht bei täglichem Konsum nachweislich den systolischen Wert um bis zu 14 mm/hg binnen zwei Wochen.

Kommen wir nun zur berüchtigten Fettstoffwechselstörung. Diese ist zumeist angeboren. Der Vorgang ist schnell erklärt: Mit seinem Futter nimmt der Wellensittich Fette auf. Für den Transport im Blutkreislauf binden sich diese an Proteine, es bilden sich sogenannte Lipoproteine. Überschüssige Lipoproteine versucht der Vogel mit speziellen Fettkillern zu bekämpfen, den Makrophagen. Indem sie die Übeltäter gleichsam verspeisen, nehmen die herbeigerufenen Fettpolizisten dramatisch zu, werden dick und träge, knöpfen ihre Uniform auf und legen sich zum Verdauungsschläfchen an die Gefäßwände. Wachen die Schutzmänner nicht rechtzeitig auf, droht der Gefäßverschluss. Was tun? Sogenannte Statine, also Cholesterinsyntheseenzymhemmer (kurz: CSE-Hemmer) unterstützen die Fettpolizisten bei ihrer Arbeit; sie sind vergleichbar mit jenen Mitbürgern, die auf eigene Faust die Kennzeichen falsch geparkter Pkws notieren und den Zettel auf dem Revier abgeben. ß-Sitosterol hingegen hemmt die Aufnahme von Cholesterin, sodass die Fettpolizisten gar nicht erst ausrücken müssen. Da dieser Cholesterol-Resorptionshemmer in Weizen, Roggen, Pekannüssen, Avocado und Reiskleie vorkommt, ist er besonders vogelfutterkompatibel. Die höchsten Konzentrationen finden sich übrigens in den Samen des Cherimoya-Baums, der wild in den Andenausläufern Südkolumbiens, Ecuadors und Nordperus auf einer Höhe von 1500–1900 Metern wächst. Vorsicht beim Pflücken; der Saft der Cherimoya verursacht auf der Kleidung schwer zu entfernende, bräunliche Flecken.

Ein weiterer Risikofaktor ist die Zuckerkrankheit. Diabetes

mellitus äußert sich bei Wellensittichen durch auffälligen Hunger und Durst bei gleichzeitiger Abmagerung. Wenn der überzuckerte Vogel nicht mit der Nahrungsaufnahme beschäftigt ist, pennt er aufgeplustert vor sich hin. Die pausenlose Plusterung dient dem Halten der Körpertemperatur. Nach der Diagnose per Urinteststreifen wird der Tierarzt Insulinpräparate verschreiben, wobei die Anwendung eines Shutterstocks, mit dem sich der Zuckerkranke seine tägliche Insulin-Dosis selber verabreichen kann, nur von besonders aufgeweckten Sittichen erlernt werden kann.

Weiter. Tabakrauch wird als Papageienkiller weithin unterschätzt. Bereits wenige Zigaretten am Tag erhöhen das Herzinfarktrisiko ihres Sittichs dramatisch. Die Gefahr geht übrigens nicht nur vom Rauch aus, sondern genauso von offen herumliegenden Tabakwaren, die unser Schatzi während des Freifluges anknabbern könnte. Eine akute Nikotinvergiftung äußert sich in Durchfällen, die auch blutig sein können, sowie zentralnervösen Störungen. Behandelt wird mit Medizinalkohle. Außerdem sollte der Vogel viel trinken und zusätzlich Vitamine des B-Komplexes aufnehmen. In besonders schweren Fällen von Tabaksucht kann man die Entwöhnung des Tieres mit Nikotinpflastern unterstützen, diese sollten jedoch ausschließlich unter der Aufsicht eines erfahrenen Veterinärs verabreicht werden. Das Gleiche gilt für Akupunktur und Hypnose. Natürlich haben wir Verständnis für jedes Kleintier, das sich in seinem Käfig langweilt; dies gilt umso mehr für Schwarmvögel, die alleine, ohne Artgenossen, vor sich hin vegetieren – für Wellensittiche ein unerträglicher Zustand. Jedem Tier, das in seiner Einsamkeit Erleichterung bei Genussgiften sucht, sollten wir darum mit einer gewissen Milde begegnen. Schimpfen Sie nicht! Ersetzen Sie die Glimmstängel lieber durch frisches Obst, und lindern Sie die Entzugserscheinungen durch gute Musik, etwa The Byrds oder Burt Bacharach, verzichten Sie aber auf die Singspiele

«Der Vogelhändler» und «Cats» – hierauf reagieren verständige Kleinpapageien eventuell schreckhaft, was die Infarktgefahr wiederum erhöht. Übrigens sollten auch brütende Sittichweibchen nicht rauchen, obwohl zugegebenermaßen die Gefahren für die beschalte Leibesfrucht beim Vogel weniger ausgeprägt sind als bei anderen werdenden Wirbeltieren.

Weithin unterschätzt werden immer noch die Folgen des Passivrauchens; wenn Sie, lieber Vogelfreund, denn unbedingt in Gegenwart ihres gefiederten Kumpels qualmen wollen, so sollten Sie den Käfig durch eine Glasvoliere ersetzen, die mit einem geeigneten Luftfiltersystem ausgestattet ist, z. B. einer HEPA-Anlage. «HEPA» steht für «High Efficiency Particulate Airfilter»; diese wurden in den 1940er Jahren im Rahmen des Manhattan-Projektes gegen radioaktive Stäube in der Raumluft entwickelt, aber das nur ganz nebenbei.

Ähnlich schädlich wie der Tabak ist für Kleinpapageien der Alkohol. Auch hier gilt: Die Einsamkeit der Einzelhaltung führt viele Sittiche geradewegs in den Suff. Wenn das Tier beim Sprechen erkennbar lallt, beim Freiflug Schlangenlinien fliegt oder wenn sich das Gefieder blau färbt, sollte der Halter den Käfig gründlich nach versteckten Alkoholvorräten absuchen. Hierbei bitte auch vergorene Früchte wie Zwetschge oder Marille beachten. Übrigens hat eine Langzeitstudie an 41 000 Spaniern unlängst ergeben, dass der tägliche Genuss von 0,3 l Weißwein das Herzinfarktrisiko nicht hebt, sondern um 54 % senkt. Unklar ist allerdings, ob hieraus irgendwelche Schlüsse für die Haltung von Ziervögeln zu ziehen sind, zumal die Senkung des Herzinfarktrisikos bei den Teilnehmern der Studie auf Kosten der Restgesundheit ging.

Kommen wir nun zum Thema Übergewicht. Laut Statistiken verdoppelt sich das Risiko, einen Herzinfarkt zu erleiden, wenn das Normalgewicht um nur 20 % überschritten wird. Ganz im Ernst: Übergewicht ist mittlerweile auch bei Wellensittichen weit verbreitet; bereits jeder dritte deutsche

Sittich leidet unter Fettsucht. Auch bei diesem Problem spielt die Alleinhaltung die entscheidende Rolle. Zunächst: Wie viel sollte ein Sittich überhaupt wiegen? 40 Gramm sind für einen normalen Welli in Ordnung, bis zu 55 Gramm darf der sogenannte Standard-Sittich («Show-Wellensittich») wiegen. Leidet der Vogel unter Adipositas, so ist der Kauf eines Partners für den geflügelten Rollmops die beste Lösung – nichts beschäftigt einen Vogel so sehr wie ein anderer Vogel. Grundsätzlich gilt: Sport bekommt der Gesundheit besser als FdH, Brigitte-Diät oder gar Heilfasten. Betroffen sind meistens Tiere, denen bisher der tägliche Freiflug verwehrt wurde. Also: auf die Klappe, fertig, los! Zunächst vergittern wir sorgfältig alle vorhandenen Fenster mit einem engmaschigen Drahtgitter. Die schwedischen Gardinen hindern den Freiflieger nicht nur am Ausbüchsen, sondern verringern auch die Gefahr, dass er die Fensterscheibe nicht als solche erkennt und munter drauflosflattert (wie man einen Vogelkopf fachkundig eingipst – dazu mehr in einem meiner späteren Bücher).

Sind die Fenster vergittert, so sollte man sämtliche Nachdemlebentrachter wie Putzmittel, Chemikalien, heiße Herdplatten, offene Schubladen, Vorhänge, Strickwaren, instabile Bücherstapel, Teelichter, Mausefallen, Brotmesser, scharfe Munition und Uran 238 rückstandslos entfernen. Ist der Hansi bereits so dick, dass er nicht mehr durch die Käfigtür passt, so wird mit einer Drahtschere nachgeholfen, und ist er bereits über die Flugfähigkeitsgrenze hinaus verfettet, so belässt man es in den ersten Wochen des Trainings bei Nordic Walking. Der besorgte Vogelfreund sollte darauf achten, dass das Trimmdichprogramm den Neusportler weder über- noch unterfordert. Für das Ausdauertraining mit Pulsmesser gilt beim Menschen die Faustregel: 180 minus Lebensalter; beim Wellensittich rechnet der Tiertrainer: 600 minus Lebensalter mal 8, denn der durchschnittliche Höchstpuls eines Sportpapageien beträgt, wie bereits erwähnt, 600 Schläge pro Minute, und die Lebenserwartung des Melopsittacus undulatus liegt bei 10 Jahren, also einem Achtel des menschlichen Vergleichswertes. Wird ohne Pulsmesser trainiert, so gilt: nie übertreiben! Während des Freifluges sollte der Sittich ohne Atemnot kurze Sätze sprechen können. Wichtig: Nach dem Training Stretching nicht vergessen.

Bleibt also nur noch der Faktor Stress. Die Ursachen für Stress sind mannigfaltig. Erwähnt seien zunächst Auseinandersetzungen zwischen zwei Männchen um ein paarungsbereites Weibchen. Anfangs gehen die gereizten Hähne in unmittelbarer Nähe des Weibchens in Drohstellung aufeinander los, zittern mit den Flügeln und sondern zischende Laute ab. Tritt keiner der beiden den Rückzug an, so kommt es zum mitunter blutigen Kampf. Der Halter kann die Streithähnchen trennen, indem er sie mit einem weichen (!) Kaltwasserstrahl aus der Gießkanne beruhigt. Der Einsatz von Hormonen oder gar Brom hat sich wegen der starken Nebenwirkungen nicht bewährt.

Die Stressquellen des in Einzelhaltung lebenden Wellensittichs sind andere: Viele Halter wollen ihren Welli um jeden Preis zum Sprachkünstler ausbilden und unterziehen ihn täglich stundenlangem Frontalunterricht. Doch nicht jeder Zweiflügler besitzt die notwendige Begabung oder ist ausreichend verhaltensgestört, um einsamkeitsbedingt Freude am Nachplappern menschlicher Laute zu empfinden. Vor allem sollte der Schüler bei der Auswahl der Lehrmaterialien nicht überfordert werden; Wilhelm Raabe und Alfred Adler sind für die meisten Vögel eher abschreckend. Auch der Versuch, das Tier per Test oder gar Zeugnisvergabe unter Druck zu setzen, sollte unterbleiben. Zeigt der gepeinigte Solitärsittich bereits eindeutige Stresssymptome (weicher Kot, Nervosität, Schlaflosigkeit), können sogenannte «naive Entspannungstechniken» probiert werden; unter diesen Techniken sei das ungezwungene Spazierfliegen ausdrücklich hervorgehoben. Yoga und autogenes Training sind für Kleinpapageien hingegen ungeeignet. Diagnostiziert der Tierarzt das berüchtigte Burn-out-Syndrom, so ist konsequent jede Stressquelle aufzuspüren und zu eliminieren, vom Handy bis zur Hauskatze. Steht der Betroffene im Arbeitsleben, etwa als Zirkustier, so ist eine längere Auszeit unbedingt erforderlich. Gegen Existenzangst hilft in einem solchen Fall eine Berufsunfähigkeitsversicherung. Interessehalber habe ich die Suchmaske der Preisvergleichsseite «Check24.de» mit den Daten für einen männlichen, selbständig tätigen Showsittich gefüttert; für monatlich 7,36 Euro gibt es eine BU-Rente in Höhe von 100 Euro bis zum 65. Lebensjahr (günstigster Anbieter: DBV Winterthur). Zugegeben, für Wasser-Futter-Vogelsand sind 100 Euro üppissimo, aber auf zweistellige Rentenzahlungen ist die Suchmaske offenbar nicht eingerichtet. Immerhin wurde die Berufsbezeichnung «Showsittich» akzeptiert, was mich positiv überrascht.

Aus psychotherapeutischer Sicht ist für den Behandlungserfolg entscheidend, dass der Patient die Symptome seines Burn-out-Syndroms als «Freunde» akzeptiert; sie machen ihn darauf aufmerksam, dass in seinem Dasein etwas nicht stimmt. Oft sind es weniger Kleinigkeiten wie die zu laut aufgedrehte Stereoanlage, die den gefährlichen Zustand verursachen, sondern sehr grundsätzliche Lebensumstände, etwa die Käfighaltung. Hier gilt es bei der Langzeittherapie anzusetzen; der ausgebrannte Vogel sollte in einer Region mit gemäßigten Wintern behutsam ausgewildert werden – ideal sind natürlich die lichten Steppen Australiens, die ursprüngliche Heimat der Wellensittiche.

Schließlich seien mir noch ein paar persönliche Worte zu diesen liebenswerten Tieren gestattet: Meine gesamte Kindheit verbrachte ich in Gesellschaft eines grünen Sittichs namens Didi, während meiner Schwester Melani die Pflege seines Artgenossen Fidi oblag. Beide Tiere erfreuten sich eines langen, glücklichen und erfüllten Lebens, ehe sie in hohem

Alter von der unheilbaren Newcastle-Krankheit dahingerafft wurden. Weinkrampfgeschüttelt wohnten wir Kinder den Bestattungsvorbereitungen bei. Als mein Vater versuchte, Fidis Vogelring vom Knöchel abzulösen, um diesen als Erinnerungsstück aufzubewahren, riss er der Leiche aus Versehen das komplette Bein aus. Nie werde ich das perplexe Schluchzen meiner Schwester, nie werde ich meine grenzenlose Trauer vergessen.

Didi und Fidi, solltet ihr diesen Text im Sittichhimmel lesen: Seid gewiss, euer Wigald hat euch nicht vergessen.

Die Weisheit albanischer Redensarten

Um die Welt kennenzulernen, empfiehlt sich ausgiebige Reiserei. Verfügt man jedoch nicht über die notwendige Zeit, ist die potenzielle Reisekasse gar zu klein oder stehen dem Ausflug Hemmnisse wie Heimwehneigung, Koffermangel oder Gefängnisaufenthalt entgegen, ist als zweitbeste Lösung die Suche nach dem Gespräch mit Zugereisten angezeigt. Durch Aushorchen des Fremdlings im gepflegten Plauderton lassen sich bei intelligenter Gesprächsführung profunde Kenntnisse über dessen Herkunftsland und die Mentalität seiner Bewohner gewinnen. Wohnt man jedoch nicht nur fern jener Quartiere, die von Emigranten bevorzugt werden, sondern sogar abseits der Städte, hinter den Deichen der Touristenströme, in jenen Monokulturen, in denen ausschließlich deutsche Stammbäume ihre Früchte tragen, über deren Wipfeln der Bundesadler kreist, dann bietet sich als drittbeste Lösung der Weg in die Literatur an. Dort finden sich bekanntlich alle Reichtümer eines Volkes, doch allzu oft sind diese Schätze von den Dichtern geschmirgelt, entrostet und poliert, während der Völker Seelen in Wahrheit oftmals kantig, rau und eselsohrig sind. Was tun? Man werfe einen Blick in den Volksmund. In den Sprichwörtern und Redensarten, diesen uralten Quellen der Weisheit, lässt sich alles Notwendige über ein Volk erfahren, über seine Geschichte und Denkweise – zumindest vermute ich dies. Es klingt auf jeden Fall nicht völlig abwegig; ein Quäntchen Wahrheit steckt in dieser Hypothese sicher. Oder doch nicht? Wohlan; wagen wir den Praxistest.

Ein Land, das ich leider noch nie besucht habe, ist Albanien. Ich hege gegenüber dieser Gegend seit Kindertagen einen ganzen Hafersack voll positiver Vorurteile. Einen Hafersack? Gemach; auf dieses Behältnis komme ich später zurück. Mein Interesse an Albanien wurde durch Karl May geweckt; seinen Band «Durch das Land der Skipetaren» habe ich zwar nie gelesen, aber ich erinnere mich, dass die auf dem Umschlagsbild getragenen Kopfbedeckungen bei mir als Elfjährigem starken Eindruck hinterließen. Rote Feze – für mich sahen sie aus wie umgedrehte Eimer aufm Döz, gleichsam die Grundform der Behütung. Die Skipetaren, so durchschoss es mich, haben einen besonderen Blick fürs Wesentliche; sie beschweren sich nicht mit Krempen, Schirmen oder Gamsbärten, sondern sie tragen Hut pur. Gleichzeitig erblickte ich im Fez keinen Ausweis strenger Askese; aufgrund seiner Knallröte versprudelt der Kopftopf vielmehr die aggressive Dynamik der Toreros, gepaart mit der Lustfülle des krabbelkindlichen Dienstes am Eimer in einer sommerlichen Sandkiste. Dass sich hinter dem Wort «Skipetaren» die Bewohner des südlichen Balkans verbergen, wusste ich damals nicht. Wenig später stolperte ich erstmals über den Namen Enver Hoxha, der von 1944 bis 1985 an der Spitze Albaniens stand. Der Apothekersohn Hoxha hatte 1941 mit jugoslawischer Hilfe die Kommunistische Partei aufgebaut, sich aber 1948 mit Tito überworfen und ersatzweise die Nähe zu Stalin gesucht. Nach Stalins Tod nahmen die ideologischen Differenzen zwischen dessen Nachfolger Chruschtschow und Hoxha beständig zu, was wiederum zum Abbruch der Beziehungen 1961 und der Hinwendung zu China führte. Hoxha erklärte fortan den Maoismus zu seiner offiziellen Parteilinie, um jedoch wenige Jahre später die Ideen des großen Vorsitzenden für revisionistisch zu erklären. Bis hierhin erinnert die Rapidität, mit der Hoxha seine Partner wechselte, an die Heiratswut einer Elizabeth Taylor. Nach dem Tode Mao Zedongs brach er auch die Beziehungen zum Reich der Mitte ab und verordnete seinem Land konsequenten Isolationismus. Um die Einsamkeit seiner Volksrepublik zu zementieren, förderte Hoxha den Aufbau einer leistungsstarken Betonindustrie, die bis zu seinem Tod im Jahr 1985 an allen strategisch auch nur einigermaßen relevanten Orten Bunker errichtete, 600 000 an der Zahl. Dass Albanien also nicht nur blockfrei war, sondern ab 1976 gänzlich beziehungslos, der Eremit unter den Volkswirtschaften –

dies fand ich als Jugendlicher unerhört spannend, und als ich obendrein erfuhr, dass es sich bei Hoxhas Albanien um das von Karl May beschriebene «Land der Skipetaren» handelte, kaufte ich mir vor lauter Begeisterung sogar einen Fez. Eine Bildungsreise nach Tirana und umzu war damals ausgeschlossen, alleine schon aufgrund fehlender Transportmittel; der Privatbesitz von Automobilen wurde erst nach dem Sturz der Kommunisten 1991 erlaubt, und kurz darauf sorgte die Eröffnung einer Coca-Cola-Abfüllanlage für Belebung. Nach zehn Jahren Marktwirtschaft präsentierte sich die Hauptstadt Tirana von Tausenden Autos verstopft, allerdings bei andauernd peinigender Tristesse des siechen Stadtbildes. Und wieder las ich Nachrichten aus der Republika e Shqiperise, die mir Respekt abnötigten: Im Jahr 2000 verteilte Bürgermeister Edi Rama, ein ehemaliger Basketballer und Künstler, tonnenweise Wandfarbe an seine Bürger, mit der diese die grauen Fassaden knallig überpinselten. Binnen kurzer Zeit wurde aus dem Dreckloch am Lana-Fluss die bunteste Metropole Europas; die Welt der Architekturkritik schlug Purzelbäume vor Begeisterung. So weit, so bunt. Der von Rama eigentlich beabsichtigte Effekt war aber ein anderer: Die Bürger sollten über die Pinselei miteinander ins Gespräch kommen und Gemeinsinn entwickeln. 2003 bilanzierte die Zeitschrift «Design Report»: «Auf den Straßen und Plätzen, in den Cafés, überall ging es plötzlich um das Für und Wider der neuen Farben. Mitten im ärmsten Land Europas fand eine ästhetische Debatte statt, breiter und engagierter als in jedem unserer Wohlstandsländer.» Parbleu! Das gefällt mir!

Vor einiger Zeit erwog ich mit einem guten Freund, per Pkw in das Land meiner Träume zu reisen, aber wir ließen uns durch einen Warnhinweis auf der Internetseite des Auswärtigen Amtes abschrecken: Autofahrten über Land solle man aufgrund der Schlaglochdichte möglichst mit Geländewagen unternehmen, und zwar tunlichst mit zweien. Hielte ein Fahrzeug den Belastungen nicht stand, so könne man mit dem zweiten Hilfe holen.

Ist mir ja nachgerade peinlich, hier als Waschlappen mit Pannenangst dazustehen, aber sei's drum – umso beherzter werde ich nun versuchen, die 3,2 Millionen Adria-Anrainer über ihre Redensarten kennenzulernen. Meine Hauptquelle ist der Flohmarktkauf «Albanian Proverbs» (London 1948), das zwar englische Übersetzungen der Sprichwörter, aber keinerlei Erläuterungen bietet. Leider ist der Zustand miserabel; etwa ein Drittel der Seiten fehlt, und einem Vorbesitzer muss der Schmöker wohl mal in die Badewanne gefallen sein; schwarzer Stockfleck hat die Restleserlichkeit minimiert. Was soll's; wir werden uns die Sprichwörter einfach zurechtinterpretieren. Außerdem gibt es ja immer noch die weltweite Rechenmaschinenvernetzung, für Notfälle.

Wo anfangen? Vielleicht bei «A» wie Albanien. Also los. «Arbeite umsonst, aber verweile nicht umsonst», im Original: «Badihava puno, badihave mos rri.» Nanu. Es handelt sich offenbar um einen Ratschlag. Gemeint ist der Lesende, also ich, bzw. Sie. Ich und Sie, wir sollen also umsonst arbeiten. Nach kurzem Zögern kann ich dem durchaus zustimmen; ich bin ein erklärter Fan von Ehrenämtern. Ich helfe auch gerne meinen Freunden, wenn sie meine Unterstützung brauchen, und ich hoffe, Sie, liebe Leser, halten dies genauso. Der zweite Teil des Ratschlags ist etwas schwerer zu entschlüsseln: «... aber verweile nicht umsonst.» Wie meinen die das? Stichwort Zechprellerei? Soll man keine offenen Hotelrechnungen hinterlassen? Derlei funktionierte doch nur, wenn man sich unter falschem Namen im Hotel anmeldete, und das ist heute doch kaum mehr möglich. Oder handelt es sich um die Bitte eines Kneipiers an seine Gäste um eifriges Ordern? Oder bezieht sich das Verweilen auf den Arbeitsplatz? Dies könnte eventuell bedeuten, dass der Angesprochene ein Wanderarbeiter ist, und dass dieser erstens Sklavenarbeit leisten soll, und zwar zweitens nicht zu knapp, denn sonst wäre das Verweilen am Arbeitsplatz ja umsonst bzw. überflüssig. Könnte sich um eine Aufforderung an jene freiwilligen Hilfskräfte handeln, die unter Enver Hoxha beim Bunkerbau eingesetzt wurden. Ja. So wird's sein, ein maoistischer Motivationsslogan. Welch passender Einstieg, denn auch ich bin in gewisser Weise ein Wanderarbeiter, heute hü, morgen hott, Medienproletariat sozusagen, beim TV immer im Dienste des großen Vorsitzenden, nämlich der Quote. Weiter. «Arbeite wie ein Sklave und iss wie ein Lord.» Ein Lord! Da muss ich sofort an «Lord extra» denken, diese 70er-Jahre-Zigarettenmarke, die meine Mutter immer geraucht hat. In den alten Werbeanzeigen für «Lord Extra» standen, wenn ich mich recht entsinne, höllisch attraktive Männer in weißen Anzügen an Bord einer Yacht, und himmlisch hübsche Damen lehnten am Fockmast, die Adelsfluppe in der Hand. Die Aufforderung, wie ein Lord zu essen, ist in einer maoistischen Gesellschaftsordnung natürlich konterrevolutionär, und die Behauptung, es gäbe Himmel und Hölle, erst recht. 1967 erklärte Enver Hoxha Albanien zum «ersten atheistischen Staat der Welt» – beim Bunkerbau wird dieses Sprichwort demnach höchstens im Flüsterton geäußert worden sein; über die Verpflegung der Baustellenarbeiter liegen mir keine Informationen vor. Zigaretten wird's aber mit Sicherheit gegeben haben, denn Hoxha war selber eifriger Raucher und förderte den heimischen Tabakanbau. Für kurze Zeit betrieb der spätere Diktator sogar einen Tabakladen, in dessen Hinterzimmer 1941 die Kommunistische Partei gegründet wurde. Sollten Sie, lieber Leser, die Nachkriegszeit in der DDR verbracht und dem Nikotinabusus gefrönt haben, erinnern Sie sich vielleicht noch an albanische Importzigaretten; die Marken hießen u.a.: «Zana», «Valbona», «Triumf», «Tarabosh», «Shkodra», «Sheldia», «Rozafa», «Amazan», «Puntori», «Porti», «Partizani», «Mentol Aromatik», «Luks», «Kongresi», «Festivali Folklorik Kombetar», «Drivast», «Dajti», «Buna»,

«Besnik», «Berati», «Argir», «Ardian», «Arberia», «PPSH», und «40 Vjet».

Hüstel. Arbeite wie ein Sklave und iss wie ein Lord; in jedem Fall haut dieses Sprichwort in die gleiche Kerbe wie das erste, allerdings bereichert um eine subversiv-revanchistische Note. Weiter. «Der Wolf beißt fremdes Fleisch, das eigene leckt er.» Da kommt mir sogleich Thomas Hobbes in den Sinn, «Homo homini lupus» – der Mensch ist des anderen Menschen Wolf. Wie sagten seinerzeit die Teletubbies in solchen Fällen? «Oh, oh!» Es riecht nach Kulturpessimismus, nach einer resignativen Beschreibung des menschlichen Egoismus. Genau dieses ellenbögsche Ich-Zuerst sollte auf dem Weg in den Kommunismus überwunden werden, wobei an dieser Stelle durchaus vermerkt werden darf, dass Enver Hoxha reihenweise Dissidenten liquidierte, seine eigenen Kinder hingegen zum Studieren nach Paris und Skandinavien schickte und seine der Raucherei geschuldeten Durchblutungsstörungen mit Vorliebe von In-Ärzten im Ausland behandeln ließ. Wesentlich lieber lese ich: «Die Birne hat den Stiel hinten.» Wie bitte? Die Birne hat den Stiel hinten? Was ist denn das? Subversion? Jux? Ein Übersetzungsfehler? Der Birnenstiel sitzt doch oben, nicht hinten! Nun gebe ich gerne zu, dass «Die Birne hat den Stiel oben» lange nicht so spektakulär klänge – das hieße dann so viel wie: «Es ist, wie es ist.» Hier wird aber offenbar auf das Gegenteil abgezielt: Alle Welt glaubt zwar, dass die Birne ihren Stiel oberseits trägt, aber: Dem ist nicht so! Legt man die Birne nämlich flach auf den Tisch, der Pummelboden dem Betrachter zugewandt, befindet sich der Stiel tatsächlich hinten. Es ist alles eine Frage des Blickwinkels. Wie sagte schon Heraklit? «Die Sonne ist einen Fuß breit» – nämlich dann, wenn man ausgestreckt daliegt, einen Fuß anhebt und mit der Sonne vergleicht. Heraklit wollte uns mit diesem Fragment, zugegebenermaßen seinem rätselhaftesten, vor falschem Anschein warnen. Das albanische Birnenbild könnte

Ähnliches bedeuten, nur in essbar – wie bisher überhaupt alle erwähnten Sprichwörter einen gastrosophischen Aspekt haben – das kann aber auch Zufall sein. Mal sehen, wie's weitergeht. «Die Frau und den Maulesel schlägt man mit Holz, den Mann mit Worten.» Ist so weit klar, da gibt es nichts zu interpretieren, genauso wenig wie bei «Es steht der Frau nicht gut an, den Mund zu öffnen, außer beim Essen», womit wir wieder bei der Nahrungsaufnahme wären. Ah! Hier, das ist interessant: «Der Verleumder ist schlimmer als der Mörder.» Ich stelle mir gerade vor, was die juristische Anwendung dieser, nun ja, Weisheit für Folgen hätte; ein Lehrer aus Tirana, der in den 70er Jahren gesagt hatte, er könne sich die Existenz eines Gottes durchaus vorstellen, wurde immerhin zu zwölf Jahren Zuchthaus verurteilt. Andererseits mag der Vorwurf, ein Mörder zu sein, im damaligen Albanien weniger schwer gewogen haben als der Vorwurf, die Existenz Gottes in Erwägung zu ziehen und vor allem als der Verleumdungsvorwurf selber – aber da beißt sich die Katze in den Schwanz. Übrigens schnurrt auch im albanischen Sprichwortschatz der eine oder andere Schleichjäger, etwa im Theorem «Gott ist keine Katze, die dich sofort kratzt», was entweder auf die Güte des Allmächtigen verweist oder im Gegenteil andeutet, dass erst am Jüngsten Tag abgerechnet wird. Man solle also ja nicht meinen, man käme mit einer Verleumdung davon, nur weil der Verleumder von einem irdischen Gericht freigesprochen wurde; derlei Sünden kommen auf'n Deckel, und irgendwann wird die ganz große Rechnung fällig.

Zur Erholung erst mal zwei Weisheiten, die außerhalb jeder Diskussion stehen, nämlich: «Ein Mann kommt nicht mit einem Schnurrbart auf die Welt», und, fast noch einleuchtender: «Ein schwanzloser Hund kann seine Freude nicht äußern!»

«Kur s'ke punë luaj derën» ist wiederum deutlich rätselhafter. Auf Deutsch heißt dies: «Wenn du nichts zu tun hast, rüttle an der Tür.» Was mag damit gemeint sein? Die Tür ist eine Metapher auf die Blockade, die Trägheit, auf unser aller Beharrungspotenzial. Indem er an der Tür rüttelt, treibt der Kommunist die Revolution voran, oder, um den Appell für die Marktwirtschaft brauchbar zu machen, dynamisiert der Unternehmer das Marktgeschehen. Es könnte natürlich auch eine reale Tür gemeint sein; das Klischee vom Volk, das sich nach Abbruch aller Brücken vom Patriarchen im balkanischen Kleiderschrank einsperren lässt, illustriert immerhin auch der Satz: «Es ist besser, vom eigenen Mann geschlagen zu werden, als von einem Fremden geküsst.» Variiert wird dieses Bekenntnis zur Abschottung in «Besser von der Mutter geschlagen zu werden, als von der Stiefmutter geküsst». Oder erliege ich meinem lebenslangen Leiden, dem Hang zur Überinterpretation, und in Wahrheit preisen diese Sätze lediglich Blutsverwandtschaft und Familiensinn? Für die Abschottungsthese spricht, dass das Thema Einsamkeit im albanischen Volksmund verblüffend offensiv behandelt wird: «Wenn du keinen Gesellschafter hast, ziehe deinen Spazierstock in Erwägung.» Wenn ich nicht irre, gibt es im Deutschen keine Entsprechung für diesen Ratschlag, höchstens: «Hilf dir selbst, dann hilft dir Gott.» – Und dieser Spazierstock wird vom Albaner im Zweifel den Mitmenschen vorgezogen, steht er doch deren vermeintlicher Gutwilligkeit skeptisch gegenüber: «Wenn du Feigen in deinem Hafersack hast, sucht jemand deine Freundschaft.» Soso. Mir ist etwas unklar, warum man Feigen im Hafersack mit sich herumträgt. In einen Hafersack gehört doch normalerweise Hafer, wiewohl ich gerne gestehe, dass ich persönlich noch nie einen Hafersack hatte (außer für meine Vorurteile). Versucht man die Feigen auf diese Weise zu verbergen? Handelt es sich um einen kauzigen Schmugglerspruch? Auf dem gezeichneten Buchdeckel meines Karl-May-Bandes trugen die abgebildeten Skipetaren nicht nur Feze, sondern sie hatten auch Gewehre und grobleinene Behältnisse dabei – wurden hier etwa feigengefüllte Hafersäcke übers Korab-Gebirge gewuchtet? Welch Versäumnis, dass ich «Durch das Land der Skipetaren» nie gelesen habe. Bisher hat mich diese Bildungslücke nie gestört, aber wie heißt es so schön an den Ufern der Drin? Gott ist keine Katze, die sofort kratzt.

Gegen die Familiensinnthese spricht ferner, dass die Familie, immerhin Keimzelle der Gesellschaft, im Volksmund durchaus kritisch behandelt wird: «Die Söhne essen das Obst, und ihre Väter gleiten über den Schalen aus.» Das klingt nach Buddenbrooks; was die eine Generation aufbaut, lässt die nächste verkommen. Die Mahnung Goethes «Was du ererbt von deinen Vätern hast, erwirb es, um es zu besitzen» ist demnach in Albanien überflüssig; es hört eh keiner zu; die Jungs taugen einfach nicht, verjubeln ihre Habe und ruinieren das Werk der Väter. Es geht bergab, alles verlottert und endet in grauer Erstarrung – wenn nicht rechtzeitig ein kluger Bürgermeister dem Elend ein Ende setzt, an der Tür rüttelt und Farbeimer verteilt. Kann natürlich gut sein, dass ich auch hier irgendetwas falsch verstanden habe, denn andererseits heißt es: «Besser einen Nachbarn über der Mauer als einen Bruder über der See.» Dies ist wiederum ein eindeutiges Bekenntnis zu Familie und Betonindustrie, klar wie die Wasser der Adria. Womöglich hat der Spruch mit den obstessenden Söhnen auch konkrete Bedeutung, ist also ein ganz praktischer Warnhinweis. «Vorsicht, Väter, Rutschgefahr!» – dies würde wiederum die besondere Wertschätzung belegen, die man in Albanien der älteren Generation zukommen lässt. Ein wahrhaft kraftvolles Gemeinwesen basiere nämlich stets auf «Fjale e plakut, e pushka e djalit», also auf dem Wort der Alten und den Wummen der Jungen, so jedenfalls sagt man, frei übersetzt, in der Stadt Kruje, der Heimat des albanischen Nationalhelden Skaderbeg. Doch keine Sorge; dass man in dieser Gegend Gewalt dosiert einzusetzen weiß, belegt der Leitsatz: «Mushka do dru, e demi kular» – «Das Maultier braucht Schläge, der Bulle ein Joch.»

Die wechselhafte Geschichte dieses obstfreundlichen Volkes zeigt sich in den vielen Redensarten, die dazu auffordern, auch in verzweifelter Lage nicht den Mut zu verlieren, etwa: «Po nuk u turbullua, nuk kthjellohet» – «Wo keine Wolken sind, wird es auch nicht aufklaren.» Entscheidend ist, dass man die sich darbietenden Chancen erkennt, denn: «Ku ka bletë, ka dhe mjaltë» – «Wo Bienen sind, da ist auch Honig.» Der Schlamm der albanischen Landschaften soll übrigens, so behauptet jedenfalls ein Sprichwort aus der Hafenstadt Flore, süßer als Honig schmecken, was natürlich kein Wunder ist, wenn man die heimatliche Scholle über Jahrhunderte mit Obstresten bewirft und diese von den Alten ins Erdreich einarbeiten lässt. Derlei Selbstverständlichkeiten kommentiert der Skipetar mit «Ein Dorf, das man sieht, braucht kein Ortsschild». Jedenfalls vermute ich, dass es in dieser Redensart um Axiome geht, also um nicht deduktiv abgeleitete Grundsätze. Es kann sich allerdings auch um eine Mahnung zum Maßhalten handeln, so ähnlich wie: «Man kann nur auf einem Ochsen sitzen.» Nicht erst seit Enver Hoxha fehlte es in Albanien an vielem, und wer schlau ist, redet sich die Mangelwirtschaft kurzerhand schön. Kommt es ganz hart, gilt der Satz: «In Notzeiten nennt man das Schwein Onkelchen.» Sprich: Das Schwein entwächst seinem Status als landwirtschaftlichem Produktionsmittel und wird zum Familienmitglied. Und zwar nicht zum schnöden Schwippschwager, sondern: zum Onkelchen. Süüß! Da sich die Albaner im Großteil ihrer Geschichte in Not befanden, kann man hieraus mit etwas gutem Willen ableiten, dass sie sich von anderen Völkern durch besondere Tierliebe unterscheiden. Und selbst wenn die Wirklichkeit diesem Fernurteil nicht standhalten sollte: In jedem Fall ist es besser, wenn ein Schwein in der Not zum Onkelchen wird als der Onkel zum Schwein. Wie? Ich höre Widerspruch? Sie meinen, der Spruch sei die Entsprechung des deutschen «Wes Brot ich ess, des Lied ich sing»? – «Onkelchen» sei ein falsches Kompliment, mit dem sich der Albaner in Notzeiten bei Schurke,

Schelm und Scheusal einschleime? Grübelgrübel. Sie könnten recht haben. Sehr gute Anregung, Sie Onkelchen. Jedenfalls: Dass der Weg aus der Not steinig ist, verdeutlichen die vielen Redensarten, die Geduld und Fleiß glorifizieren, etwa der aus dem Süden des Landes stammende Arbeiterreim «Gur-gur, behet mur», direkt übersetzt «Stein-Stein, macht die Mauer». Emsigkeit ist den Adlersöhnen der Schlüssel zum Glück; dies verdeutlicht auch der Satz: «Wer nicht arbeitet wie ein Mann, sitzt zu Hause und flennt wie eine Frau.» Überhaupt; das weibliche Geschlecht. Aus den uralten Spruchweisheiten auf den derzeitigen Stand der Gleichberechtigung zu schließen, wäre töricht, und bei genauem Hinschauen entpuppt sich der albanische Volksmund nicht als sonderlich frauen-, sondern *auch* als männerfeindlich. Untersuchen wir z. B. die bei Hoxhas Enkeln beliebte Redensart «Noch niemals gab es Streit ohne eine Frau», so heißt dies wohl weniger, dass Frauen gerne streiten, sondern vielmehr, dass Frauen ein Hauptgrund für Konflikte sind, und zwar für Konflikte zwischen Männern. Kritisiert wird hier also der testosterongeschwängerte Streithahn, der im ritualisierten Balzverhalten Kontrollverluste erleidet, und das bereits erwähnte «Die Frau und den Maulesel schlägt man mit Holz, den Mann mit Worten» lobt die tapferen Albanerinnen für ihre Zähigkeit, während den Herren der Schöpfung weder zugetraut wird, körperliche Schmerzen zu ertragen, noch verbale Kritik an sich abgleiten zu lassen. Sich mit einem Albaner handgreiflich anzulegen, ist sowieso keine gute Idee, denn: «Me fal gjakun është burrni» – «Die Blutrache ist Sache der Männer». Statt Knüppel sollte man in Albanien lieber die Flasche kreisen lassen; die friedfertige Geselligkeit besingt der Merksatz: «Wer am Sonntag nicht angeheitert ist, der ist's nicht wert, dass man ihm am Montag die Hände schüttelt.» Balkanischer Spaß an der Freud paart sich hier mit maoistisch geprägter Sozialkontrolle; wer nicht mitsäuft, kann sich ja mit seinem Spazierstock unterhalten. Übrigens sollte man seine Worte auf einer albanischen Sause gewissenhaft abwägen, wenn ich denn die Redensart «Wer die Wahrheit sagt, wird geschlagen» richtig verstehe. Vereinzelte Missdeutungen kann ich dabei keineswegs ausschließen; soeben erfahre ich z. B. von einer mir via Facebook bekannten Montenegrinerin mit albanischen Vorfahren, dass mir bei der Analyse des Sprichwortes «Arbeite umsonst, aber verweile nicht umsonst» ein kapitaler Interpretationslapsus unterlaufen ist. Gemeint sei in etwa: «Lieber umsonst arbeiten als umsonst rumsitzen, im Sinne von: Wenn die Party langweilt, geh einfach nach Hause.» – «Die Birne hat den Stiel hinten» kann mir meine Bekannte allerdings auch nicht erklären; der Schnack sei ihr völlig unbekannt. Ist vielleicht auch gar nicht so wichtig, denn: «Worte verschwinden in der Luft, doch die Nelke duftet.» In diesem poetischen Bild spiegelt sich die ganze verkarstete Lakonie eines Volkes, das trotz all seiner bewundernswerten Anstrengungen weitgehend unbeachtet geblieben ist. Während unser mitteleuropäisches Denken von einer maßlosen Anspruchshaltung bestimmt wird, hat sich der albanische Volksmund mit allen Lebenswidrigkeiten abgefunden und rät pragmatisch: «Sage, was du gerne hättest, aber nimm getrost auch, was du nicht magst.» Kommt mir bekannt vor, diese Gangart; seit 2004 nehme ich, wenn möglich, jedes Jahr am Telefonvoting des Eurovision Song Contest teil und stimme immer treu für Albanien. Besonders gut gefiel mir im Jahr 2008 Olta Boka mit «Zenrën e lamë peng», zu Deutsch: «Wir verspielten das Herz», ein Lied, das mit 55 Punkten auf einem duften 16. Platz landete. Natürlich wäre ein erster Platz besser gewesen, aber: Was soll's. Bei der Birne ist der Stiel hinten.

Und hiermit ist beschlossen: Meine nächste Reise führt nach Tirana, in die Welthauptstadt der Farbe. Ich brauche nur noch zwei Allrad-Fahrzeuge und einen Spazierstock, als Reisebegleitung, dem ich auf der Fahrt die Welt erklären kann.

Das kosmologische
Igelballmodell

Die Erde ist keine Scheibe, sondern rund. Höre ich irgendwelche Einwände? Nein? Gut. Wir leben nicht auf der Außenseite der Erde, sondern in ihrem Innern. Das, was wir als Himmel über uns zu sehen meinen, ist der Inhalt jener Kugel, die wir für unseren Heimatplaneten halten. Diese Kugel hat einen Durchmesser von 12 740 km, Sonne und Sterne befinden sich in diesem Hohlraum. Der Mond fliegt in 3000 km Distanz von der Erdinnenfläche, die Sonne ist 4500 km entfernt. Höre ich immer noch keine Einwände? Doch? Sie meinen, wenn dies so wäre, müsste man mit einem Raumschiff die Erde zügig durchqueren können? Zweifelsohne hätten Sie hiermit recht, wenn die Lichtgeschwindigkeit immer und überall konstant wäre, aber woher wollen Sie das so genau wissen?

Um die Hohlwelttheorie, die ich Ihnen just präsentiere, mit Glaubwürdigkeit zu füllen, ist es notwendig, dass wir uns Lichtstrahlen nicht als Geraden, sondern gekrümmt vorstellen, als sogenannte verallgemeinerte Kreise. Die Krümmung der Lichtstrahlen bewirkt dieser Theorie zufolge, dass wir am Meer den Horizont erblicken und meinen, die Erdoberfläche sei konvex. Alles nur eine kapitale optische Täuschung?

Der Innenweltkosmos, auch Innenwelttheorie oder eben Hohlwelttheorie genannt, wurde 1870 vom Amerikaner Cyrus Reed Teed entwickelt. Teed, der in New York Medizin studiert hatte und sich mit alternativen Heilmethoden auf der Basis von Stromstößen beschäftigte, erlitt bei einem seiner Experimente einen elektrischen Schlag und berichtete später, dass ihm die Idee zu seiner Hohlwelttheorie während seiner Bewusstlosigkeit gekommen sei. Bereits im 19. Jahrhundert gab es keinen einzigen Physiker, der die Innenwelttheorie für plausibel hielt, und daran hat sich bis heute nichts geändert. Auf der anderen Seite scharte der Stromgeschockte in den Folgejahren bis zu 4000 Anhänger um sich, denen die Hohlwelttheorie aus religiösen Gründen zusagte, heißt es in der Bibel doch, die Erde sei der Fußschemel Gottes (Jes. 66,1). All jenen, die sich unter Gottes Fuß tatsächlich eine waschechte Mauke vorstellen, kommt die Hohlwelttheorie natürlich entgegen, denn sonst müsste man doch Gottes Haxen ab und an irgendwo auf unserem blauen Planeten ruhen sehen. Zudem ist unsere Welt in diesem Denkmodell kein schnöder Himmelskörper unter vielen, sondern immerhin die Wand der Schöpfung, somit versöhnt Teeds Theorie viele Erkenntnisse der modernen Astronomie mit dem geozentrischen Weltbild des Mittelalters, bevor Giordano Bruno sich erdreistete, die Sonne zum Dreh- und Angelpunkt unseres Planetensystems zu erklären.

Sie meinen, die Hohlwelttheorie sei Quatsch mit Soße? Bitte fragen Sie mich nicht, warum, aber mathematisch lässt sie sich nicht widerlegen. Mathematiker sprechen von einer «Inversion»; jedes Koordinatensystem lässt sich problemlos umkehren, und die für den Innenweltkosmos notwendigen Axiome, z.B. dass die Lichtgeschwindigkeit nicht konstant ist, lassen sich allesamt so umformulieren, dass sie nicht im Widerspruch zu den gängigen Lehrmeinungen der Physik stehen. Ich gebe zu, dass mir aufgrund mangelnden Gripses viele Erkenntnisse der höheren Mathematik nicht mehr als ein Achselzucken entlocken, so auch in diesem Fall. Vor einigen Jahren durfte ich gemeinsam mit meiner werten Kollegin Barbara Eligmann eine Veranstaltung der Technischen Universität Berlin moderieren, auf der Erstsemestlern wissenschaftliche Amuse-Gueules der von ihnen gewählten Fächer präsentiert wurden. Einer der Höhepunkte war der Auftritt eines Texaners, der in Berlin Mathematik lehrt. Er hatte errechnet, dass es möglich ist, einen Fußball «auf links» zu drehen, genau wie eine Socke. Klar, meint da der Laie; man nimmt ein Teppichmesser, schneidet ein Loch in die Pille, stülpt das Innere nach außen – et voilà! Die Berechnungen des Texaners bewiesen jedoch, dass man den Ball nicht aufzuschneiden braucht, um die Stülpung zu erzielen. Nanu. Um dies zu beweisen, sind in der Mathematik Berechnungen völlig hinreichend, aber um auch Spatzenhirnen wie mir die Sache zu verdeutlichen, hatte der Rechenkünstler einen Animationsfilm mitgebracht, der den Inversionsprozess visualisierte, und zwar dreidimensional und in Farbe. Nach unserem kurzweiligen Bühnengespräch wurden rot-grüne Pappbrillen ausgeteilt, und ab ging die Luzie. Am Anfang war der Ball, dann folgte ein burschikoses Farbgehampel, geometrische Muster aller Art zuckten, schossen, glitten ineinander, zwischenzeitlich meinte man Tannenbäume, Sternschnuppenregen und Bananenschalen zu sehen, und nach einiger Zeit war da wieder der Ball, nur eben mit auswärtiger Innenseite. Das Auditorium nahm die Brillen ab, klopfte sich die Verwirrung aus den Kleidern und klatschte höflich. Mathematik, und das war für mich die zentrale Erkenntnis des Nachmittags, hat bisweilen halluzinogene Kraft, irgendwo zwischen stromschlagbedingter Benebelung und LSD. Ich kann leider nicht behaupten, auch nur im Ansatz begriffen zu haben, wie die Sache funktionierte, alles, was ich während der Vorführung dachte, war, wieder mal: «Schön ist es, in der Welt zu sein.» Womöglich stülpt Gott seine Fußbank ja alle paar Millionen Jahre auf links, ohne dass er sie vorher zerlegt? Mathematisch wohl kein Problem, jedenfalls, wenn wir uns die Fußbank als Ball vorstellen. Spontan denke ich an jene noppenbesetzten Massagebälle, die für gymnastische Übungen verwendet werden, Markenname «Igelball». Solch eine Gummikulle habe ich mir sogar neulich zugelegt; ich gebe mal weiter, was auf dem Beipackzettel steht: «Venengymnastik für zwischendurch – Für die durchblutungssteigernde Igelballmassage rollen Sie den Ball mit den Sohlen der nackten Füße auf dem Boden herum.» Der Igelball passt prima zur Teed-Idee, da die Noppen sehr schön als jene Beulen gedeutet werden können, welche sich unter den Senken und Tiefseegräben der Ozeane befinden.

Nehmen wir an, der «Fußschemel Gottes» ist ein solcher Igelball. All jenen, die glauben, dass es sich beim lieben Gott tatsächlich um einen älteren Herrn im Nachthemd mit Rauschebart handelt, bietet das Igelballmodell die Möglichkeit zu einer annähernden Größenbestimmung. Mein Igelball hat einen Durchmesser von 12 Zentimetern, und ich bin 170 cm lang. Fungiert die Erdkugel als göttlicher Igelball, und hat dieser einen Durchmesser von 12 740 km, so dürfte Gott imposante 170 Millionen Meter hoch sein – eine altersbedingte Schrumpfung bereits eingerechnet. Er trägt Schuhe der Größe 43 Millionen und ein einzelnes göttliches Nasenhaar kommt auf einen Umfang von 50 Metern – jedenfalls, sofern meine Söhne sich nicht mit den Kommastellen vertan haben; ich habe die Rechnerei nämlich mangels Gehirnschmalz an meinen Nachwuchs delegiert.

Auch die Körpertemperatur des Allmächtigen lässt sich auf der Grundlage des Igelballmodells schätzen, wenn wir nämlich die Geothermie als Folge der Wärmeabstrahlung der aufgelegten Gottesfüße begreifen. Leider lässt uns die Hohlwelttheorie über die Weltwandstärke im Unklaren. In unserem gewöhnlichen Vollweltdenken wird im tiefen Erdinneren eine Temperatur von 3000–5000 Grad Celsius vermutet. Im oberen Mantelgestein, an der Basis der kontinentalen Lithosphäre, soll gemäß landläufiger Hypothese eine Temperatur von 1200 Grad herrschen – allerdings hat noch nie jemand tatsächlich ein Thermometer hineingesteckt, denn diese Schicht liegt in einer Tiefe von 100 Kilometern. Als Hohlwelttheoretiker fragt man sogleich keck: Existiert überhaupt eine solche Profundität? Der Mensch ist bislang lediglich in eine Tiefe von 12 km vorgedrungen, nämlich zwischen 1970 und 1992 auf der russischen Halbinsel Kola. Die Bohrmaschine «Uralmasch 4-E», die sechs Jahre später durch ihr Nachfolgemodell «Uralmasch 15 000» ersetzt wurde, buddelte 158 km nördlich von Murmansk ein Loch mit einem Durchmesser von 21,4 cm; ihr Bohrgestänge wog wuchtige 200 Tonnen. Das Gebäude über der Einstichstelle hat die Höhe eines 20-stöckigen

Hauses und ragt noch heute, allerdings leicht angekippt und schwer vermodert, aus den Schneewehen. In zehn Kilometern Tiefe wiesen die überraschten Wissenschaftler vierzehn Arten archaischer Elementarfossilien nach, versteinerte Reste altertümlicher Organismen. Etwas tiefer, unterhalb aller Ablagerungsgesteine, stieß man auf ein Methanvorkommen. Die Forscher meinten hierdurch die These widerlegt zu haben, Kohlenwasserstoffe könnten nur durch biologische Prozesse gebildet werden. Unterhalb der 11 500-Meter-Marke fingen heruntergelassene Mikrophone seltsame Geräusche auf, die als ferne Echos seismischer Aktivität aus dem Erdmantel gedeutet wurden. In 12 262 Metern Tiefe musste die Bohrung schließlich aufgrund unerwartet hoher Temperaturen abgebrochen werden. Der Anhänger des Igelballmodells wird bei diesen Informationen natürlich hellhörig und interpretiert die Ergebnisse völlig anders: Offenbar war «Uralmasch 15 000» kurz davor, die Erdwand zu durchbrechen. Die «Echos seismischer Aktivität» waren nichts anderes als die Schubbergeräusche der Gottesfüße auf den Massagenoppen. Das Methan war durchaus aufgrund biologischer Prozesse entstanden, allerdings fanden diese nicht innerhalb der Hohlwelt statt, sondern außerhalb, nämlich im Schweiße der Schöpfersohlen. Ebenso sind auch die altertümlichen Fossilien zu erklären; mit seinem Transpirationssekret hat der Rauschebärtige womöglich Bakterien und andere Sohlenbewohner in die Oberfläche des Massageballs eingefüßelt.

Ach ja: In zehn Kilometern Tiefe betrug die Temperatur 210 Grad Celsius; eine Hälfte der Wärmeentwicklung führten die Forscher auf die natürliche Radioaktivität des Gesteins zurück. Die andere Hälfte könnte durch die Abstrahlung des Gotteskörpers beigesteuert sein, womöglich intensiviert durch die bei der Fußmassage anfallende Reibungswärme.

Bevor Sie die Nase rümpfen und meine Hypothese, Gott habe Schweißfüße, für Blasphemie halten, möchte ich demütig auf die Tatsache verweisen, dass auch Giordano Bruno für seine These, das Universum sei unendlich und die Erde bewege sich um die Sonne herum, der Ketzerei bezichtigt und 1600 in Rom verbrannt wurde. Und wer die kosmologischen Ansichten des Elektromediziners Cyrus Reed Teed für unseriös hält, hat zwar in gewisser Weise mein Verständnis, andererseits begleitete ebendieser Vorwurf auch Bruno lebenslang, spätestens jedoch, nachdem er als junger Klosterschüler die Marienverehrung verweigert und alle Heiligenbilder aus seiner Zelle entfernt hatte.

Um die Hohlwelttheorie zu beweisen und sich so vom Vorwurf der Bekloppheit zu befreien, erdachte Teed ein ebenso einfaches wie aufwendiges Experiment: Wenn wir uns wider Erwarten auf der Außenseite der Erdkugel befinden sollten, dann würde ein extrem langes Lineal, das man auf den Planeten legt, mit seinen Enden nicht den Boden berühren; logopinski. Befinden wir uns hingegen im Innern der Erdkugel, so ist es umgekehrt: Das Lineal berührt nur mit den Enden den Untergrund, die Mitte steht ab. So weit klar? Schön. Um dieses Experiment durchzuführen, tat sich Teed mit dem Landvermesser Ulysses Grant Morrow zusammen und ließ das benötigte Monsterlineal anfertigen. Es bestand aus vier Mahagoni-Segmenten, je 3,64 m lang und an den Enden mit T-Stücken versehen, sodass sie sich rechtwinklig aneinanderfügen ließen. In der brettflachen Küstenlandschaft von Naples, Florida, wurden die Segmente auf Stelzen montiert und der Abstand zwischen Wasseroberfläche und Riesenlineal gemessen. Nach der Messung wurde das hintere Linealsegment abgenommen, vorne angelegt und mit eigens konstruierten Wasserwaagen justiert. Verkleinerte sich der Winkel, so würde die Erdoberfläche konkav sein und die Hohlwelttheorie somit bewiesen. Bis Anfang Mai 1897 wurden die Segmente 1045-mal neu angelegt, und das Ergebnis war eindeutig: Die Hohlwelttheorie stimmt, und Teed und Morrow jubelten ausgelassen. Kritiker haben seitdem vielerlei Gründe angeführt, warum der Versuch zu diesem durchaus sensationellen Ergebnis führen konnte. Die salzige Luft habe den Holzsegmenten zugesetzt, kleinste Nachlässigkeiten beim Umsetzen der Segmente hätten sich langfristig in schwerwiegenden Messfehlern äußern können, außerdem habe es keine externen Zeugen gegeben. Der wichtigste Grund für die bis heute anhaltende Skepsis der Fachwelt ist jedoch: Morrow und Teed gingen nicht vorurteilsfrei an die Sache heran, sondern sie wollten genau dieses Messergebnis. Wäre das Experiment anders verlaufen, hätte Teed sein Lebenswerk eigenhändig zerstört. Nun ja; ich bin ja nicht dabei gewesen und halte mich aus der Diskussion raus. Wie sagt man vor Gericht? Hier steht Aussage gegen Aussage – ganz wie bei Kachelmann. Wegen mir ist die Hohlwelttheorie keineswegs bewiesen, aber widerlegt eben auch nicht.

Bis in die dreißiger Jahre des 20. Jahrhunderts beflügelte der 1908 in Folge einer Schlägerei verstorbene Teed besonders in Deutschland den Sachbuchmarkt. Gleich vier Autoren veröffentlichten Werke zum Thema; «Das neue Weltbild» von Johannes Lang wurde 1933 sogar zum Bestseller. Lang und Peter Bender, ein weiterer Schriftsteller, der versucht hatte, die Hohlwelttheorie zu popularisieren, wurden von den Nazis ins KZ gesteckt, mit der Begründung, beim Innenkosmosgedanken handele es sich um eine Idee amerikanischen Ursprungs. Seit 1962 versucht die «Deutsche Gesellschaft für Erd-Welt-forschung» die Ignoranz der Anhänger Keplers und Galileis zu durchbrechen. Zu diesem Zweck wurden 2003 Lotversuche an der Kochertalbrücke bei Geislingen durchgeführt, die jedoch, nun ja, die Hohlwelttheorie nicht bestätigten. Blöd. Vielleicht war die Brücke ungeeignet; zu viel Verkehr könnte das Bauwerk in Schwingungen versetzt und dadurch die Pendelei gestört haben. Ja, so wird's sein.

Fest steht: Ohne Innenkosmos kein Igelballmodell, und dieses bietet wiederum beeindruckend plausible Erklärungen für diverse geologische Phänomene, z. B. Erd- und Seebeben. Tsunami & Co. sind die bei der Noppenrubbelei entstehenden Knetresonanzen. Oder die Polkappen. Diese sind besonders kalt, weil sich ein Fuß Gottes gegenwärtig von jenen Noppen massieren lässt, die sich unterhalb Ostafrikas befinden. Der andere Fuß drückt gleichzeitig Australien nordwärts, sodass sich der Känguruh-Kontinent in ca. 20 Millionen Jahren bis in Äquatornähe verschoben haben wird. Anhand der Kontinentaldrift-Bewegungen lassen sich die Massagevorlieben des Schöpfers recht präzise bestimmen: Im Verlauf der Erdgeschichte gab es fünf oder sechs Superkontinent-Zyklen, in denen der Igelball so befüßelt wurde, dass die Landmassen kompressionsbedingt zu einer einzigen Fläche verquetscht wurden; allerdings werden von den Plattentektonikern nur der vorletzte Zyklus namens Pangaea und der letzte Superkontinent, genannt Rodinia, als unzweifelhaft angesehen. Sofern die Schöpferschlappen nicht unvorhergesehen die Drucknoppen wechseln, wird in etwa 40 Millionen Jahren Europa entlang des Rheins auseinanderbrechen, in 80 Millionen Jahren an die Stelle des Mittelmeeres eine neue Gebirgskette getreten sein und in etwa 300 Millionen Jahren ein neuer Superkontinent entstehen. Zum Noppendruck gesellt sich eine wechselnde Schubberintensität, die wir auf kleinkreisige Streichelbewegungen zurückführen können; gegenwärtig wächst diese, was aufgrund der steigenden Reibungswärme bis 2100 zu einer jährlichen Massageballerwärmung von 1,1 bis 6,4 Grad Celsius führen wird, dem sogenannten Reibhauseffekt. Interessant sind in diesem Zusammenhang auch die Eiszeiten, etwa jene im Cryogenium, vor ca. 700 Millionen Jahren. Nach der 1992 veröffentlichten These des US-amerikanischen Geologen Joseph L. Kirschvink könnte die Erde seinerzeit wie ein Schneeball ausgesehen haben, komplett von Eis bedeckt, wobei ich als Anwalt des Igelballmodells natürlich von einer inwendig gefrorenen Erde, also gleichsam einer Schneekugel, ausgehe. Ganz offenbar sind die Eiszeiten durch Massagepausen verursacht worden. Deren Notwendigkeit wird nachvollziehbar, wenn man sich vor Augen führt, dass der Weltrekord im Dauermassieren bei schlappen 96 Stunden liegt, aufgestellt im Februar 2010 von einem gewissen Slava Gulau im Fitnesstreff Selb, Landkreis Wunsiedel. Der 25-jährige Marathonkneter massierte 184 Freiwillige für einen guten Zweck. Diese Handgreiflichkeit lässt erahnen, um welch außerordentliche Energieleistung es sich bei der Igelballmassage handelt, die unsere Erde meistenteils eisfrei hält. Natürlich kann auch der liebe Gott nicht gleichzeitig mit beiden Füßen einen Igelball kneten und dabei aufrecht stehen, woraus sich ableiten lässt, dass er sitzt. Ja; das Vorhandensein eines Thrones, eines Stuhles, wenigstens eines Hockers kann hiermit als gesichert angesehen werden. Da die Noppendruckmassage nun schon seit den Zeiten der Urkontinente Gondwana und Laurasia, also seit mindestens 320 Millionen Jahren, andauert, ist aufgrund der Betagtheit des Füßelnden auch ein Rollstuhl denkbar. Dies würde zudem der weitverbreiteten Annahme Rechnung tragen, dass der Mensch Gottes Ebenbild ist, jedenfalls sofern wir von der fortschreitenden Immobilität der überalterten europäischen Gesellschaften ausgehen. Diese Annahme setzt jedoch voraus, dass Gott Europäer ist, oder gar Deutscher. Immerhin titelte eine überregionale Tageszeitung seinerzeit «Wir sind Papst» – mithin Gottes Stellvertreter. Warum sollen wir dann nicht auch Gott sein? Jedoch: Weltweit betrachtet nimmt der Anteil der jungen Menschen an der Erdbevölkerung zu, was wiederum gegen einen Rollstuhl und für einen Kinderwagen, einen Buggy oder einen Hochsitz spricht.

Egal, ob Thron, Rollstuhl oder Kindersitz, all diese Möbel funktionieren nur mit geeigneter Standfläche. Der Boden, auf dem sich Gottessitz nebst Fußschemel befinden, ist wahrscheinlich ein flauschiger Teppichboden; quietschendes Linoleum oder knarzendes Parkett würde im Igelball zu erheblicher Lärmbelästigung führen, wobei der Krach nahe der Auflagefläche, also momentan in der Antarktis, lauter sein müsste als etwa in Afrika oder bei mir im Vorgarten. Ich tippe auf Flokati.

Wie auch immer man sich Gott vorstellt (vielleicht gibt es ja auch gar nicht den einen lieben Gott, sondern es handelt sich um mehrere Götter, die sich ihre Aufgaben nebst Massageball teilen, oder es handelt sich um Göttinnen, oder um Krake Paul, wer weiß das schon) – das Igelballmodell stiftet jedenfalls Sinn. Zwar verrät es uns nicht, warum wir in der Erde sind, aber es erklärt, warum es die Erde gibt: Weil da draußen jemand seine Füße massieren möchte.

Doch nicht nur unser Durst nach Sinn wird gelindert, sondern auch unser Appetit auf Hoffnung. Viele Menschen fürchten sich vor den Folgen der Erderwärmung, und diese Ängste sind vollauf berechtigt. Wenn die Polkappen schmelzen, steigt der Meeresspiegel, und wir Erd-Insider wissen nicht, wohin mit dem Wasser. Dabei hat die bohrbegeisterte UdSSR bereits unwissentlich die Lösung für dieses Problem geschaffen, nämlich das erwähnte tiefste Loch der Welt. Alles, was wir im akuten Überschwemmungsfall tun müssen, ist die Fertigstellung des Erdwanddurchbruchs und die Realisierung eines Leitungssystems, durch welches das Polkappenschmelzwasser auf die Halbinsel Kola geleitet werden kann. Ferner sollten weitere Bohrlöcher zur Entlastung ausgebaut werden, etwa der bis in 9583 m hinabreichende Tiefenvizeweltmeister «Bertha Rogers» in Oklahoma/USA oder die Röhren des «Kontinentalen Tiefbohrprogramms der Bundesrepublik Deutschland» in Windischeschenbach, deren längste zwischen 1987 und 1995 bis in eine Tiefe von 9101 m vorangetrieben wurde. Gerade in der Zoiglbier-Hochburg im Waldnaabtal, wo man tollkühn in die Schnittstelle zweier tektonischer Störungen hineinbohrte, sollte der Wanddurchbruch jedoch mit äußerster Vorsicht durchgeführt werden. Man stelle sich vor, der Bohrer durchstoße die Erdaußenhülle genau dann, wenn Gott an gleicher Stelle seine Füße anschmiegt. Der Bohrkopf könnte die empfindliche Fußsohle touchieren. Zwar ist eine Hautverletzung aufgrund der Größenverhältnisse auszuschließen, aber bereits ein leichtes Kitzeln könnte den Massierten irritieren, sodass der erschrickt, zusammenzuckt und den Igelball ruckartig abstößt. Ein solcher Bohrfolgekick würde im Innenkosmos unweigerlich zu den schwersten Verwerfungen führen; wir, unser Sonnensystem, die Milchstraße, der gesamte galaktische Hohlweltinhalt würde in Unordnung geraten wie ein Cocktail im Shaker und uns um die Ohren fliegen – wobei die Schüttelei im Igelballzentrum aufgrund der gen null tendierenden Lichtgeschwindigkeit nichts ausrichten würde. Hier tut sich ein interessantes Forschungsfeld auf: Welche Galaxien kollidieren mit unserer Milchstraße, und welche sind zu weit entfernt?

Die Tatsache, dass es theoretisch möglich ist, einen Ball auf links zu drehen, ohne ihn vorher aufzuschneiden, lässt im Übrigen vermuten, dass es – rein theoretisch – möglich ist, von der Erdinnenseite auf die Erdaußenseite zu wechseln. Keine Ahnung, wie viel Zeit die Krempelung in Anspruch nähme; der Film des Texaners von der TU Berlin dauerte seinerzeit einige Minuten. Womöglich macht es eines Tages flutsch, wir sind draußen, und über uns ist der Himmel durch eine Fußsohle ersetzt, die sich von Horizont zu Horizont spannt. Statt Sonne, Mond und Sterne sehen wir Falten, Schwielen und Hühneraugen. Ich möchte mich diesbezüglich keineswegs festlegen; weder gehe ich von der Existenz Gottes aus, noch bin ich Atheist. Wahrscheinlich habe ich überhaupt nichts Erhellendes zum Thema beizutragen, außer eben: das Igelballmodell. Ob unser Heimatplanet tatsächlich hohl ist, vermag ich nicht endgültig zu entscheiden. Man steckt ja nicht drin. Oder doch?

Der «Mund der Wahrheit» aus zahnmedizinischer Sicht

Eine der meistbesuchten Sehenswürdigkeiten der Stadt Rom ist «La Bocca della Verità», ein scheibenförmiges Relief, das seit 1632 in der Säulenvorhalle der Kirche Santa Maria in Cosmedin hängt. Über den ursprünglichen Verwendungszweck des über 2000 Jahre alten Kunstwerks kursieren verschiedene Theorien; es könnte sich um einen Teil des Herkulesaltars handeln, auf dessen Grundmauern im sechsten Jahrhundert die heutige Kirche errichtet wurde.

Auch ist denkbar, dass der «Mund der Wahrheit» ursprünglich als Kanaldeckel diente. Dies erklärte Lochung, Formgebung und Abnutzung der Oberfläche, ferner wird die Gully-These vom Anbringungsort unweit der Cloaca Maxima untermauert.

Seine Berühmtheit verdankt das Relief einer mittelalterlichen Legende: Wer seine Hand in den Mund legt, verliert diese, wenn er nicht die Wahrheit sagt.

Ein Tourist, der sich für diesen weltberühmten Lügendetektor interessiert, sollte ein wenig Zeit mitbringen; an normalen Tagen ist schon am zeitigen Vormittag Schlangestehen unumgänglich. Die Kirchengemeinde geht bemerkenswert professionell mit dem Andrang um, reguliert diesen durch einen mit Absperrbändern begrenzten Ziehharmonika-Parcours, und auf Schildern wird darum gebeten, Obulusse in einen hierfür bereitgestellten Brotkorb abzulegen. Nach einem Viertelstündchen Wartezeit ist es so weit: Mit klopfendem Herzen schiebt der wagemutige Besucher seine Hand in den Mund der Wahrheit, wobei er sich hierbei im Regelfall von Angehörigen oder Freunden fotografieren lässt. Recht häufig veredeln die Handeinleger ihre Fotosession, indem sie einen mehr oder weniger albernen Gesichtsausdruck auflegen. Für echte Beklommenheit besteht jedoch kaum Anlass; seit dem Mittelalter ist nicht ein Fall belegt, in dem «La Bocca della Verità» tatsächlich zugebissen hätte.

Über die zahnmedizinischen Aspekte dieser Sehenswürdigkeit habe ich mich mit einer Expertin unterhalten. Dunja Nipp aus Sigmaringen arbeitet seit 1994 im Labor Pauli Zahntechnik GmbH in Mühlheim an der Donau. Ihre beruflichen Schwerpunkte sind Modellguss und 3D-navigierte Implantation.

W. B.: Frau Nipp, ich habe «La Bocca della Verità» im August höchstpersönlich ausprobiert und wurde zu meiner Erleichterung nicht gebissen – obwohl ich sicher bin, in meinem Leben schon mehrfach gelogen zu haben. Meine Unversehrtheit könnte drei Ursachen haben: Entweder ich habe – entgegen meiner eigenen Einschätzung – bisher immer die Wahrheit gesagt, oder der «Mund der Wahrheit» ist keineswegs in der Lage, die Glaubwürdigkeit des Handeinlegers zu beurteilen. Oder: Er ist aufgrund kieferorthopädischer Eigenarten außerstande, kraftvoll zuzubeißen.

Konzentrieren wir uns auf den dritten Erklärungsansatz.

Als Laie hatte ich den Eindruck, dass dem Kiefergelenk, wenn überhaupt vorhanden, jene Beweglichkeit fehlt, die für Kaubewegungen unerlässlich ist. Habe ich dies richtig beobachtet, oder entpuppe ich mich gleich mit meiner ersten Frage als unkundiger Banause?

D. N.: Das Kiefergelenk ist das meistbeanspruchte Gelenk im menschlichen Körper. Die Bewegungen der Organe des Kausystems sind das Ergebnis komplizierter Funktionsabläufe, weil an jeder Bewegung fast immer mehrere Muskeln beteiligt sind. Durch das richtige Zusammenspiel von Gelenkkopf und -pfanne, der Gelenkscheibe, einem Bandapparat, der Kaumuskulatur und den Zähnen, werden Kaubewegungen sowie das Abbeißen, das Öffnen und Schließen des Mundes, das Sprechen und Schlucken erst ermöglicht. Die Ursache für die Funktionsstörung des Kiefergelenks können Störungen in der Verzahnung und Zahnfehlstellungen sein, aber auch Zahnlücken durch fehlende Zähne, verspannte

Muskulatur und Haltungsschäden, oder eine Überbelastung des Kausystems.

Das Kiefergelenk kann auch ausrenken; dies kann bei weiter Mundöffnung passieren, z. B. beim Gähnen. Im Extremfall kann der Unterkiefer nicht wieder selbst eingerenkt werden.

Für Kiefergelenkbeschwerden ist oftmals auch der psychische Zustand des Patienten verantwortlich. Dabei können autogenes Training und Entspannungsübungen helfen.

W. B. : Als Laie könnte ich mir vorstellen, dass sich die über Jahrhunderte andauernde Befingerung ähnlich ausgewirkt hat wie das Daumenlutschen bei einem Kleinkind. Könnte auch dies als Grund für den erschreckenden Zustand der Mundhöhle denkbar sein?

D. N. : Ja; durch Nuckeln entsteht bisweilen ein «offener Biss», auch ein vorstehender Oberkiefer kann die Folge sein. Fremdkörper im Mund schädigen die Zahnreihen und die Kieferform – Anomalien sind da wenig überraschend.

W. B. : Lässt sich ein aufgrund von Alterserscheinungen unbeweglich gewordenes Kiefergelenk wieder mobilisieren?

D. N. : Durchaus. Gelenk und Kaumuskulatur sollten entlastet und eine weite Mundöffnung vermieden werden. Möglicherweise liegt eine Kieferklemme vor; die Ursache könnte ein Mangel an Bewegung sein. Die Menschen, die ihre Hand hineinstrecken, lügen offenbar nicht. Vielleicht sollte man im Interesse des Kiefergelenks die Lüge etwas umfassender auslegen, sodass bereits die kleinste Flunkerei geahndet wird. Scheint ja momentan nicht so zu sein *(lacht)*.

W. B. : Tag für Tag legen Tausende Touristen ihre – zumeist ungewaschenen – Hände in den «Mund der Wahrheit» ...

D. N. : ... mit verheerenden Auswirkungen auf die Mundhygiene. Umso wichtiger ist eine konsequente Pflege; ich empfehle eine mechanische Reinigung, zweimalig täglich zwei Minuten Putzen, mit einer weichen Zahnbürste. Und selbstverständlich sollten sich die Menschen, die in die Mundöffnung fassen, zuvor die Hände waschen.

W. B. : Die Öffnung ist viereckig und erinnert an einen Briefschlitz. Gibt es derartige anatomische Sonderformen auch in der Natur?

D. N. : Einen viereckigen Mund habe ich in dieser Art noch nie gesehen. In meinem Berufsalltag begegnen mir bisweilen anatomische Sonderformen, allerdings zumeist Lippen-Kiefer-Gaumenspalten, umgangssprachlich auch «Hasenscharte» genannt. Die Folge solcher Sonderformen sind fast immer Zahnfehlstellungen, da der Platz für die Zähne nicht ausreicht oder Zähne gar nicht angelegt sind. Die Lippen-Kiefer-Gaumenspalte können Kieferchirurgen und Kieferorthopäden schon bei Kleinkindern behandeln. Wir als Zahntechniker sehen einem Gaumen zwar an, wenn er einmal gespalten war, haben aber meist bei der prothetischen Versorgung keine Probleme damit. Bei 500 Geburten ist ein Kind davon betroffen, und in der heutigen Zeit wird die Cheilognathopalatoschisis schon im Kleinkindalter behandelt. Als Zahntechnikerin habe ich damit nur wenig zu tun, da unsere Patienten in der Regel älter sind.

W. B. : Der «Mund der Wahrheit» ist sogar sehr alt. Liegt vielleicht eine krankhafte Deformation vor?

D. N. : Wohl eher nicht, der Mund wäre dann zwar verformt, aber in keinem Fall viereckig. Die Mundform könnte sicherlich durch eine Operation behoben werden, aber das wäre eher etwas für einen Kieferchirurgen. Ich bin Zahntechnikerin.

W.B.: Was würden Sie denn empfehlen?

D.N.: Grundsätzlich kommt bei einem zahnlosen Kiefer eine Totalprothese in Frage; darunter versteht man den Ersatz sämtlicher natürlicher Zähne durch künstliche, also ein Gebiss. Allerdings wäre dies ein herausnehmbarer Zahnersatz und in diesem Falle wohl nicht angebracht.

W.B.: Wieso?

D.N.: Weil die Touristen an diesem Souvenir ihre wahre Freude hätten; solch eine Totalprothese würde sicher schnell geklaut werden. Besser wären daher Zahnimplantate. Diese bestehen meist aus Titan, in manchen Fällen auch aus Keramik, sind mit einem Gewinde versehen und eigentlich nichts anderes als künstliche Zahnwurzeln, welche im Knochen des Ober- bzw. Unterkiefers fixiert werden. Eine Implantation ist aber immer ein operativer Eingriff, bei dem wie bei jeder Operation auch Komplikationen auftreten können. Deshalb wird bei einer Voruntersuchung der Knochen abgetastet und eine Röntgenaufnahme gemacht, dadurch hat man einen ersten Eindruck über Möglichkeiten, Risiken und Stellen der Implantation.

Ein grundsätzliches Problem ist in jedem Fall die Beschränkung des Platzangebotes durch ein intaktes Gebiss.

W.B.: Verstehe. Je besser die Zähne, desto schwieriger fällt es dem Besucher, seine Hand einzuführen. Könnte man nicht extrakurze Zähne verwenden?

D.N.: Nein, eine kleinere Zahnform käme aus funktionellen und ästhetischen Gesichtspunkten nicht in Frage. Es versteht sich von selbst, dass die Mundöffnung mit Zähnen kleiner wäre als ohne. Besucher mit großen Händen hätten dann sicher ihre Probleme; weniger beim Reinstecken, eher beim Herausziehen.

W. B.: Vielleicht könnte man zwischen den Schneidezähnen eine größere Lücke lassen, als Handdurchreiche? So wie im Gebiss der Sängerin Madonna, nur etwas extremer?

D. N.: Sie meinen ein sogenanntes Diastema? Möglich wäre das schon. Wenn ein Patient früher ein Diastema mediale hatte, wird das natürlich auch beim Zahnersatz rekonstruiert. Es gibt aber auch Patienten, die Wert darauf legen, dass diese Frontzahnlücke beim Zahnersatz nicht mehr vorhanden ist. Als Zahntechnikerin bin ich bemüht, den Zahnersatz original-getreu herzustellen, d. h., der Patient sollte nachher genauso aussehen wie vormals mit seinen eigenen Zähnen. Allerdings würde es gegen mein ästhetisch geschultes Auge sprechen, ein Diastema mediale aufzustellen, wenn keines nötig wäre.

W. B.: Die Skulptur zeigt, so meinen manche Wissenschaftler, den römischen Gott Faunus, also ein Mischwesen aus Mensch und Ziege. Müsste man hierauf nicht Rücksicht nehmen?

D. N.: Bei Pflanzenfressern sind die Eckzähne genauso groß wie die Schneidezähne und haben auch deren Form. Und statt der Reißzähne der Fleischfresser haben sie Mahlzähne mit ei-ner rauen Oberfläche, um Gräser zu zerkleinern. Man könnte ein Mischgebiss anfertigen, mit menschlichen Eckzähnen, aber Mahlzähnen anstelle der Backenzähne.

W. B.: Der «Mund der Wahrheit» besteht aus Pavonazzetto-Marmor, ist hellgrau und relativ feinkörnig. Erfordert dies bei der Anfertigung von Implantaten eine besondere Vorgehens-weise?

D. N.: Nein. Titanimplantate lassen sich auch in Marmor bedenkenlos einzementieren. Um die Löcher für die Implantate zu bohren, benötigt man einen hartmetallbestückten Steinbohrer. Meines Erachtens sollte, um ein Abplatzen des Steins zu verhindern, ohne Schlag und mit geringer Drehzahl gebohrt werden.

W. B.: Welche Zahnfarbe empfehlen Sie?

D. N.: Aufgrund des Alters der Skulptur empfehle ich eine eher dunklere Zahnfarbe, etwa A 3,5/A4 (bräunlich gelb) oder D4 (grau).

W. B.: Das Gewicht der Skulptur beträgt 1200–1300 kg. Nehmen wir an, der «Mund der Wahrheit» bisse – nach Wiederherstellung seiner Funktionstüchtigkeit – tatsächlich zu: Würde das von Ihnen angefertigte Gebiss unter dem Gewicht Schäden erleiden?

D. N.: Das Gewicht spielt meines Erachtens keine große Rolle beim Zahnersatz. Die größtmögliche Kaukraft der drei am Mundschließen beteiligten Kaumuskeln beträgt ca. 1500 bis 2000 Newton, die physiologisch notwendige Kaukraft ist jedoch bedeutend geringer. Eine Steigerung der Kaukraft wird reflektorisch verhindert, sobald die Kaukraft einen bestimmten Grenzwert übersteigt.

W. B.: Warum?

D. N.: Auf diese Weise wird der Zahnhalteapparat vor Überlastung geschützt. Der Kaudruck hängt in entscheidendem Maße von der Belastbarkeit des Zahnhalteapparats ab – die bei einer 1200–1300 kg schweren Skulptur sicherlich enorm sein dürfte. Gefährdeter wäre hier wohl eher die implantatgetragene Brücke, bei der ich Bedenken bezüglich etwaiger Abplatzungen der Keramik hätte. Sie wäre durch das stetige Hineingreifen der Touristen und wegen der Schub- und Zugkräfte großen Belastungen ausgesetzt.

W. B.: Welche besonderen Pflegemaßnahmen sind nach der Sanierung notwendig? Empfehlen Sie eine spezielle Ernährung?

D. N.: Die Ernährung ist eher zweitrangig, wobei es grundsätzlich passieren kann, dass falsche Ernährung dem Knochenaufbau schadet und es so zur Abstoßung der Implantate kommt. An der Brücke wird kein Nahrungsmittel Schaden anrichten. Allerdings sollten Lügner Armbanduhren und Schmuck ablegen, bevor sie hineinfassen.

W. B.: Gute Idee! Man könnte den hinterlegten Schmuck als Beitrag zur Refinanzierung der Sanierungsmaßnahmen nutzen. Wie lange hält ein solches Implantat denn in der Regel?

D. N.: Schwer zu sagen. Im Regelfall werden Implantate direkt in den Kieferknochen geschraubt und haben eine Einheilzeit von ca. einem halben Jahr. Unter normalen Umständen stimulieren die Zähne beim Kauen den Kieferknochen. Weil aber bei diesem Patienten seit vielen Jahren die Zähne fehlen, hat sich wahrscheinlich der Knochen abgebaut – wegen mangelnder Beanspruchung. Deshalb könnte ein Knochenaufbau nötig sein.

W. B.: Ein Knochenaufbau? Wie geht das?

D. N.: Entweder mit Knochenzüchtung oder mit Knochenersatzmaterial. Der für den Kieferknochenaufbau notwendige Knochen kann während der Operation gewonnen werden. Das austretende Knochenmehl wird gesammelt, auf den Augmentationsbereich aufgetragen und mit einer Membran geschützt, um eine ungestörte Einheilung des Knochens zu gewährleisten. Auch der Einsatz von Knochenersatzmaterial ist möglich. Die in die Defekte eingebrachten Knochenaufbaumaterialien geben dem Knochen eine stabile Struktur, die nach und nach von den neugebildeten Knochen durchbaut und ersetzt wird.

W.B.: Auf jeden Fall wird dieser Prozess einige Zeit in Anspruch nehmen. Darf der «Mund der Wahrheit» denn in der Einheilzeit überhaupt genutzt werden?

D.N.: Bei absoluter Mundhygiene durchaus. Eine Entzündung hätte jedoch fatale Folgen und würde im schlimmsten Fall zur Abstoßung der Implantate führen. Aktuelle wissenschaftliche Studien sprechen von einer Überlebenswahrscheinlichkeit von 90–95 %, gemessen über einen Zeitraum von 10–15 Jahren. Genaue Angaben darüber, wie lange ein Implantat hält, kann ich leider nicht machen. Das hängt von vielen Faktoren ab; so muss auch nach der Einheilphase eine intensive Mundpflege beibehalten werden. Für den langfristigen Erfolg sind außerdem eine halbjährliche Kontrolle und eine regelmäßige professionelle Zahnreinigung wichtig.

Auf die Implantate käme dann eine Vollkeramikbrücke, damit würden wir der Skulptur den Rolls-Royce unter den Zahnersätzen gönnen. Für ein solch berühmtes Kunstwerk ist das Beste gerade gut genug.

W.B.: Liebe Frau Nipp, herzlichen Dank für das Gespräch.

Ilja Rogoff und
mein Uropa

Ilja Rogoff habe ich nie persönlich kennengelernt, schade. Dabei stehe ich mit ihm womöglich in unerhört enger Verbindung; er ist nämlich mit gewisser Wahrscheinlichkeit mein Urgroßvater, weshalb ich mich mit dieser Studie auf seine Spuren begebe. Um Ihnen den Sachverhalt zu erläutern, muss ich ein wenig ausholen: Meine frühesten Erinnerungen an den kauzigen Knoblauch-Kaukasier gehen auf die frühen 70er Jahre zurück, wobei ich noch vor endgültiger Fahrtaufnahme gleich wieder abbremse, um zu klären, ob Ilja Rogoff tatsächlich ein Bergbauer aus Bulgarien, Russland oder gar ein Tschetschene war, wie bisweilen angenommen. Die «Health Care»-Sparte der Bayer AG, welche die Ilja-Rogoff-Knoblauchpastillen vertreibt, lässt in ihren Werbebroschüren diese Frage unbeantwortet, skizziert die Biographie ihrer Dragéeikone mit gröbstmöglichen Strichen. Die aktuellen Werbebildchen beinhalten keinerlei Hinweise auf seine Herkunft, aber noch in den 90er Jahren war die Landschaft im Hintergrund des Lauchfreudigen detailreicher, man erkannte eine vorfrühlingshaft hellgrüne Wiese, die sich bis an den Fuß einer dunkelblauen Mittelgebirgskette erstreckte. «Von den blauen Bergen kommen wir» summt der Betrachter sogleich und setzt sich mit der Lupe an den Globus.

Gebirgszüge mit dem Namen «Blue Mountains» gibt es auf Jamaika, in Neuseeland und Australien, ferner die Nilgiriberge im Süden Indiens, das Blaue Gebirge in der demokratischen Republik Kongo und die Blauberge am Ufer des Tegernsees. Nicht nur namentlich, sondern auch optisch blau sind jedoch ausschließlich jene Blue Mountains, die sich in Australien, etwa 60 km westlich von Sydney erheben. Diese bis auf glatte 1000 Meter hinaufreichenden Kuppen bestechen durch ihre artenreichen Eukalyptus-Mischwälder; die Blätter dieser Bäume sondern ätherische Öle ab, die bisweilen wie ein feiner Nebel zwischen den Bergen hängen und bei Tageslicht bläulich schimmern. Als am Anfang des 19. Jahrhunderts erste Expeditionen europäischer Wissenschaftler in die Blue Mountains vorstießen, waren diese praktisch unbewohnt – wohl eine Folge der Pockenepidemie, die 1789 unter den Aborigines wütete. 1814 wurde die erste Straße gebaut, und die Wiederbesiedelung der duftenden Hügel begann. Der britische Leutnant und Entdeckungsreisende William Lawson trieb als Erster eine Herde Rinder durch die Blue Mountains, 1867 folgte die Eisenbahn, und 1880 wurden die ersten Luxushotels eröffnet; das «Belgravia» in Medlow Bath existiert unter dem Namen «Hydro Majestic Hotel» noch heute.

Warum hat Bayer Health Care die Landschaft hinter Ilja Rogoff verschwinden lassen? Hatten die Leverkusener Sorge um den Fortbestand der Karpaten-Mär? Fürchteten sie, die Enthüllung, Ilja Rogoff sei Neu-Australier oder gar Aborigine, könnte die Glaubwürdigkeit der Marke beschädigen? So wie die Wirkstoffe des Knoblauchs per Kapsel, so wurde jedenfalls auch die Identität des angeblichen Bergbauern per Indizienrückhalt vor Schnüffeleien geschützt. Der Erfinder Ilja Rogoffs, der Journalist und Werbekaufmann Hans Schwarz van Berk, war ein erfahrener Spezialist im sorgsamen Umgang mit Informationen, hatte dieser doch während des Zweiten Weltkriegs im Reichspropagandaministerium ein Büro geleitet, das der Abteilung Auslandspresse angeschlossen und dessen Ziel die Desinformation der Kriegsgegner gewesen war. Am 6. Januar 1942 schrieb Joseph Goebbels über den späteren Erfinder des Knoblauch-Idols: «Schwarz van Berk arbeitet zum großen Teil mit getarnten Artikeln, die in ausländischen, zum Teil auch feindlichen Zeitungen erscheinen. Sie enthalten neben einigem Negativen, das zur Wahrung des Gesichts geschrieben werden muss, eine Unmenge von positiven Elementen. Auf diese Weise haben wir sehr viel Material in die ausländische, [...] ja sogar in die englische Presse lanciert, ohne dass man sich dort klar darüber war, woher das Material kam.»

Während also womöglich hinter dem Methusalem mit Mundgeruch kein Lebensraum im Osten, sondern vielmehr Commonwealth im Süden dargestellt ist, bestehen weder an der Existenz noch an der norddeutschen Verortung meines beurkundeten Urgroßvaters irgendwelche Zweifel. Geboren 1884 in Strohausen, diente Gerhard Tiarts als Marinesoldat in Wilhelmshaven. Lebenslang prägend war für ihn die Teilnahme am internationalen Expeditionskorps gegen den Boxeraufstand in China. In seiner berüchtigten Abschiedsrede hatte der Kaiser meinem Uropa und seinen Kameraden von der «S.M.S. Kaiserin Augusta» zugerufen: «Wie vor 1000 Jahren die Hunnen unter ihrem König Etzel sich einen Namen gemacht, der sie noch jetzt in der Überlieferung gewaltig erscheinen lässt, so möge der Name Deutschlands in China in einer solchen Weise bekannt werden, dass niemals wieder ein Chinese es wagt, etwa einen Deutschen auch nur scheel anzusehen.» Was genau mein Uropa zur Realisierung dieses Befehls beigetragen hat, lässt sich nicht in Erfahrung bringen; im Familienarchiv befindet sich lediglich ein dicker Packen Postkarten aus Peking, beschriftet mit auffallend unauffälligen Harmlosigkeiten à la «Die Sonne lacht» sowie ein mitgebrachtes Souvenir, nämlich eine dunkelbeige Skulptur aus Brotteig, die eine Maus in Originalgröße darstellt. Als Kind stand ich oft vor Omas Wohnzimmervitrine, bestaunte das Teigtier und überlegte, wie solch altes Brot wohl schmecken möge, traute mich jedoch nie, um Erlaubnis für einen Testbiss zu bitten. Wo wir gerade beim Essen sind: Uropa Gerhard stand dem Knoblauch ablehnend gegenüber und verschmähte ihn lebenslang. Er soll jedoch eine frühe Vorliebe für Joghurt gehegt haben, der ab 1907 über Reformhäuser und spezielle Versandhändler im deutschen Reich erhältlich war. Der russische Bakteriologe Ilja Metschnikow hatte im Jahr zuvor den Zusammenhang zwischen Darmflorenpflege und der Langlebigkeit bulgarischer Bauern erkannt, aber erst nachdem in den 20er

Jahren die «Acidophilus»-Milch neu entwickelt und die Kühlmöglichkeiten verbessert worden waren, trat der Joghurt seinen endgültigen Siegeszug durch die Gedärme der Deutschen an. Bemerkenswert finde ich in diesem Zusammenhang den Namen Ilja Metschnikoff; «Ilja» und die Endsilbe «-off» könnten bei der Namensgebung des dragierten Altmachers Pate gestanden haben; Ilja Iljitsch Metschnikow erhielt für seine Forschungen gemeinsam mit Paul Ehrlich 1908 den Nobelpreis für Medizin und hatte in der ersten Hälfte des 20. Jahrhunderts einen mindestens so guten Namen wie der Gesundheitsexperte Hademar Bankhofer in dessen zweiter Hälfte. Der Name Ilja Rogoff sollte also an eine ganz bestimmte reale Person erinnern, während die meisten seiner Ikonenkollegen aus der Werbebranche entweder namenlos sind («das HB-Männchen», «der Hustinettenbär», «die Milka-Kuh»), vom Produkt abgeleitete Namen tragen («Ronald McDonald», «Axel Frischmilch», «Robert T-Online») oder auf Allerweltsnamen hören, um aller Welt Gelegenheit zur Identifikation zu geben («Karin Sommer», «Herr Kaiser»). Mit der provozierten Erinnerung an den Nobelpreisträger sind unweigerlich die Assoziationsglieder «Gesundheit» und «Bulgarien» verkettet, was sich natürlich der heutigen Zielgruppe nicht mehr unmittelbar erschließt. Im internationalen Knoblauchkonsum-Vergleich rangiert Bulgarien übrigens nur im Mittelfeld, vor Australien, aber hinter Ländern wie Ägypten, China, Frankreich, Italien, Japan, USA, Mexiko, Spanien und Thailand. Unangefochtener Spitzenreiter im Pro-Kopf-Verbrauch ist Korea. Die Lebenserwartung der Koreaner (75,5 Jahre) ist ähnlich hoch wie bei uns (75, 96) etwas geringer als die der Australier (77,5) und deutlich besser als die der Bulgaren (69,5), der Kasachen (62,2) oder gar der Russen (61,4). All dies bestätigt die Annahmen, dass es sich 1. bei «Ilja Rogoff» um einen raffiniert gewählten Tarnnamen handelt, dass 2. diese Person keineswegs ein osteuropäischer Bergbauer, sondern eher Australier bzw.

ein Besucher der Blue Mountains ist, und dass diese Person
3. mit Knoblauch gar nichts zu tun hat.

Mein Uropa Gerhard gehörte im Oktober 1918 zu den Meuterern in der kaiserlichen Marine, und zwar als Zahlmeister
auf dem Schlachtschiff des I. Geschwaders «Thüringen». Nach
der Niederschlagung des Aufstandes erhielt er einen Zivilver-
sorgungsschein, wurde Postangestellter und arbeitete später
bei der «Darmstädter und Nationalbank», die 1922 durch die
Fusion der «Darmstädter Bank für Handel und Industrie» mit
der «Nationalbank für Deutschland» entstanden war. In unserer zeugnishörigen Zeit kaum glaublich: Ohne nennenswerte
kaufmännische Ausbildung gelang es meinem Uropa, sich bis
zum Direktorenposten emporzubänkern. 1932 war die «Danat-
Bank» das zweitgrößte Kreditinstitut im Deutschen Reich, geriet aber nach Gerüchten über den bevorstehenden Konkurs
der «Norddeutschen Wollkämmerei und Kammgarnspinnerei»
in Schieflage und kippte in die Zahlungsunfähigkeit. Die Da-
nat-Bank war das Schwergewicht unter den Deflationsopfern
im Gischtsaum der Weltwirtschaftskrise; Tausende verunsi-
cherter Bankkunden hoben ihre Guthaben ab, und die Reichsregierung unter Heinrich Brüning reagierte mit der Einfüh-
rung der «Bankfeiertage». Dieses Kriseninstrument gibt es
noch heute: Um ein Geldhaus, die der Pleitegeier am Schla-
wittchen gepackt hat, vor der Abheberitis der panischen Anleger zu schützen, kann die Bankenaufsicht dieses für den
Kundenverkehr schließen, indem es einen außerordentlichen
Bankfeiertag anordnet lt. § 46 a Abs. 1 Nr. 2 Kreditwesenge-
setz. Der betroffene Anleger zischt «Ja, ist denn heut' scho'
Weihnachten» und springt aus dem Fenster. Die Reste der Da-
nat wurden anschließend auf Anordnung der Reichsregierung
mit der Dresdner Bank zwangsfusioniert.

Meinem Uropa halfen diese Notmaßnahmen nicht; er wurde
arbeitslos, holte tief Luft und pachtete sodann ein Ausflugs-
lokal. In der Gemeinde Dötlingen, Landkreis Oldenburg, liegt

gar lauschig «Ahrends Gasthof», der noch heute unter dem Namen «Dötlinger Hof» existiert und bis in unsere Zeit Vereinslokal des Dötlinger Männergesangvereins von 1889 ist. Seine Tochter, meine Oma, die bis dahin auf der Insel Norderney als Beiköchin gearbeitet hatte, kehrte aufs Festland zurück und schmiss die Küche. Uropa Gerhard bewährte sich als Erlebnisgastronom: In seinem Schankraum organisierte er Auktionen und schwang dabei höchstselbst den Hammer – mit durchschlagendem Erfolg. Präsentiert wurden die zu ersteigernden Waren von Gerhards Frau Frieda, meiner Uroma, die ich als Kleinkind noch persönlich kennenlernen durfte. Meine Erinnerung an Uroma ist naturgemäß blass, aber ich weiß immerhin noch, dass sie ihr Frühstücksei sehr stark gesalzen bevorzugte. Als meine Eltern 1972 die Nachricht von Uromas Tod erhielten, tollte ich gerade in einer tiefen Pfütze, bekleidet mit gelben Gummistiefeln, deren obere Enden, der damaligen Kindermode folgend, mit knautschlackartigen Säumen versehen waren. Diese wurden von je einem Schnürsenkel durchlaufen, um oberseitige Wassereinbrüche zu verhindern. Ho! Ich spurte gerade in Siebenmeilenstiefeln davon, dabei sollte ich Schritt für Schritt vorgehen. Also: 1937 hatte sich Uropa Gerhard einen gewissen Wohlstand ersteigert und belohnte sich mit ausgiebiger Reiserei. Als Tourist besuchte er England und Australien, wie die Sticker auf jenem hölzernen Reisekoffer belegen, in dem heute seine Postkarten sowie die Maus aus Brot verwahrt werden. Traut man den Kofferaufklebern, übernachtete er auch im «Hydro Majestic Hotel», am Fuße der Blue Mountains in New South Wales. Und jetzt kommt's: Auch der Ilja-Rogoff-Erfinder Hans Schwarz van Berk begab sich 1937 auf eine Weltreise. Diese sollte ursprünglich vier Jahre dauern, wurde aber aufgrund des Kriegsausbruches vorzeitig abgebrochen. Immerhin reichte die Zeit für Besuche Schwarz van Berks in Indien und – Australien, womit der Kreis um meinen Uropa und Ilja Rogoff geschlossen wird wie der Gummistiefel mit dem Schnürsenkel im Knautschlacksaum. Mit gewisser Wahrscheinlichkeit sind die beiden sich down under begegnet. Ich male mir ihr Stelldichein in der Lobby des «Hydro Majestic Hotels» folgendermaßen aus: Mein Uropa sitzt in einem Ohrensessel und rührt in seinem Joghurt. Schwarz van Berk ist soeben eingetroffen, steht an der Rezeption und füllt den Meldeschein aus. In der Luft liegt atemfrischer Eukalyptusduft; die blauen Berge sind nicht weit. Schwarz van Berk nimmt seinen Zimmerschlüssel und geht Richtung Liftboy. Hierbei passiert er meinen Uropa. Der schleckt soeben die Joghurtreste vom Löffel und murmelt: «Lecker, so eine Acidophilus-Milch. Und so gesund!» Schwarz van Berk verlangsamt seinen Schritt; er ist überrascht, so fern der Heimat einem überzeugenden Bekenntnis zum kerngesunden Molkereiprodukt in deutscher Sprache zu begegnen. Ein kurzer Diener mit den Händen an der Hosennaht. «Gestatten? Schwarz van Berk. Werbekaufmann auf Weltreise. Ich bin immer auf der Suche nach unverbrauchten Talenten für die Werbung und habe Sie soeben Ihren Joghurt loben gehört. Sie machen das sehr gut! Ich weiß noch nicht, für welches Produkt, aber ich würde Sie gerne als Werbeträger einsetzen. Falls Sie nichts dagegen haben, porträtiere ich Sie, für meine Castingkartei. Vielleicht auf der Terrasse? Mit den blauen Bergen im Hintergrund?» Auch mein Uropa freute sich, einem Landsmann zu begegnen, fühlte sich geschmeichelt und war sowieso, wie bereits sein bisheriger Lebensweg erahnen lässt, allem Neuen aufgeschlossen. Und so wurde Uropa Gerhard, jedenfalls in meiner Imagination, zum künftigen King Knoblauch.

Vor seiner Rückkehr legte sich mein Uropa eine ziemlich klobige Hornbrille zu, die nach seiner Heimkehr den in Ahrends Gasthof probenden Männerchor sogleich das Lied «... mit der Brille auf der Nase sieht er aus wie'n Osterhase, von den blauen Bergen kommen wir!» anstimmen ließ. Bei seinem Nasenfahrrad könnte es sich um eine Verbrämungsbrille ge-handelt haben, die ihm von Schwarz van Berk nach Abschluss der Werbeaquarell-Session aufgedrängt wurde. Der Goebbels'sche Geheimniskrämer war auf derlei Tarntricks spezialisiert, schrieb bisweilen auch unter dem Pseudonym Hans Hansen. Mein Uropa hat sich über seine Erlebnisse bei Känguru und Eukalyptus nie geäußert, jedenfalls nicht ausführlicher als über seine Rolle bei der Niederschlagung des Boxeraufstandes. Er tat wie-wenn-nichts-wäre und widmete sich wieder seiner Gaststätte und dem Auktionatorenhandwerk.

Auch Hans Schwarz van Berk war die nächsten Jahre mit anderem beschäftigt: Seine Feder tunkte er in tiefbraune Tinte, träufelte teuflisch tendenziöse Meinungsmache in die Feindpresse, ehe er sich ganz der Propaganda rund um die angeblichen Wunderwaffen verschrieb. Der Begriff «V-Waffe» soll von ihm erfunden worden sein. Schwarz van Berk war kein Opportunist, kein karrieregeiler Mitläufer; vielmehr hatte er sich bereits als junger Mann der extremen Rechten angeschlossen, war 1920 Mitglied eines Freikorps und 1930 der NSDAP geworden. Über eventuelle politische Bekenntnisse meines Uropas ist mir weniger bekannt; sprach ich als neugieriger Jugendlicher seine Tochter, meine Oma Gerda, auf das Thema an, so pflegte sie kurz ihre Kiefer übereinander kreisen zu lassen, während sie mit betont leerem Blick eine imaginäre Stubenfliege auf ihrer Nasenspitze fixierte. Dann stieß sie «Das war eine schwere Zeit!» hervor, und die Sache war erledigt. Zu verbergen hatte sie dabei wohl weniger; die Wortkargkeit ist eher typisch für die Mentalität des nördlichen Oldenburger Landes. Oder hatten sich Uropa Gerhard und Oma Gerda gegenüber Schwarz van Berk zur Geheimhaltung verpflichtet? Den Krieg verbrachte Oma Gerda jedenfalls in Hamburg; sie heiratete, wurde Mutter zweier Töchter und kurz darauf ausgebombt. Nach Abschluss der «Operation Gomorrha» war Hammerbrook, der Ortsteil, in dem sie wohnte, so zerstört, dass man in der Nachkriegszeit gar nicht erst versuchte, die ursprünglichen Straßenverläufe zu rekonstruieren. Wo früher meine Oma wohnte, befindet sich heute das Gewerbegebiet der Nordkanalstraße, und ihr Schlafzimmer lag grosso modo zwischen der, Achtung, alle friends of the german language bitte seat belt fasten, «DrivingSchoolHamburg» und dem «Club Shake!», laut Selbstauskunft «eine Location im Herzen Hamburg's und mit seiner Raumaufteilung, seinem Style und seiner Erreichbarkeit eine ideale Location zum eventen, meeten und feiern und dafür auch zu buchen.» Obdachlos und mit zwei plärrenden Kindern im Arm machte sich meine Oma auf den Weg ins bombensichere Wildeshausen, die durch ihr traditionsreiches Gildefest von 1302 weithin bekannte Huntemetropole. Hans Schwarz van Berk, von dem man als Apostel des Glaubens an die V-Waffen durchaus anderes hätte erwarten können, klaubte im März 1945 seine wichtigsten Unterlagen zusammen und flüchtete aus dem brennenden Berlin Richtung Westdeutschland. Unter den geborgenen Habseligkeiten dürfte sich auch das Porträt meines Uropas befunden haben, welches nach Kriegsende zum Grundkapital der Werbeagentur Schwarz van Berks wurde.

Uropa Gerhard starb 1945 an Nierenversagen, kurz darauf sein Schwiegersohn in russischer Gefangenschaft. Ihre beiden Töchter ernährte meine Oma fortan als freischaffende Buchhalterin für verschiedene Wildeshauser Firmen, etwa das Lebensmittelgeschäft Schlott in der Huntestraße. Außerdem war sie für die Steuerberater Kuck und Lange, die Dachdeckerei Witt, das Möbelhaus Hakemann und, Luft anhalten, für die Schlachterei Knoblauch (!) tätig.

Eine erneute Heirat kam für meine Oma nicht in Frage; nachdem ihre Kinder flügge waren, lebte sie mit ihrer Mutter, später allein in der Straße Am kleinen Esch, was bei ihren vier Enkeln bei jedem Sonntagsbesuch für viel kindliche Heiterkeit sorgte, wenn man nämlich das «E» durch ein langes «A» ersetzte, hihi. Seit Ende der 80er Jahre wurden ihre

Geburtstage im großen Familienkreis gefeiert, und zwar mit Vorliebe beim Chinesen am Westertor. Nicht ein Mal habe ich erlebt, dass der chinesische Wirt es gewagt hätte, meine Oma etwa auch nur scheel anzusehen. An Tischgespräche über ihren Vater kann ich mich dabei nicht erinnern, auch wurden die Kapselderivate des Knoblauchs in höchst verdächtiger Weise tabuisiert; nicht ein einziges Mal fiel bei diesen Geburtstagsfeiern der Name Ilja Rogoff. Meistens saß die rüstige Matriarchin stumm schmunzelnd am Tischende und beobachtete die versammelte Nachkommenschaft.

Die Peking-Ente zur Feier ihres neunzigsten Geburtstags habe ich in besonderer Erinnerung: Nach der Vorsuppe eröffnete uns die Jubilarin, dass sie heute etwas beichten wolle, was sie schon lange bedrücken würde. «Was denn, etwa dass Uropa der Knoblauchmann ist? Aber das weiß ich doch längst» – dachte ich mir, sagte jedoch nichts. Blass rang Oma mit ihren Worten. Das folgende Geständnis hatte mit Schwarz van Berk nichts zu tun, war aber nichtsdestoweniger spektakulär. Sie habe, so erklärte sie mit zittriger Stimme, über Jahrzehnte den Staat betrogen. Nanu; wie denn das? «Ihr wisst doch, dass mein Vater beim Matrosenaufstand 1918 mitgemacht hat. Die Schlachtschiffe lagen auf Schillig-Reede vor Anker und weigerten sich, zum Gefecht auszulaufen. Als man den Meuterern androhte, ihre Schiffe zu versenken, gaben sie auf. Bevor sie sich abführen ließen, haben sich die Mannschaften aber noch schnell gegenseitig befördert. Mein Vater stempelte die Formulare ab.» Oma ließ kurz ihre Kiefer kreisen, fixierte die imaginäre Stubenfliege auf ihrer Nasenspitze und schob nach: «Als Letztes hat Papa sich selber befördert – und darum haben Mama und ich die Witwenrente eines Leutnants zur See erhalten, lebenslang, obwohl Gerhard ja in Wirklichkeit nur Zahlmeister war.» Großes Hallo. Mein Vater nahm Omas vergichtete Hand und tröstete. Nein, sie müsse bestimmt nichts zurückzahlen. Nein, sie komme dafür garantiert nicht ins Kittchen – das sei doch schon lange verjährt. Nein, er, mein Vater, werde natürlich nichts weitererzählen, und alle hier am Tisch Versammelten würden ebenso die Klappe halten. Natürlich. Eine diskrete Anfrage bei einem Uraltconnaisseur der Bundesversicherungsanstalt ergab: Bereits in der Weimarer Republik wusste man wohl ganz genau über den Matrosen-Schmu Bescheid, aber man hatte es auf höchste Anordnung vorgezogen, beide Augen zuzudrücken. In den Geburtswehen der jungen Demokratie suchte man alle überflüssigen Irritationen bei der Reichswehr zu vermeiden – dies jedenfalls vermutete der konsultierte Fachmann. Die Sonderrente für Meuterer habe man auch im Dritten Reich und in der Bundesrepublik nie großartig thematisieren wollen. Warum auch? Immerhin haben die Aufständischen mit ihrer mutigen Verweigerung des kaiserlichen Auslaufbefehls Tausende Menschenleben gerettet und das Kriegsende beschleunigt. Man kann also mit gutem Willen auch von einer Ehrenrente sprechen, deren Zuteilung mein Uropa als Zahlmeister der «Thüringen» beurkundete.

Als Oma 94 war, feierten wir unser letztes gemeinsames Weihnachtsfest, und zwar auf der Autobahnraststätte Wildeshausen-West. Den Bau der Reichsautobahn Nr. 1 «Hansalinie», deren erstes Teilstück zwischen den Anschlussstellen Dibbersen und Oyten 1936 dem Verkehr übergeben wurde, hatte sie interessiert verfolgt, und nun, am Ende ihres Lebens, wollte sie unbedingt noch die dazugehörige Gastronomie besichtigen. «Alles Neue muss ausprobiert werden!» lautete ihr Lebensmotto, und mit fachkundigem Blick untersuchte sie nun die Kraftfahrerverpflegung. Die Leute von der Autobahnraststätte hatten uns einen riesigen Speisesaal reserviert, mit einer fürstlich gedeckten Tafel in der Raummitte. Der Gänsebraten hielt Omas Urteil stand, hinter der Fensterfront rauschte der Fernverkehr durch den Schneematsch, und aus einem Lautsprecher quoll dezenter Countrysound, nämlich «Weihnachten im Wilden Westen», das Christmetten-Album von Truck Stop. «Big Old Joe, der Weihnachtsbär» singen die Cowboys aus Seevetal-Maschen (liegt bei Dibbersen) auf diesem Album, «Kommt der Weihnachtsmann nach Texas» und «Weihnachten an der Waterkant».

Und Hans Schwarz van Berk? Bis 1966 tauchte sein Name noch einige Male in der Zeitschrift «Die Wildente» auf, einem Veteranenblatt der Propaganda-Kompanien, das sich zum Ziel gesetzt hatte, die Tätigkeit der Kriegsberichterstatter als harmlose Serviceleistung darzustellen. Hans Schwarz van Berk starb 1973 in Göttingen, meine hochverehrte Oma im Jahr 2005.

Ob ich nicht doch mal ein Stück von der chinesischen Gebäckskulptur abbeißen soll? Ein ganz winziges Eckchen? Ein Brot, das sich als Maus camoufliert – wie so was wohl schmeckt?

Die Spaghetti-
Eis-Anomalie

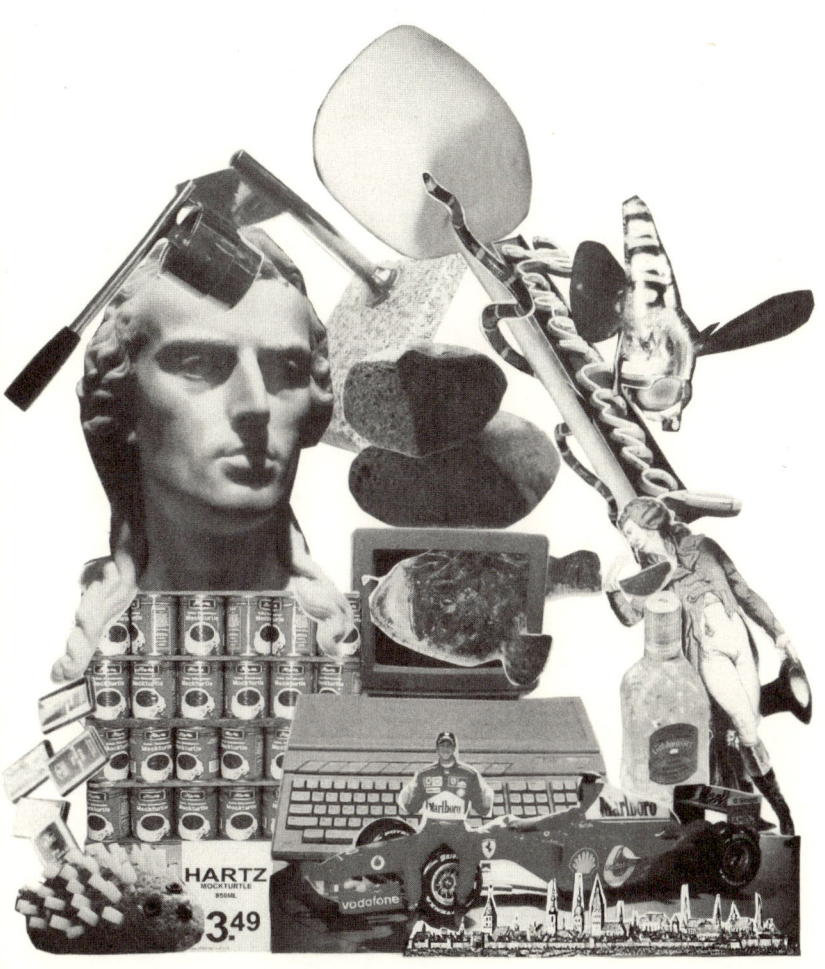

Um die Tarnung von Lebensmitteln systematisch zu analysieren, ist zunächst ein Blick ins Bio-Lehrbuch hilfreich: Mimikry ist, wenn sich jemand tarnt, indem er behauptet, er sei jemand anders. Bekanntes Beispiel: Die Hainschwebfliege ist völlig ungefährlich, sieht aber aus wie eine Wespe und wird darum in Ruhe gelassen. Das Tarnverfahren der Mimese hingegen wird vom Biologen auch mit dem etwas staksigen Begriff «Verbergtracht» bezeichnet, hinter dem sich, nun ja, eine verbergende Tracht verbirgt. Bekannte Beispiele sind Schollen, die sich farblich verschiedenen Meeresgründen anzupassen vermögen, oder die Stöckchen nachahmenden Gespenstschrecken der Eukalyptuswälder Australiens.

Versuchen wir nun, die Begriffe aufs Essen zu übertragen: Mimese bei Nahrungsmitteln ergibt sich bisweilen zufällig, etwa wenn hellgelb-grüne Erbsensuppe auf einem hellgelbgrünen Teller serviert wird, der wiederum auf einer hellgelbgrünen Tischdecke steht. Erheblich seltener wird dieses Tarnverfahren bewusst eingesetzt, etwa wenn vom Hungrigen ein rotes Jackett getragen wird, um Rote-Beete-Flecken vorzubeugen. Ich bekenne an dieser Stelle, dass ich in den frühen neunziger Jahren gerne gelbe Krawatten trug, was mit einer zeitweiligen Frühstücksvorliebe für weich gekochte Eier zusammenhing. Auch meine Begeisterung für «Die Leiden des jungen Werthers» mag hiermit zu tun gehabt haben – dem liebestollen Romanhelden wurde von seinem Autor nämlich ebenfalls eine gelbe Krawatte angedichtet. Auf das Verhältnis des stilbildenden Selbstmörders zum Hühnerei wurde von Goethe allerdings nicht eingegangen.

Streng genommen ist diese Form der Fleckprävention natürlich keine Mimese; die Scholle passt sich dem Meeresboden an und nicht der Meeresboden der Scholle. Wechselnde Hintergründe gibt es allenfalls beim Fernsehen, etwa im Heute-Journal.

Die Notwendigkeit, Nahrungsmittel verschwinden zu lassen, war in Zeiten der Kalorienknappheit überlebenswichtig. Ein klassisches Beispiel für Brotmimese könnte die Form- und Farbgebung des Pumpernickel-Schwarzbrotes sein, das erstmals ab 1570 von Jörgen Haverlanth in der Stadt Soest gebacken wurde. Die alte Hansestadt mit den 10 Kirchspielen war nach dem Ende der Soester Fehde (1444–1449) bis zum Anschluss an die Mark Brandenburg 1609 ringsum von fremdem Gebiet umgeben und mehrfach belagert. Mit dem Pumpernickel buk Haverlanth ein Brot, das einerseits einen maximalen Nährstoffgehalt aufwies und sich andererseits aufgrund seiner Farb- und Formgebung unauffällig verbergen ließ, etwa indem man es ins Kopfsteinpflaster der Straßen einfügte. Auf diese Weise waren die Notbrote vor Mundraub und Beschlagnahme geschützt – jedenfalls vermute ich diese Praxis; ich kann mir beim besten Willen nicht vorstellen, dass die smarten Soester nicht selber drauf gekommen sind. Die «Bäckerei Haverland» existiert jedenfalls noch heute, was darauf hindeutet, dass die Evolutionstheorie auch im Lebensmittelwesen wirksam ist; Tarnung kann einer Brotsorte offenbar das Überleben sichern.

Mimikry ist bei Nahrungsmitteln erheblich häufiger als die geschilderte Brotmimese. Während sich jedoch im Tierreich z. B. die Ameisenspringspinne durch ihre Ähnlichkeit zur Ameise vor Fraßfeinden schützt, zielt die kulinarische Mimikry im Gegenteil darauf ab, den Verzehr zu fördern. Der «falsche Hase» ist heutzutage ein beliebtes Gericht auf Hackfleischbasis. Ursprünglich, nämlich in der letzten Nachkriegszeit, bestand der «falsche Hase» aus Katzenfleisch, da echte Hasen fast ausgestorben und streng geschützt waren. Enthäutet, ohne Kopf und Gliedmaßen, besteht, so sagen Kenner, erhebliche Ähnlichkeit zwischen Hase und Katze, und zwar nicht nur anatomisch, sondern auch geschmacklich. Vorsorglich möchte ich betonen, dass ich diese Information nicht persönlich verifiziert habe. Im Februar 2010 wurde der italienische Fernsehkoch Beppo Bigazzi von der Moderation seiner Rubrik im italienischen Frühstücksfernsehen entbunden, nachdem er die Zubereitung einer legierten Katzensuppe präsentiert hatte. Der 77-jährige Bratpfannen-Grenzgänger pries das Eintopfgericht als «traditionsreiche Delikatesse aus dem Arno-Tal» und provozierte eine stiefelweite Welle der Empörung. Sogar das italienische Gesundheitsministerium schaltete sich ein, um Bigazzi zu rügen. Staatssekretärin Francesca Martini: «Katzen sind Haustiere, die gesetzlich gegen Grausamkeiten, Misshandlungen und Aussetzen geschützt sind.» Hätte Bigazzi – mit den gleichen Zutaten – statt einer Arno-Katze einen «falschen Hasen» aus dem Topf gezaubert, wäre er glimpflicher davongekommen, und hätte der Gruselkoch einen Hasen zubereitet und diesen «falsche Katze» genannt, wären ihm sogar vereinzelte Schmunzler sicher gewesen.

In der Evolution der Eintöpfe ist Mimikry keine Spezialität des 20. Jahrhunderts. Die Mockturtle-Suppe (engl. Mock turtle soup – unechte Schildkrötensuppe) wurde bereits Mitte des 18. Jahrhunderts als preiswertes Ersatzgericht kredenzt, nachdem der ausgeprägte Appetit der englischen Suppenschildkrötenfreunde die Bestände der sympathischen Panzerschwimmer stark reduziert hatte. Bei fast identischer Zubereitung ist in der Mockturtle-Suppe das Schildkrötenfleisch durch Kalbskopf ersetzt, außerdem wird heute auf die ursprüngliche Einlage aus Sterletklößchen und Aalruttenleber verzichtet. Als Oldenburger bin ich im Schlotschatten des Dosensuppenherstellers Hartz aufgewachsen, und geschluckte 25 % meiner Gesamtnahrung bestanden aus Mockturtle; blaue Dose, rotes Etikett. Warum die Mockturtle so ein wichtiger Bestandteil der niedersächsischen Landesküche wurde, erfuhr ich erst im Zuge dieser Recherche: Von 1714 bis 1834 wurden Großbritannien und das Königreich Hannover in Personalunion regiert, und die Mockturtle, in Oldenburg übrigens «Turtel» gesprochen, wie die Turteltaube, wurde beiderseits der Nordsee gründlich in die Esskultur eingerührt – der parkettbraune Sattmacher ist gleichsam europäische Adelsgeschichte in der Dose.

Während die Mockturtle das Original nachahmt, aber namentlich den Schwindel kennzeichnet, geht das «Deutsche Beefsteak» listiger vor: Während es sich bei einem echten Beefsteak um Filet, Roastbeef oder Rinderhüfte handelt, ähnelt das «Deutsche Beefsteak» optisch einem Steak, in der Zubereitung aber einer Frikadelle, wobei heute ein 80-%iger Fleischanteil gesetzlich vorgeschrieben ist. Der Name entstand wahrscheinlich während der Lebensmittelknappheit aufgrund der Seeblockade im Ersten Weltkrieg und ersetzte die fehlenden 20% Fleisch durch ein reichliches Pfund Vaterland. Die klobige Kombination aus «Deutsch» plus Anglizismus überlebte knapp den Stellungskrieg und gebar ein Dutzend hässlicher Kinder, darunter die «Deutschen Single Charts», die «Deutsche Comedy» und die «Deutsche BA», jenen defizitären Ableger der British Airways, der 2007 von Air Berlin geschluckt wurde.

Aus der Not geborene Scheinspezialitäten sind in der kulinarischen Evolution häufig, aber auch in Zeiten des Überflusses sichern Mahlzeiten ihren Verzehr durch die Vortäuschung falscher Tatsachen. Der sogenannte Mettigel wurde erstmals in den schmausefreudigen 50er Jahren modelliert; Hackepeter wird zu einem ovalen Leib geformt, dann durch den Einsatz von Salzstangen das Stachelkleid eines Igels nachgeahmt. Oliven bzw. Wacholderbeeren stellen Augen und Schnauze dar. Im Gegensatz zur Mockturtle und zum «falschen Hasen» behauptet der Mettigel nicht, köstlicher zu sein, als er ist, sondern im Gegenteil: Er präsentiert sich als ein Tier, das von den meisten Hackepeterfans kaum für eine Delikatesse gehalten wird. Die Parallele im Tierreich ist die sogenannte Mertens'sche Mimikry; das Phänomen wurde erstmals vom Frankfurter Zoologen Robert Mertens (1894–1976) beschrieben. Beispiel: Die Korallenotter ist zwar hochgiftig, ihre Kiefer sind jedoch so schwach, dass sie gegen größere Angreifer schutzlos ist. Darum imitiert sie mit ihrem Aussehen die harmlose Korallennatter, so wie der hochschmackhafte Hackepeter den weniger leckeren Igel nachahmt. Und jetzt kommt's: Die Korallennatter ist zwar nur schwach giftig, ein großer Angreifer, der von ihr schon einmal gebissen wurde, wird jedoch zukünftig sowohl die Natter als auch die gleich aussehende Korallenotter meiden. Und wer schon mal in einen Igel gebissen hat, der wird zukünftig ... auch den Hackepeter meiden? ... den Hackepeter umso mehr lieben? ... den Igel zurückbeißen? Nein, schade. Der Vergleich mit den Korallenschlangen funktioniert nur zur Hälfte. Forscherpech. Wahrscheinlicher ist die These, dass der Mettigel einerseits drollig aussieht und andererseits die Dekadenz der Fresswelle ironisiert; der Gastgeber setzt seinen Gästen scherzhaft einen Igel vor. Auch die in der jungen Bundesrepublik beliebte Comic-Figur «Mecki» könnte zur Popularität des fleischigen Trugigels beigetragen haben. Auf jeden Fall steht der Hackepeter mit seiner Mettigelei nicht allein; gerade Getränke geben sich bisweilen ungenießbarer, als sie sind. Ein nahezu brutales Beispiel hierfür ist jene Mischung aus Cola und Bier, die regional unterschiedliche Namen trägt, etwa Moorwasser, Krefelder, Schmutz bzw. Schmutziges (Ostwestfalen), Drecksack (Rheinland), Schussbier oder Schweinebier. Als übergeordneter Begriff hat sich «Diesel» durchgesetzt, wobei «Diesel» wiederum in der Region Köln/Bonn eine Mischung aus Cola und Limo bedeutet. Der Name geht natürlich auf die farbliche Ähnlichkeit zu Dieselkraftstoff zurück, und wie beim Mettigel manifestiert sich im «Diesel» der Übermut einer aus den Fugen geratenen Konsumgesellschaft, die sich darin gefällt, ein Grundnahrungsmittel wie Bier erstens mutwillig zu verschmutzen und zweitens mit einem herabwürdigenden Spottnamen zu belegen. Oder ist alles ganz anders? Der Aufstieg der Mischgetränke nach 1956,

als die Augsburger Brauerei Riegele mit ihrem ersten Misch-
getränk namens «Spezi» den Bierderivatmarkt aufmischte,
vollzog sich gleichzeitig mit der umfassenden Motorisierung;
Auto und Treibstoff wurden zu Götzen der Wohlstandsgesell-
schaft. Womöglich dient der Name «Diesel» für ein Getränk
also gerade nicht der Herabwürdigung, sondern singt, gluck-
gluck, das Hohelied der Liebe zum Töfftöff. Sicher ist jedenfalls: «Diesel» ist ein klarer Fall von Mimese, also der Anpas-
sung an die Umgebung – wenigstens dann, wenn das Getränk
an einer Tankstelle feilgeboten wird.

Kennen Sie die «Berliner Luft», ein Traditionsdessert auf
Eischneebasis? Meine Oma Gerda nannte derlei Schaumkrea-
tionen «Hopp», und wollte damit wohl zum Ausdruck bringen,
dass man bei ihrem Verzehr im Grunde nur Luft zu sich nähme.
Auch die «Berliner Luft» tarnt sich also nach dem Prinzip der
Mimese und gibt sich als Teil der unbelebten Natur aus, ebenso
wie ihr Grundbestandteil, der Eischnee. In der Pflanzenwelt
wird dieses Tarnungsprinzip von diversen Vertretern der Gattung Lithops angewendet, die zur Familie der Mittagsblumen-
gewächse gehören und im südlichen Afrika beheimatet sind.
Der Name leitet sich von griechisch «lithos» für «Stein» und
«opsis» für «Aussehen» ab und deutet auf die Ähnlichkeit der
sukkulenten Pflanzen zu jenen Steinen hin, zwischen denen sie
leben. Im Gartencenter werden die Gewächse bisweilen unter dem Namen «Lebende Steine» angeboten, während man in
gutsortierten Konfiserien sogenannte «Kieselstein-Dragées»
erwerben kann, ein Zuckerwerk, das wiederum mit den Mit-
tagsblumen leicht zu verwechseln ist.

Einem anorganischen Material nachgebildet sind auch die
beliebten Chicken Nuggets der amerikanischen Schnellbrate-
reien. Unter einem Nugget versteht man einen Klumpen Roh-
gold, der per Sieb aus Sedimentseifen filtriert wird. Die Vorgehensweise der Goldwäscher erinnert an das Herausnehmen
einer Friteuse aus dem Bratenfett – dies dürfte aber kaum der

Hauptgrund für die metallurgische Namensgebung des Hähnchenbruchs sein. Eindeutiger als beim Diesel geht es beim Nugget um eine suggestive Steigerung des Genusses. Dem gemeinen Frittenbudengast, der in seinem Realleben oftmals kaum seine Miete zahlen kann, geschweige denn mit Edelmetallen hantiert, präsentiert sich das Schnellrestaurant als finanzsorgenfreie Zone, in der das «Gold» sogar gegessen werden darf. Der Goldverzehr als Ausdruck absoluten Reichtums ist keine neue Idee – man denke nur an das «Danziger Goldwasser», dessen Geschichte sich bis in das Jahr 1598 zurückverfolgen lässt. Doch während es sich bei den schimmernden Schnapspartikeln tatsächlich um echtes Gold handelt, sind die frittierten Nuggets lediglich aus, Moment, liebe Leser, bitte gestatten Sie mir, dass ich mir den korrekten Begriff aus dem Internet siebe; sie sind aus, hier, ich hab's gefunden: Hähnchenformfleisch.

Während ein erkalteter Chicken Nugget von einem Schwachsichtigen wie mir (–3,5 Dioptrien beidseitig) ohne Brille durchaus mit einem echten Goldklumpen verwechselt werden kann, setzt die Behauptung, die heiß geräucherten Bauchlappen eines Dornhais sähen aus wie Schillerlocken, beim Betrachter eine Feinunze Extra-Phantasie voraus. Tatsächlich war Friedrich Schiller bereits zu Lebzeiten für seine überlangen Nackenlocken bekannt; er hat die deutsche Klassik nicht nur um Räuber und Glocke, sondern auch um die Vokuhila-Frisur bereichert. Die Ähnlichkeit zum Dornhaibauchlappen erschließt sich indes auf den meisten Bildnissen nicht; ausschließlich für die Schillerbüsten des württembergischen Bildhauers Johann Heinrich Dannecker, die zwischen 1793 und 1805 entstanden, hat das Modell beidseitig Strähnen der Mantamatte über die Schultern nach vorne abgeteilt. Diese – offenbar ungewaschenen – Strähnen sind wiederum in sich so kompakt verfettet, dass sie einer Räucherfischkordel tatsächlich zum Verwechseln ähnlich sehen.

Anders als bei der im Zusammenhang mit dem Igel erwähnten Mertens'schen Mimikry geht es bei der 1889 beschriebenen Peckham'schen Mimikry nicht darum, Angreifer abzuwehren, sondern darum, Beutetiere anzulocken. Der Seeteufel Lophius spec. verfügt über ein bewegliches Hautanhängsel, das einem schmackhaften Wurm ähnlich sieht. Interessiert nähert sich ein Fischchen, und happs! verschwindet es im Seeteufel. Dies erinnert mich an Kindertage, in denen ich mit größter Begierde Schokoladen- und Kaugummizigaretten konsumierte. Schokomasse und Chewing-Gum waren bei diesen Produkten zumeist von minderer Qualität, was meine Begeisterung jedoch nicht schmälerte. Bildete Mockturtle ein Viertel meiner kindlichen Gesamtnahrung, so bestand ein weiteres Viertel aus den schmackhaften Würmern, und pünktlich zu meinem 16. Geburtstag wurde ich vollwertiger Raucher, somit gleichsam zum Beutetier des Seeteufels unter den Genussmittelherstellern, der Tabakindustrie.

Hiermit sind wir bei den Süßwaren angelangt, jenem Bereich, in dem die Lebensmittel-Travestie besonders fröhliche Urständ' feiert. Raider ist Twix, und Gummi sind Bärchen. Spontan fällt die große Anzahl von Tarnungen nach dem Mettigelprinzip auf; Ochsenauge und Katzenzungen lösen auf den ersten Blick keine Assoziationen aus, welche die vorfreudige Mundhöhlenflutung unterstützen. Noch unappetitlicher erscheinen mir Schweineohren, Kalter Hund, Schlosserbuben und Türkenblut. So langsam gerate ich doch ins Grübeln; ausgehend von der kulinarischen Evolutionstheorie könnte man meinen, die Vergabe besonders schockierender Produktnamen fördere den Verzehr. Was ist mit Bienenstich? Auch mit schillerlockengeschulter Phantasie lässt sich die Kuchenoberfläche nicht als die zerstochene, geschwollene Haut eines havarierten Imkers deuten. Nein; der Name hat einen ganz anderen Hintergrund: Bis 1474 genoss das Städtchen Linz am Rhein das Recht, den einträglichen Rheinzoll einzutreiben. Dann vergab

Kaiser Friedrich III. das Zollrecht an das nahe gelegene Andernach. Die empörten Linzer planten einen Überfall auf ihre Nachbarstadt; am Morgen des Angriffs naschten jedoch zwei Andernacher Bäckerlehrlinge Honig aus Bienenstöcken, die an der Stadtmauer aufgehängt waren. Als die beiden Schleckermäuler die Aggressoren herannahen sahen, bewarfen sie diese mit den Bienenkörben. Die summenden Biowaffen schlugen die Linzer prompt in die Flucht, und zur Feier des Tages wurde ein Prachtkuchen gebacken, eben der Bienenstich – so jedenfalls behauptet es die Legende.

Mit Behagen stelle ich fest, dass dieses Beispiel nicht Schule gemacht hat, also keine weiteren Nahrungsmittel nach Kriegsverletzungen benannt wurden. Heidelbeertörtchen, die «Blaue Flecke» heißen, oder gar Lungensteckschuss – so was gibt es gottlob nicht, höchstens den Atompilz, der in diesem Zusammenhang durchaus erwähnt werden sollte, handelt es sich doch um das genaue Gegenteil der in dieser Studie untersuchten Tarnverfahren: Ein ausgesprochenes Nicht-Lebensmittel, nämlich eine Atomexplosion, tarnt sich als Schwammerl und lässt uns an einen Fall von Peckham'scher Mimikry denken, aber dies nur am Rande.

Der deutsche Biologe Johann Friedrich Theodor Müller (1821–1897) entdeckte, dass sich verschiedene ungenießbare Schmetterlingsarten im Verlaufe ihrer Entwicklung eine gemeinsame Warntracht zugelegt hatten. Der Vorteil: Ein hungriger Vogel muss nur mit einer der Schmetterlingsarten ein unerfreuliches Geschmackserlebnis gemacht haben, um zukünftig auch von allen anderen Arten den Schnabel zu lassen. Dieses Tracht-Sharing nennt man «Signalnormierung» und gilt unter Biologen nicht als Mimikry im engeren Sinne, lässt sich aber gleichwohl auf Nahrungsmittel übertragen: Die ursprünglich aus den Wurzeln des echten Eibisch hergestellten Marshmallows («Sumpf-Malve») werden nicht ohne Grund auch Mäusespeck genannt, eine Vielzahl industrieller Fette auf Schweinebasis ähnelt optisch den Quetschzylindern, wobei, wie mir soeben auffällt, die thermoplastischen Urethan-Dämpfungselemente meines Bürostuhls genauso aussehen. Im angelsächsischen Raum hat sich, ausgehend vom gleichnamigen Pressfleisch, für essbare Materialien dubioser Herkunft der Oberbegriff «Spam» eingebürgert, der bekanntlich in einem weiteren Entwicklungsschritt auch für unerwünschte E-Mails Verwendung fand. Nicht nur optisch, sondern auch in ihrer Darreichungsform haben sich die chemisch völlig unterschiedlich aufgebauten Specke einander angenähert – beide lassen sich aufspießen und über Lagerfeuern rösten.

Anders als im Tierreich dient die Signalnormierung bei Pressfleisch und Marshmallows natürlich nicht der Abschreckung des Hungrigen, sondern sie will beide Genießergruppen zum Zubiss animieren, die Naschkatzen und die Speckspackos.

Der Mimikrymeister aller Klassen, der König aller getarnten Tellergerichte, der Olli Dittrich unter den Kalorienbomben, ist jedoch ohne Zweifel das Spaghettieis.

Ein fachkundig angerichtetes Spaghettieis lässt sich ebenso wenig von einem herkömmlichen Nudelgericht unterscheiden wie eine gutgemachte Spam-Mail von einer relevanten Elektrobotschaft. Entscheidend ist hierbei, dass Vanilleeis über Schlagsahne gepresst wird, und zwar durch einen speziell präparierten Fleischwolf. Der Erfinder der Kaltpasta ist der Mannheimer Eisfabrikant Dario Fontanella, dessen Familie aus der italienischen Provinz Treviso stammt, seit über 100 Jahren Speiseeis herstellt und bereits 1932 einen Eissalon in Mannheim eröffnete. Stupidissimo: Fontanella verzichtete 1969 darauf, seine Erfindung patentieren zu lassen, da ihm die Patentgebühr von 900 Mark zu hoch war. Den Vergleich zur zweiten wichtigen Erfindung des Jahres 1969, nämlich der damals vom IBM-Mitarbeiter Alan Shugart entwickelten «Floppy Disc», muss das Spaghettieis nicht scheuen; die Trickteigware ist weiterhin in aller Munde, meine Floppy Discs hingegen liegen auf dem Speicher, ganz hinten, beim Atari 1040, eingeklemmt zwischen dem kaputten Tischkicker und der ollen Tuba, die mir 1993 aus dem vierten Stock auf die Hamburger Reeperbahn fiel und dort zerschellte. Die Floppy Disc wird mit Sicherheit keine Renaissance erleben; im Gegensatz zur Festplatte schleift der Lesekopf bei Disketten direkt auf der magnetisierten Oberfläche, was zu erheblichem Abrieb und langfristig zu Datenverlust führt.

Dario Fontanella hat sich mit seinem Wirken um Deutschland verdient gemacht, wird doch Spaghettieis in amerikanischen Speisekarten als «Deutsche Eisspezialität» geführt, während das «Deutsche Beefsteak», eingebettet in ein Brötchen, unter dem Namen «Hamburger» wiederum zur amerikanischen Spezialität mutierte.

Aus den Frühzeiten der Erfindung Fontanellas wird übrigens berichtet, schlickergeile Kinder seien beim Anblick des Spaghettieises in Tränen ausgebrochen und hätten den Verzehr verweigert. Dies rechtfertigt die These, dass es sich beim Spaghettieis um einen tatsächlich definitionsgemäßen Fall der von Henry Walter Bates beschriebenen Mimikry im Nahrungsmittelbereich handelt, will sagen: Der Fraßfeind fällt auf die Täuschung herein und lässt von seiner Beute ab, eben anders als bei Mettigel, Schillerlocke und Mäusespeck. Darum erlaube ich mir, den Begriff «Spaghettieis-Anomalie» in die vergleichende Kulinaristik einzuführen.

Hoffentlich kann ich recht bald jenen lästigen Tunnelblick ablegen, durch den ich während der Forschungsarbeit an diesem Thema meine täglichen Mahlzeiten betrachtet habe. Oft musste ich an ein Zitat von Wilhelm Busch denken, das ursprünglich sicher völlig anders gemeint war, aber dennoch vortrefflich zum Thema passt: «Wer durch des Argwohns Brille schaut, sieht Raupen selbst im Sauerkraut.»

Ein Tag im Leben meines Schlafanzugs

Ein Tag im Leben? So ein Schlafanzug lebt doch gar nicht, werden Sie sagen. Im Verlaufe dieser Textsammlung wird es Ihnen aber schon mehrfach aufgefallen sein: Ich neige dazu, unbelebter Materie ein Bewusstsein zu unterstellen, und wenn das Wetter längere Zeit schlecht ist, vornehmlich im Spätherbst, komme ich mit den Dingen meiner Umgebung sogar ins Gespräch, mit einer Büroklammer, mit den Fußleisten meines Arbeitszimmers, oder eben mit meinem Schlafanzug. Selbstverständlich, diese Gespräche sind einseitig, und natürlich weiß ich, dass mein Pyjama nicht lebt; gleichwohl hat auch ein Pyjama eine Geschichte, eine Haltung, er hat Macken, eine Aussage, Beziehungen, zu mir wie zu anderen, und: Er hat einen Tagesablauf. Bin ich wegen dieser Auffassung ein Animist im Sinne der Forschungen Edward Burnett Tylors, der den Begriff 1871 mit seinem Buch «Primitive Culture» einführte? Die unzähligen Varianten des Animismus haben die folgenden gemeinsamen Merkmale: Die Idee des Göttlichen fehlt, gleichwohl gibt es ein «höheres Wesen». Auch mangelt es an einer ausgefeilten Metaphysik; es ist die unmittelbare Natur, die beseelt ist und durch Naturereignisse mit dem Menschen kommuniziert – wobei beachtet werden sollte, dass der Animismus eine Spezialität der Naturvölker ist, und deren Welt schlafanzugfreie Zone – jedenfalls bis der weiße Mann anrückt, mit Kirche, Knast und Knete im Gepäck. Weitere Merkmale: Es fehlen sakrale Bauten, dafür jedoch gibt es religiöse Regeln, die unmittelbarer Naturerfahrung entspringen. Bevor ich mich allzu sehr in die Frage vertiefe, welche «unmittelbaren Naturerfahrungen» man mit einem Pyjama machen könnte, krempele ich die Ärmel hoch und beginne mit einer möglichst lückenlosen Aufnahme des Ist-Zustandes. Was macht eigentlich ein – mein – Schlafanzug den lieben langen Tag?

10:14 Uhr. In diesem Moment liegt die Nachtmontur links vom Eingang zum Heizungskeller, gemeinsam mit meinem karierten Bademantel, grotesk verknautscht auf einem raketenförmigen Verhau, dessen Sockel aus einem Korb besteht, gefüllt mit alten Zeitungen, darauf, als zweite Raketenstufe, der Pappkarton einer Speiseeismaschine; die dritte Stufe bildet ein Plastikkäfig, der immer dann zum Einsatz kommt, wenn meine Katze kränkelt und zum Kleintierarzt muss. Das Knautscharrangement, das entfernt an den Leib des gequälten Pferdes in Picassos «Guernica» erinnert, entsteht so oder ähnlich jeden Morgen, wenn ich nach dem Frühstück in den Keller gehe, um mich für den Frühsport einzukleiden. Im Heizungskeller hängen meine Trimmtrab-Klamotten, und ehe ich in verpennter Routine das ölduftgeschwängerte Zimmerchen betrete, lege ich vor der Tür ab und, dann nackt, Pyjama nebst Morgenrock auf die Verhau-Rakete.

10:59 Uhr. Keine Änderung. Noch will ich nicht zu viel verraten, aber: Es handelt sich um einen saisonal gebundenen Spezialschlafanzug. Erkennen lässt sich dies momentan nicht; stattdessen drängt sich der Eindruck durchknäuelter Verwahrlosung auf; gerne würde ich die improvisatorische Nonchalance des Ablegevorgangs zum skulpturellen Haiku verbrämen – aber das wäre unlauter.

11:11 Uhr. Ich konnte das Elend nicht mehr mit ansehen, habe Pyjama und Bademantel aus dem Keller geholt und auf der Abschlusskurve des Kellertreppengeländers zwischengelagert. Nicht dass Sie denken, ich würde hiermit meine Hand manipulativ in das Räderwerk des Pyjama-Alltags einführen, nein, ich verfahre immer so. Natürlich könnte ich mein Studienobjekt auch gleich ausklopfen, auf Naht falten und unter der Bettdecke verstauen, aber im Laufe der Jahre hat sich eine Zerlegung der vormittäglichen Pyjamabereitung in einzelne Arbeitsschritte eingebürgert, und zwischen der Kellerknautsch- und der Ausklopfetappe gehört die Ruhepause auf der Geländerdeponie zum Programm, Tag für Tag. Ausnahmsweise habe ich aber einen Blick auf den Waschzettel geworfen. Zunächst war ich geradezu erschrocken, wie klein dieser ist. Keinerlei Pflege- oder Herkunftshinweise sind auf dem Infolappen vermerkt, sondern nur die Größe. 38/40, Schrifttyp Haas Helvetica; offenbar ist Pyjamamaß gleich Kragenweite.

11:44 Uhr. Radio Fantasy bringt eine Reportage über das große Pyjamaschwimmfest an der Gustav-Messmer-Realschule in Münsingen. «Besonders viel Spaß hatten die Schüler an den sonst so schmerzhaften Bauchklatschern.» Interessant finde ich hieran auch, dass nach Flugpionier Gustav Messmer eine Schule benannt ist; Messmer (1903–1994) verbrachte größere Lebensabschnitte in psychiatrischen Anstalten. Seine Leidenschaft: der Bau von Flugfahrrädern (die allesamt am Boden blieben). Man nannte ihn auch «den Ikarus vom Lautertal».

12:36 Uhr. Man stelle sich vor, mein Bademantel habe den Schlafanzug huckepack genommen und sich dann bäuchlings aufs Geländer gelegt, d.h. die Pyjamaärmel haben direkten Gusseisenkontakt. Sollten sich noch Reste der von mir nächtens abgegebenen Körperwärme im Gewebe befunden haben, so werden diese spätestens jetzt vom Metall in den Marmortritt abgeleitet sein. Die Ethnologie nennt das «außerordentlich Wirkungsvolle», das in animistischen Naturreligionen allen Wesen, Dingen und Erscheinungen zu eigen ist, «Mana». Dieses geheimnisvolle Mana ist nutzbar, kann übertragen werden, etwa indem man den Träger des Manas verzehrt. Es kann aber auch verloren gehen. Kontakt zu Metallen mit hoher Wärmeleitfähigkeit kommt mir schädlich vor. Ich könnte den Pyjama kurzerhand aufessen, belasse es aber bei einer Lagekorrektur, trenne Ärmel und Geländer.

13:22 Uhr. Heiliger Bimbam! Einen Moment lang nicht aufgepasst, und schon ist es passiert: Während ich noch zu Tisch saß, hat meine Frau den Schlafanzug vor der Haustür ausgeschüttelt und ins Schlafzimmer getragen. Ob sie denn nicht wisse, dass ich ausgerechnet heute den Tagesablauf meines Pyjamas beschreiben wolle, bis in alle Einzelheiten, rund um die Uhr? Meine Frau schaut mich mit großen Augen an. Habe ich ihr denn nicht von meinem Vorhaben erzählt, heute Morgen? Das ist ja zum Mäusemelken! Schon gut, ich bin etwas überreizt, das mit dem Mäusemelken ist unsachlich. Aber, so schiebe ich laublütiger hinterher, sie müsse meinen Ärger verstehen; tagsüber würde im Leben eines Schlafanzuges nicht gar so viel passieren, da sei die Stoffschüttelung ein echtes Highlight. Nun schüttelt meine Frau wieder, allerdings ihren Kopf. Erst mal runterkommen.

15:23 Uhr. Der Pyjama belegt das zum Lüften aufgedeckte Bett. Meine Frau hat ihn nach Art puppenloser Schaufensterdekos dergestalt drapiert, dass der Sweater an die Hose anschließt, so als stelle er eine liegende Person dar. Die Ärmel sind vor der Brust übereinandergelegt, was einen abweisenden Charakter hat, ganz so wie bei jenen Mitmenschen, die ihrem Argwohn durch verschränkte Arme Ausdruck verleihen. Der Fußballgott Zinedine Zidane kommt mir sogleich in den Sinn, bei ihm scheinen die Arme festgetackert zu werden, ehe er sich abseits des Spielfeldes einer Kamera nähert. Unter den Querärmeln ist ein Teil des Textildrucks zu entziffern, nämlich «Frohe Weihnachten», darunter ziert ein untersetzter Bescherungsmeister im Rotmantel die Bauchtrikotage. Wie ich am Vormittag bereits notierte, ist mein Pyjama ein Saisonarbeiter. Im Brustbereich steht der Weihnachtsgruß auch auf Englisch und Französisch, das weiß ich auch, ohne die verschränkten Ärmel aufzuklappen. Du liebe Güte, ist der Weihnachtsmann oll. Sein Bart war ursprünglich weiß, sein Anzug Cola-rot, aber

im Laufe vieler Jahre sind beide von einem kräftigen Grün-
stich durchschossen; der Rest des Anzugs, konzentriert Voll-
fichte, hat wohl abgefärbt. Aus dem Halsbereich kriechen
einzelne Zwirnsfäden hervor und verlieren sich auf dem Oberbett, die Hose hat ein Loch. Der pummelige Weihnachtsmann
erinnert an einen Florian Silbereisen mit Schilddrüsenunter-
funktion; seine Arme sind abgespreizt, so als wolle er eine
Umarmung androhen; keine kleine Herzelei, sondern eine Ka-
pitalakkolade; eine Sekunde später, und der Sackträger kriegt
die ganze Welt zu fassen, drückt feste zu und: knacks. Das genaue Gegenstück zur Armverschränkung à la Zidane.

16:38 Uhr. Das Fenster ist gekippt, draußen tobt der erste
Schneesturm des Jahres. Dabei ist erst Oktober. Puh; bei diesem Wetter wird man ja ganz transusig. Der Anzug liegt weiterhin mit verschränkten Armen da, so als wollte er sagen:
Der Nassschnee kann mich mal. Er hat leicht reden, ist ja
mehr so'ne häusliche Type. Früher war das anders, da haben
wir den ersten Schnee für Familienfotos genutzt, die wir als
Weihnachtskarte verschickt haben. Und auf diesen Bildern
trugen alle Familienmitglieder ebendiese Anzüge; das war sogar der ursprüngliche Kaufgrund. Nach einigen Jahren haben
die Kinder gegen die bekloppten Pyjamas revoltiert, und wir
Eltern gaben klein bei. Von mir wird das Kartenkostüm immerhin in Treue beschlafen, und daran wird sich nichts ändern, da können die da oben wegen mir Weihnachten abschaf-
fen, mein Weihnachtspyjama und ich, wir sind so! (Ich kreuze
dazu Zeige- und Mittelfinger zum Signet unverbrüchlichen
Einvernehmens.)
    Merkwürdig: Die Pyjamabeine weisen subversiv zum Kopf-
teil. Als Kind legte ich mich ab und an so ins Bett, dass mein
Kopf unter dem Plumeau und meine Füße auf dem Kissen ruh-
ten. Juchhu, wie leicht es ist, die Welt aus den Angeln zu he-
ben, gluckste ich. Das heitere Triumphgefühl verdampfte lei-

der jedes Mal zügig unter der überhitzten Bettdecke, und eins, zwei, drei war die alte Ordnung wiederhergestellt.

16:59 Uhr. Wie leichtfertig ich «Pyjama» und «Schlafanzug» in einen Topf schreibe, dabei entstammen diese Wörter ganz unterschiedlichen Kategorien. Der «Pajama» entstammt dem Urdu, das in Indien gesprochen wird, und der Inder versteht darunter eine schnurgebundene Leichthose. Die Briten brachten das Beinkleid im 17. Jahrhundert nach Europa, wo es für kurze Zeit zur Alltagsmode wurde. Dann verebbte die erste Pyjamaflutwelle, erst nach 1870 wurde der Stoffexot in Europa wiederentdeckt, dann allerdings – ergänzt um ein geknöpftes Oberteil – als Bettbekleidung. Bis 1900 beendete der Pyjama die 400 Jahre währende Dominanz des Herrennachthemdes, welches übrigens aus Oberitalien stammte und im 16. Jahrhundert in Deutschland auch «Herzschützer» genannt wurde. Der «Schlafanzug» ist hingegen lediglich ein Anzug zum Schlafen, so wie ein «Schneeschieber» ein Gerät ist, mit dem man Schnee schiebt. Sie verstehen?

17:34 Uhr. Ich glaube, es hackt! Nur kurz die leere Kaffeetasse zur Spüle gebracht, und was ist passiert? Meine Frau hat das zum Lüften aufgedeckte Oberbett zugeklappt, und mein Schnarchgewand liegt drunter. Wie soll ich unter Laborbedingungen arbeiten können, wenn die entscheidenden Wendungen im Leben meines Schlafanzugs ohne mich stattfinden? Im Affekt erwäge ich, meine Notizen zu löschen und morgen erneut frisch ans Werk zu gehen. Meine Frau tippt sich schmunzelnd an die Stirn und macht kehrt. Mit Bauchgrimmen stöhne ich ob der vielen Messfehler, die meiner Studie ihre Glaubwürdigkeit zu rauben drohen. Dann aber obsiegt der Pragmatismus, zumal es ja durchaus die Regel ist, dass ich meiner Frau eben nicht dabei zuschaue, wie sie die durchlüftete Daunendecke in den Stand-by-Modus klappt. Durch meine Absenz ist die Realitätstreue des Geschilderten also eher erhöht – wenigstens rede ich mir das Desaster auf diese Weise schön. Behutsam hebe ich die Zudecke an, und knapp unterhalb des Kissens liegt er, mein Pyjama. Nicht sonderlich geordnet. Es hat den Anschein, meine Frau habe die Decke umgeworfen, ohne Rücksichtnahme auf den bis dahin doch so akkurat arrangierten Anzug. Dieser kennt nach vielen Dienstjahren den täglichen Wechsel von pfleglich zu kläglich; erst Liebe zum Detail, dann rohe Brutalität. Was soll denn der Schlafanzug zu solch schizoider Behandlung sagen? Ich eile in die Küche, möchte meine Frau zur Rede stellen, jedoch: Sie weist mich ab, habe zu tun, und wenn's mir nicht passe, sagt sie mit mildem Blick, könne ich ja in Zukunft selber meinen Pyjama falten, wie ich wolle. Das Argument zieht.

18:33 Uhr. Wieder hebe ich zart die Decke an, um zu kontrollieren, was mein Prachtpyjama denn so treibt. Keine Veränderung der Lage. Ob er schmollt? Womöglich hat ja meine Frau heute Mittag den Anzug zwar aufs Bett gelegt, seine Arme hat mein baumwollener Freund jedoch selber verschränkt – um seinen inneren Widerstand auszudrücken. Das könne er nicht, meinen Sie? Schon möglich. Aber wie ließ Shakespeare seinen Horatio im «Omlet» sagen? «Es gibt mehr Eier zwischen Pfanne und Feuer, als sich eure Kochmütze erträumt», wenn Sie mir diesen Kurzausflug in die Albernheit gestatten. Ob derlei Heckmeck in meiner Studie eine Heimstatt finden darf? Mein Pyjama antwortet nicht. Unbeirrt setze ich nach und deklamiere pathetisch: «Ei oder nicht Ei, das ist hier die Frage!» Stille. Draußen tobt noch immer der Schneesturm.

19:40 Uhr. Nach dem Abendessen lese ich über die «Pyjamakonferenz» am Vorabend der Unterzeichnung des Vertrages von Rapallo, mit dem die Weimarer Republik und die junge Sowjetunion 1922 eine enge Zusammenarbeit vereinbarten. Am Ostersonntag um zwei Uhr morgens traf sich die deutsche Delegation pyjamiert im Hotelzimmer des Außenministers Walther Rathenau und sorgte dafür, dass noch am Nachmittag desselben Tages die Sache unterschriftsreif war. Sicher sind schon viele Weichenstellungen der Weltgeschichte im Nachtgewand vorgenommen worden, nur wissen wir nichts darüber. Dem Schlafanzug fehlt die staatsmännische Würde; er ist das glatte Gegenstück zum Mantel der Geschichte, der an Bismarck und Kohl vorüberwehte. In diesem Zusammenhang stolpere ich beim weiteren Lesen über die Tatsache, dass die sowjetische Delegation zur Vertragsunterzeichnung Frack trug. Hilfe, wie bürgerlich.

20:03 Uhr. Die Tagesschau bietet wenig Packendes; ich döse auf und davon. Im Halbschlaf sehe ich mich als Zehnjährigen in einem orange-braunen Nickischlafanzug (den man damals trotz fehlender Knopfleiste durchaus Pyjama nannte) vor dem Fernsehgerät sitzen und sehe «Der große Preis» mit Wim Thoelke. Nicki als Bezeichnung für Schwerplüsche mit extraweichem Griff ist offenbar ab Ende der 70er weniger en vogue. Das könnte mit dem Unfall Niki Laudas zu tun haben; wer will schon beim Einschlafen an eine Flammenhölle erinnert werden. Seit Mitte der 80er denkt man bei «Nicki» sowieso zuvörderst an «I bin a bayrisches Cowgirl».

20:25 Uhr. Kontrollblick ins Schlafzimmer. Ganz entfremdete Arbeit. Fühle mich wie ein Vollzugsbeamter, der regelmäßig durch den Spion einer Zellentür linst, weil seine Dienstvorschrift dies vorsieht. Aha, Häftling Sowieso sitzt weiterhin auf der Pritsche. Aha, der Weihnachtspyjama liegt weiterhin unter der Bettdecke. Keine besonderen Vorkommnisse.

20:41 Uhr. Ich verstehe nicht, warum der Pyjama nicht häufiger auch als Tagesbekleidung genutzt wird. Heute will doch alle Welt in die Medien, am liebsten in die Boulevardblätter oder zu RTL-Exclusiv; Vorträge zum Igittigitt-Thema «Marke Mensch» werden sogar von Leuten besucht, die mir durchaus nahestehen. Dabei wäre das ganztägige Tragen eines Schlafanzuges ein besonders einfacher Weg, zum Gesprächsinhalt zu werden. Und man sparte einen Haufen Zeit durch wegfallendes An- und Ausziehen. Im China der 70er Jahre soll sich der Pyjama in manchen Gegenden als lässige Alltagskluft eingebürgert haben, ein Brauch, der erst unlängst, anlässlich der Weltausstellung in Shanghai 2010, von der Regierung erbittert bekämpft wurde. Derlei sei «unzivilisiert», wetterten die Spießer von der KP. Und in den britischen Supermärkten der Firma «Tesco» sind Schlafanzugträger sogar unerwünscht. Nun gut. ein solches Pyjamaverbot spricht man ja nicht grundlos aus; wahrscheinlich gab es Filialen, die von Schlafmützen besucht wurden, deren Zahlungskraft enttäuschte. Ist Pyjamatragen in der Öffentlichkeit ein Kennzeichen des wirtschaftlichen, des sittlichen Verfalls? Ich finde das Einkaufen im Jogginganzug viel anmaßender; der Tunichtgut tarnt sich verschämt als Sportler, während der Pyjamashopper immerhin mit offenem Visier agiert.

Wäre ich Hiphopper, Moderator, Künstler, ich wüsste, was ich zu tun hätte. Ladies and Gentlemen, hier ist er: der Pyjama-Man. Für Außenaufnahmen und Open-Airs trüge ich einen Bademantel drüber wie Thelonious Monk, Glenn Gould oder Alphons der Viertel-vor-Zwölfte und auf dem Kopf eine Mütze mit Bommel.

21:15 Uhr. Langsam wird's spannend. Zähneputzen, Nachtcreme, dann ziehe ich mich aus und lege vorfreudig Bundfaltenhose und Pullunder ins Eck. Jetzt steht der eigentliche Tageshöhepunkt meines Pyjamas unmittelbar bevor: die Umhüllung des Schläfers. Aufgeregt nähere ich mich der Liegestatt, öffne mit elegantem Schwung das Bettverdeck und hebe die unregelmäßig zerfaltete Kombi vom Laken. Mir deucht, das Stoffknäuel gibt sich betont hilflos, appelliert an meine Fürsorge. Vorsichtig schlüpfe ich in die Hose; das bereits erwähnte Loch befindet sich an der Schrittnaht und droht bei unsachgemäßer Zehenhaltung während des Ankleideprozesses weiter einzureißen. Nachdem die Schrittklippe umschifft ist, kommt der puppige Teil: Ich stülpe mir den Schlafjumper übers Haupt und streiche den Weihnachtsmann glatt.

21:17 Uhr. Oh du fröhliche. «Merry Christmas» und «Joyeux Noël» lese ich über unserem deutschen Weihnachtswunsch, allerdings seitenverkehrt, à la Leonardo da Vinci, im Rückwurf meines vollverspiegelten Kleiderschrankes. Mein Schlafanzug ist also dreisprachig, ein Kosmopolit, zu Hause in den Betten dieser Welt. Wie ärgerlich, dass der Waschzettel keinen Hinweis auf die Herkunft beinhaltet; mir schwant, mein Pyjama kommt aus irgendeiner pakistanischen Rotzfabrik. Mangelernährte Sechsjährige wurden wohl zur Vernähung des Schritts gezwungen – so ließe sich das Loch erklären, das übrigens trotz größter Einsteigeumsicht im derzeitigen Trageturnus beängstigende Ausmaße angenommen hat. Wäre spannungsfrei als Durchreiche für eine Wassermelone geeignet. Ob mein eigenes «Mana», meine «Hauchseele», welche die Inder «Prana» und die Chinesen «Qi» nennen, durch dieses Loch entweichen kann? Das wäre schlimm, allerdings habe ich weder Nadel noch Faden zur Hand und werde eine weitere Nacht mit diesem Risiko leben müssen. Wollte ich tatsächlich als Pyjamaträger in der Öffentlichkeit auftreten: Mit dieser Hose dürfte ich nicht nur nicht zu Tesco an die Fleischtheke, ich würde mir sogar eine Anzeige wegen Erregung öffentlichen Ärgernisses einhandeln. Kann dem sechsjährigen Pakistani natürlich nicht böse sein, höchstens dem Endverbraucher, der derlei Sklavenwerk anstiftet, also mir. Schnell unter die Decke, mich fröstelt's.

21:18 Uhr. Horizontale. Ein einziges Mal in meinem Leben war ich zu Gast auf einer Pyjamaparty, Anfang der Neunziger in Wuppertal-Elberfeld. Das Fest wurde aus Anlass einer Firmenpleite ausgerichtet, gleichzeitig wurde aber auch eine Verlobung mitgefeiert. Man trank Bier aus der Flasche und aß Kartoffelsalat mit besonders viel Majo. Auf dem Höhepunkt der Fete kam es zum Eklat: Irgendjemand legte «From a logical point of view» auf, gesungen von Robert Mitchum. Der Text geht: «If you want to be happy, live a king's life/ Never make a pretty woman your wife (...) And from a logical point of view/ Marry a woman uglier than you.» Den meisten Partygästen war das Lied offenbar unbekannt; als der Groschen fiel, durchdröhnte perfides Gekicher die Wohnung. Auch der zukünftige Bräutigam lachte sich schlapp und nickte heftig, was jedoch bei seiner Verlobten gar nicht gut ankam. Die junge Frau begann bitterlich zu weinen und verzog sich ins Schlafzimmer. Der Rest soff weiter bis zum Morgengrauen.

21:27 Uhr. Mein Pyjama ist jetzt gänzlich durchwärmt. Die Baumwolle, die übrigens aus den Samenhaaren jener Malvengewächse gewonnen wird, deren Faserlänge (der Textilingenieur spricht von «Stapellänge») 25 mm nicht unterschreitet, kann jetzt zwar sicher keine Heimatgefühle entwickeln, aber das Verspüren eines subtilen Nachhalls ihrer Jugend am Strauch will ich nicht ausschließen. Alle vier für die Pyjamaherstellung geeigneten Baumwollarten wachsen in den Tropen und Subtropen. Die ältesten noch erhaltenen Baumwollkleider sind 7000 Jahre alt und wurden in mexikanischen Höhlen gefunden, angeblich sollen die Ägypter jedoch schon vor 12 000 Jahren die Fasern verarbeitet haben. Streber. Die Babylonier nannten die Baumwolle «Weißes Gold», wobei ich mir spontan die Frage stelle, warum die Leute an Euphrat und Tigris nicht umgekehrt Gold «Gelbe Baumwolle» genannt haben und ihr Erdöl später «Schwarze Baumwolle». Die Goldfixierung hat der Menschheit nichts gebracht, außer Gier, Verderben und Zahnersatz. Mein Pyjama hat mich in den letzten zehn Jahren netto vier Jahre treu bekleidet und in kalten Nächten so manchen Schnupfen verhindert. Das kriegt Gold nicht hin.

21:32 Uhr. Ich horche in meine Hülle hinein. Kein Knistern, kein Kratzen, kein Jucken. Keine Frage; mein Pyjama fühlt sich wohl. Ich zupfe ihn zärtlich am Ärmel.

21:45 Uhr. Mir fallen die Augen zu. Schade, dass ich kein Buch zum Thema habe; die Weltliteratur schläft offenbar lieber nackt. «Der Junge im gestreiften Pyjama» von John Boyne war die erfolgreiche Ausnahme, «Der Prinz im Pyjama», «Tim im Pyjama» sind Kinderbücher, dann gibt's noch «Ein Pyjama für zwei», als Film ein Knüller: Knutsch & Co mit Doris Day und Rock Hudson, ferner «Das Pferd im Pyjama – 22 unglaubliche Geschichten» – klingt nach «Es steht ein Pferd auf dem Flur» in müde. Mit dieser Buchausbeute lässt der Pyjama ein Kleidungsstück wie den Muff («Die Geschichte von Paulchen Muff», «dr. muff: roman») nur knapp hinter sich. Zum Vergleich: Derzeit sind im deutschen Buchhandel über 3000 Belletristik-Titel erhältlich, die das Wort «Handschuh» im Titel tragen.

21:51 Uhr. Ich knipse das Licht aus und stecke das Oberteil in den Hosenbund, um eventuelle Kaltluftbrücken zu sprengen. Hierin besteht übrigens ein wesentlicher Vorteil des Zweiteilers gegenüber dem Nachthemd; Wärmeregulation durch Cabriolieren des Bauches legt beim Nachthemdnutzer zwangsläufig die Beine frei.

21:55 Uhr. Ein Nachthemd ist geschlechtsunspezifisch, der Pyjama maskulin. Im 19. Jahrhundert scheinen die Männer ein gesteigertes Interesse an einer Manifestation ihrer Ge-

schlechtszugehörigkeit gehabt zu haben, darum der Siegeszug des Pyjamas. Ob dieser Trend in einem Zusammenhang
mit dem Aufblühen des Nationalismus stand? Gegenwärtig
weist das Pendel in die andere Richtung: Immer häufiger werden ausrangierte T-Shirts beim Schlafen getragen, Androgyni-
tätsanzeiger wie das Nachthemd. Und die Nationalstaaten verschwinden in der EU.

00:13 Uhr. Im Traum werde ich von Zinedine Zidane ge-
foult. Der Schiedsrichter hält einen Waschzettel in die Höhe,
darauf steht: «38/40». Münchner Abkommen/Frankreichfeld-
zug. Von wegen Kragenweite. Im Halbschlaf betaste ich meinen Oberbauch; der Schlafanzug sitzt an Ort und Stelle. Steht
dieser tatsächlich in einem Zusammenhang mit dem Nationalismus des 20. Jahrhunderts und den ihm innewohnenden
Übertreibungen, flüstert er als baumwollener Loki dem schlafenden Landser Hass und Wut auf die welsche Brut jenseits
des Rheins ein, so müssen wir ihn beerdigen. Zieht dem Michel
die Pyjamahose aus. Und jetzt: schnell weiterschnurcheln.

03:18 Uhr. Zwei Ozelote tollen im Garten eines Ferienhau-
ses, das offenbar mir gehört. Lange Minuten ordne ich einen
Stapel Weihnachtskarten unter einem Glastisch mit Messing-
skelett. Verhalten panisch erwache ich und gehe unbebrillt
zur Toilette. Beim Herunterlassen der Hose weitet sich mit
brüllend lautlosem Ritsch das Schrittloch. Bin zu verschlafen,
um den Schaden zu inspizieren, und schlurfe zurück ins warme
Bett. Welchen Einfluss hat mein Pyjama auf meine Träume?
Früher, als die Farbe noch frisch war, könnte er mit seinen
chemischen Ausdünstungen manch verzerrenden Neben-
strang ins Traumgeschehen eingeflochten haben, zum Nachteil der Deutungspräzision. Heute gibt das ausgewaschene Gewebe keine Emissionen mehr her – ich träume demnach klar
und deutlich. Die Gewissheit, in einem typisch «männlichen»

Kleidungsstück einzuschlafen, dürfte außerdem Auswirkungen auf all jene Traumplots haben, in denen Sexualität eine Rolle spielt: Ein Mann, der in einem durchsichtigen Negligé schläft, träumt anders als ein Mann der Papua-Stämme mit angelegtem Penisfutteral.

05:59 Uhr. Ein Atom-U-Boot mit drei Mann Besatzung. Hollandräder verstellen die Gänge. Der Kapitän lässt die Drahtesel aus dem Weg räumen und wird hierfür auf der Bundespressekonferenz mit Standing Ovations gefeiert. Dann rauscht der Radiowecker. Ich zähle bis drei, werfe mich in den Morgenrock und wuchte mich zum Kaffeeautomaten. Während der Türkentrank in die Kanne tropft, begutachte ich den Hosenschaden. Bis hinab zur Kniekehle liegen meine Beine frei. Welch dramatisches Ende eines langjährigen Begleiters. Dies ist sie wohl, die «unmittelbare Naturerfahrung», die man mit einem Schlafanzug machen kann. Mir ist hundeelend.

06:45 Uhr. Die Kinder eilen zum Schulbus, ich steige in den Keller und entledige mich des Pyjamas. Ab damit auf den Raketenverhau. Nach dem Frühsport werde ich ihn im Garten begraben, gemeinsam mit den Trümmern meiner Kuckucksuhr und einer ausrangierten Wäschespinnen-Standfußhülse, und dann werde ich mir ein Nachthemd zulegen, das Schlafgewand der Renaissance. Der Neuanfang ist überfällig.

09:53 Uhr. Aus dem Ghettoblaster erklingt der Trauermarsch für Orchester von Jean Sibelius op. 59. Noch ein Schaufelhub, dann ist die Kuhle zu. Es schneit schon wieder. Frohe Weihnachten.

Waschbeton und Wäschespinne

Waschbeton und Wäschespinne – das klingt ein bisschen wie «Leonce und Lena» oder «Pittiplatsch und Schnatterinchen», die Puppenstars des DDR-Kinderfernsehens, die seit 1959 in der Sendereihe «Meister Nadelöhr erzählt Märchen» auftraten. Zunächst agierte die Ente Schnatterinchen allein mit Bär Bummi, 1962 stieß Pittiplatsch hinzu, dieser wurde jedoch nach nur zwei Sendungen wieder aus dem Programm eliminiert. Pädagogen befürchteten, der freche Kobold könnte die Kinder vorm Bildschirm zu Blödsinn anstiften. Nach erheblichem Zuschauerprotest und einer Überarbeitung seines Benehmens kehrte Pittiplatsch Weihnachten 1962 an Schnatterinchens Seite zurück. Zwei Jahre später hatte sich das Duo bereits eine derartige Fangemeinde erkaspert, dass es zum Motiv zweier Postwertzeichen wurde; Pittiplatsch konnte für 15 Pfennig, Schnatterinchen nebst Bär Bummi für 40 Pfennig angeleckt und aufgeklebt werden. Bis zur Einstellung des DFF-Sendebetriebes 1991 hatte das Traumpaar stolze 3000 Sendungen im Körbchen und dabei diverse Sidekicks verschlissen, darunter Wuschel, Stuffel und Moppi. Die Nomenklatur im Lustspiel «Leonce und Lena», von Georg Büchner anno 1836 geschrieben, beinhaltet kaum weniger kinderzimmerkompatible Elemente: Leonce als Prinz des Königreiches Popo soll immerhin die Prinzessin des Königreiches Pipi heiraten; eine eigene Briefmarke soll Georg Büchner allerdings erst im Jahr 2013 zugedacht werden, anlässlich seines 200. Geburtstages.

Jetzt aber ruck, zuck zum eigentlichen Thema. Waschbeton und Wäschespinne sind zwei Kernbestandteile der Gärten meiner Kindheit und verdienen damit als identitätsstiftendes Merkmal, ja ich möchte fast sagen einer ganzen Generation, der näheren Betrachtung. In jener Reihenhaussiedlung, in der ich aufwuchs, waren sämtliche Terrassen mit Waschbetonplatten gepflastert, und auf der obligatorischen Rasenfläche standen Wäschespinnen, die allseits bekannten Klapptrockner aus Aluminium. Für deren Verankerung sorgten metallene Hülsen, die ins Erdreich einzementiert waren, allerdings nach dem Vorbild der Eisberge im Polarmeer zu einem geringen Teil über die Grasnarbe hinausragten. Steckte gerade keine Spinne im Köcher, drohten spielenden Kindern allzu oft schmerzhafte Zehenkollisionen mit der Hülsenkante. Aua. Mit den Tränen, die ich und meine Spielkameraden als Vorschulkinder aufgrund derartiger Unfälle vergossen, hätte man mühelos den Wasserstand des Nordatlantiks um einen Zentimeter anheben können.

Im Gegensatz zur Kuckucksuhr ist die Wäschespinne eine reinweg Schweizer Erfindung, 1947 von Walter Steiner ersonnen. Der erste Prototyp, den er in Winterthur-Töss errichtete, bestand aus Holz, und die Wäsche wurde an Hanfseilen befestigt. Um seinen Trocknungsapparat unter die Hausfrauen zu bringen, gründete er 1952 die Firma «Stewi». Da sich diese Firma im Laufe der fünfziger Jahre in der Schweiz eine marktbeherrschende Position erarbeitete, wurde «Stewi» zum bei den Eidgenossen gebräuchlichen Namen für die Wäschespinne, die übrigens in ihrer klassischen Erscheinungsform aus genau 169 Einzelteilen besteht. Walter Steiner vermarktete seine Erfindung außergewöhnlich geschickt; jeder Käufer, der das Gerät so aufstellte, dass es von der Straße aus werbewirksam betrachtet werden konnte, erhielt Rabatt. Ab 1960 erfolgte eine starke Expansion in den europäischen Markt, und in ihren Hochzeiten beschäftigte die «Stewi» über 120 Angestellte.

Wie kommt es, dass ausgerechnet Winterthur zum Geburtsort der Wäschespinne wurde? Die 100 000-Einwohner-Stadt in der Nähe des Züricher Flughafens bietet zunächst klimatisch hervorragende Bedingungen für die außerhäusige Wäschetrocknung: Hilfreich sind die häufigen Winde aus westlichen Richtungen, zu denen sich die «Bise» gesellt, nein, nicht «Brise», sondern «Bise», ein lokaler Nord-Nordostwind, der zumeist mit Hochdrucklagen verbunden ist und auch das triefendste Flanellhemd zuverlässig entfeuchtet. Außerdem ist das moderne Winterthur vom Wirken des Stadtplaners Albert Bothmer geprägt, der 1926 einen Zonenplan erarbeitete, welcher sich am Vorbild des englischen «Garden City Movement» orientierte. Aufgrund dieses Zonenplans erhielten viele Neubauten der Zwischenkriegszeit kleine Gärten, optimal für die Wäschespinnen-Installation, und als der Stadtrat sich 1964 unter Hans Rüegg vom Gartenstadtkonzept verabschiedete, war die Wäschespinne bereits zum weltweiten Verkaufsschlager geworden.

Durch Winterthur weht überdies nicht nur die Bise, sondern auch Erfindergeist, und zwar in Windstärke 12. Nicht umsonst ist die Stadt an der Töss Heimat der Sulzer AG, deren vier Kerndivisionen Pumpen, Oberflächentechnologien, Trennkolonnen und thermische Turbomaschinen sind. Winterthur war außerdem Sitz der «Schweizerischen Lokomotiv- und Maschinenfabrik (SLM)», die unter anderem 1873 die legendäre Lokomotive Nr. 7 der Vitznau-Rigi-Bahn konstruierte – Schnauferlfreunden weltweit ein Begriff, da die Nr. 7 über einen stehenden Kessel verfügte, sodass die Heizrohre auch bei Schrägfahrt allzeit von Wasser umspült waren, um Kesselexplosionen zu verhindern.

Es ist schwer vorstellbar, dass Walter Steiner der entscheidende Nachteil der Wäschespinne, nämlich die Verletzungsgefahr durch die überstehende Hülsenkante, entgangen sein könnte. Warum wurde der eingelassene Sockelfuß nicht optimiert? Ich kann den Fehler nur als bewusste Förderung der lokalen Versicherungswirtschaft deuten; 1875 wurde in Winterthur die «Schweizerische Unfallversicherungs-Aktiengesellschaft» gegründet, die 1923 zur «Winterthur Leben» wurde und seit 2008 in «AXA Versicherungen AG» umbenannt ist. Nicht nur Kinderzehen wurden nämlich durch die häufigen Kollisionen in Mitleidenschaft gezogen, oft wurde durch den Aufprall auch der Rand des Spinnenschachts einwärts gebogen, sodass der Textilträger nicht mehr eingeführt werden konnte. Derartige Defekte sind bis heute nicht von der Gewährleistung abgedeckt, ein Umstand, der zum Abschluss zusätzlicher Hausratsversicherungen geführt haben könnte.

In den sechziger und siebziger Jahren existierten Waschbeton und Wäschespinne in einem symbiotischen Verhältnis; stand die Spinne in der Gartenmitte, so führte häufig ein Weg an die Trocknungsanlage heran, der aus Waschbetonplatten bestand. Beton ist eine uralte Erfindung, nur wenig jünger als die Fußleiste. In der heutigen Türkei konnte der Einsatz von Kalkmörtel als Bindemittel an Bauten nachgewiesen werden, die über 10 000 Jahre alt sind. Das Verdienst, den «künstlichen Stein» perfektioniert zu haben, gebührt den Römern. Das «Opus caementitium», von dem sich unser Wort «Zement» ableitet, war ein Gemisch aus Sand, gebranntem Kalkstein und den «Puzzolane», Beimischungen aus Bruchstein, die für das gewisse Je-ne-sais-quoi sorgten. Der berühmteste Uralt-Bau, der ohne den Einsatz von Beton nicht bis heute begehbar wäre, ist die Kuppel des Pantheon in Rom. 1753 begegnet uns erstmals das Wort «Beton», nämlich in einem Fachbuch über Hydraulik von Bernard de Bélidor. Wann genau der Waschbeton erstmals angerührt wurde, ist unklar; zu seiner Herstellung wird die Gussform zunächst mit einem Erstarrungsverzögerer behandelt, etwa Zucker. Ja, Zucker. Trifft der Beton nämlich auf Zucker, kann er nicht so schnell abbinden. Schon mal gut; wenn das die Gegner irgendwelcher Bauprojekte wüssten: einfach nachts ein paar Säcke Rohrzucker in die Mischmaschine, und prompt suppt die Fassade in den Gully – aber dies nur nebenbei. Kein Wunder, dass der Erfinder des Waschbetons unbekannt ist; wahrscheinlich rutschte irgendeinem Bauarbeiter irgendwann sein Marmeladenbrot ins Fundament, und statt Patent und Penunzen kriegte er Prügel vom Polier. Wie auch immer; die aus der Gussform befreite Gehwegplatte wird mit einem scharfen Wasserstrahl so bearbeitet, dass die gesüßte

Pampe abgespült wird, wodurch an der Oberfläche nur die Grobbestandteile verbleiben, zumeist Kies oder Basaltsplitt. Bisweilen kommen auch Bürsten zum Einsatz. Waschbetonbürster – welch Traumjob. Wie so oft, steht auch beim Waschbeton die Natur Pate. Der Nagelfluh ist ein Konglomerat, das im gesamten Alpenraum zu finden ist, z. B. auf der gleichnamigen Bergkette südlich von Oberstaufen. Der im Allgäuer Volksmund auch «Herrgottsbeton» genannte Mineralmix entstand durch die Verbackung von Schlamm, Schutt und Geröll, den Witterung und Wanderschuh ähnlich bearbeiten wie der Waschbetonbürster sein Werkstück. Der höchste Berg der Nagelfluhkette im Allgäu heißt «Hochgrat», und wer von dessen Gipfel in 1834 m Höhe hinunter ins Alpenvorland blickt, schaut mindestens so ergriffen drein wie der Musikfreund beim Anblick der Deutschen Oper in Berlin. Deren monumentale Außenfassade an der Bismarckstraße wurde von Architekt Fritz Bornemann in den späten 50ern mit riesigen Waschbetonplatten verziert, welche in ihrer nüchternen Grandezza bei jedem Betrachter Schluckbeschwerden verursachen. Als der von allen Zuckerresten befreite, kantig gebürstete Musentempel 1961 fertiggestellt wurde, regte der Dirigent Ferenc Fricsay an, die bis dahin «Städtische» fortan «Deutsche Oper Berlin» zu nennen – als Reaktion auf den Mauerbau. Aus heutiger Sicht war die Umbenennung völlig überflüssig – die Waschbetonfassade hätte als Anspielung durchaus gereicht. 1965 durfte der Quintenzirkel-Quader eine Sonderbriefmarke schmücken; Wert: 15 Pfennige, wie bei Pittiplatsch, allerdings Westwährung, hart wie Waschbeton.

1999 wurde in der – übrigens unter Denkmalsschutz stehenden – Spielstätte das Ballett «Romeo und Julia» von Youri Vàmos uraufgeführt, natürlich auf der Grundlage des Shakespeare'schen Balkondramas. «Romeo und Julia» – das lässt uns auch sogleich an Leonce und Lena, Pittiplatsch und Schnatterinchen, Tristan und Isolde, Waschbeton und Wäschespinne denken. Immer die gleiche Geschichte: Kobold trifft Ente, Boy meets Girl. Die Süße der Liebe wird vom scharfen Strahl der Realität getroffen, Erstarrung droht, aber am Ende werden alle Widerstände weggebürstet, und die Post macht eine Marke draus.

Das Jahr 1961 markierte den Höhepunkt in der symbiotischen Beziehung zwischen Waschbeton und Wäschespinne: Mit dem Bau der Berliner Mauer wurde das letzte Schlupfloch im Eisernen Vorhang geschlossen, gleichzeitig hob sich der erste Vorhang im Westberliner Welttheater mit der Waschbetonfassade. Off-Ton Ost: «Niemand hat die Absicht, eine Spinne zu errichten!» Während die Brüder und Schwestern, die das Schicksal unserer Trennung trugen, ausgefranste Hanfseile zwischen Telegraphenmasten spannten, über die sie ihre Lumpen warfen, demonstrierte die freie Welt ihre strotzende Innovationskraft, steckte Alugestänge in Erdhülsen, durch deren gelochte Arme Hochleistungsleinen aus Polyvinylchlorid verliefen. Völker der Welt, schaut auf diese Spinne! Was den Ägyptern der Obelisk, den Römern die Säule des Trajan, das war der freien Welt im kalten Krieg die Wäschespinne, und ein Plattenweg aus Waschbeton der rote Teppich zu ihren Füßen. Doch wie sagte Herder in «Gott – einige Gespräche über Spinoza's System nebst Shaftesbury's Naturhymnus»? «Jedes beschränkte Wesen bringt als Erscheinung den Keim der Zerstörung schon mit sich.» Ab 1962 eroberte Pittiplatsch die sozialistischen Kinderherzen, und gemeinsam mit Schnatterinchen bot er Spinne und Platte die Stirn, schuf ein Gleichgewicht der Kräfte. Dann kam 1968. Der Muff von 1000 Jahren ließ sich plötzlich auch auf der schicksten Spinne und durch die stärkste Bise nicht mehr aus den Talaren heraustrocknen. Die Studenten der APO, noch feucht hinter den Ohren, und die alten Eliten mit ihrer Macht in trockenen Tüchern: spinnefeind. Dutschke-Attentat. Kaufhausbrand in Frankfurt. Die RAF legte Waffendepots an, in Erdlöchern, die überdimensionierten Trocknerhülsen glichen, und in Stammheim wurde ein Gefängnis gebaut, dessen Waschbetongesicht die Deutsche Oper einladend aussehen ließ. Baader, Ensslin und Raspe wurden von der Justiz gebürstet und richteten sich selbst. In Büchners «Leonce und Lena» wird der Selbstmord übrigens «Leutnantsromantik» genannt. Peng.

Mit dem deutschen Herbst endete der Altweibersommer der Westwäschespinne; zum einen erhielt sie Konkurrenz durch den elektrischen Wäschetrockner, zum anderen änderten sich die demographischen Trocknungsgrundlagen: Infolge der Umwälzungen des Jahres 1968 verlor das klassische Familienmodell an Attraktivität, und die Zahl der Einpersonenhaushalte nahm zu. Stewi-Patron Walter Steiner bewies Weitsicht, indem er bereits 1961, also just auf dem Gipfel, eine kurzleinige Alternative zur klassischen Spinne präsentierte. Die «Libelle» war ein mobiler Kleinklapptrockner, dessen Romeo-und-Julia'sche Balkontauglichkeit auch den Einsatz in gartenarmen Sozialbauten ermöglichte. Darüber hinaus entwickelte er Produkte, die mit der Wäschetrocknung höchstens mittelbar zu tun hatten, etwa 1970 den «Party-Jack», einen kombinierten Dosen- und Flaschenöffner, der bis heute in der Schweiz 900 000-mal verkauft wurde. Auch der «Pedro-Matic» sei erwähnt, ein Sonnenschirm mit Öffnungsautomatik. Stets eiferte Walter Steiner seinem Ziel nach, «der Hausfrau die Arbeit so einfach wie möglich zu machen». – Da ist sie wieder, die große Oper. Pelleas und Melisande. Orpheus und Eurydike. Steiner und Hausfrau.

In der Reihenhaussiedlung, in der ich aufwuchs, gab es einen alleinstehenden Herrn Nam'Vergessen, der jeden Tag mehrere Stunden in seiner Garage an seinem 1602er BMW herumbastelte. Eines Tages war es so weit: Er seufzte selig und fuhr seinen BMW aus der Garage heraus. Durch das Heckfenster erspähten wir Kinder zwei rote Extra-Bremsleuchten auf der Hutablage. Als Herr Nam'Vergessen an der Einmündung zur Burmesterstraße abbremste, leuchteten die Lichter rot auf. Guck an. Einige Wochen später kam ein Möbelwagen und räumte sein Reihenhaus leer. Meine Eltern erzählten mir später, unser Nachbar sei mit seiner Erfindung, den Extra-Bremsleuchten auf der Hutablage, steinreich geworden und würde nun in irgendeinem Loireschloss wohnen, oder so ähnlich. Was ist das Erfolgsgeheimnis von Leuten wie Herrn Nam'Vergessen? Was man liebt, will man fördern, pflegen, beschützen, z.B. vor Auffahrunfällen – Extra-Bremsleuchten sind somit ein klassischer Liebesbeweis. Immer die gleiche Geschichte; es ist die Liebe, die Himmelsmacht, die uns auch morgen noch kraftvoll zubeißen lässt.

Die «Libelle», die Spinne für Singles, geriet Walter Steiner ebenso zum Verkaufsschlager wie der «Party-Jack», weil die Hausfrauen sein echtes, unschuldiges Werben erspürten und ihm verfielen. Für manche Menschen klingt ja «Libelle» etwas bedrohlich, fast so wie «Moskito» oder «Bremse» – dabei sind alle Libellenarten für den Menschen völlig ungefährlich. Bei der Spinne sieht die Sache ganz anders aus, und so ist sie in den Mythen vieler Völker ein Symboltier mit negativer Sinndeutung, etwa in den westafrikanischen «Anansi»-Fabeln. Die Spinne Anansi ist schlau und listig, ein achtbeiniger Kobold, der durchaus an Pittiplatsch erinnert, allerdings in jener verschärften Version, die 1962 nach nur zwei Sendungen wieder aus dem Programm genommen wurde. Im christlichen Symboldenken ist die Spinne das «böse» Gegenbild der «guten» Biene; im naiven Volksglauben gilt sie jedoch auch als «Seelentier», in der Annahme, die Seele des Schlafenden könne nachts durch den geöffneten Mund in Gestalt einer Spinne entweichen und im Morgengrauen zurückkehren. Außerdem gilt die Kreuzspinne in manchen Alpengegenden als gesegnetes Wesen und darf nicht getötet werden, ist klar. In Altchina signalisierte die Spinne die baldige Wiederkehr eines verlorenen Sohnes. Das Sprichwort «Spinne am Morgen – Kummer und

Sorgen; Spinne am Abend – erquickend und labend» soll sich übrigens nicht auf das Tier, sondern auf die Tätigkeit des Spinnens beziehen und hebt den regenerativen Aspekt der Freizeitgestaltung am Spinnrad hervor. Dies wird auch der entscheidende Beitrag des Namens zum Erfolg der Wäschespinne gewesen sein, denn: Da die Hausfrau beim Wäscheaufhängen auf der Stelle steht und die Spinne dreht, erspart sie sich die bis zu Steiners Erfindung unumgänglichen Gänge an der Hängeleine entlang. Nicht nur die Lebensqualität der Hausfrau stieg darob, nein, indem sie die Wäschespinne drehte, wurde sie zur modernen Arachne, jener lydischen Prinzessin, die in Ovids Metamorphosen von Athene wegen ihrer Kunstfertigkeit beneidet wurde – allerdings ohne jemals Gefahr zu laufen, wie diese selber in eine Spinne verwandelt zu werden. In jedem Fall konnte sich der Name «Wäschespinne» langfristig in Deutschland durchsetzen, gegen «Stewi», und auch gegen die in den fünfziger Jahren ebenfalls gebräuchlichen Bezeichnungen «Wäschepilz» und «Reitschule».

Heute wirkt die Leidenschaft des Walter Steiner, die Preisung des Hausfräulichen, seltsam antiquiert. Auch dies ist eine Folge der 68er-Revolte. Wenn eine Frau auf «Karriere» verzichtet und sich ausschließlich der Wäsche widmet, dann nur mit schlechtem Gewissen; niemand soll zuschauen dürfen – deshalb stehen Waschmaschine und Trockner heutzutage meist im Keller. Für den Waschbeton hatte dieser Paradigmenwechsel dramatische Auswirkungen. Sinnlos führten die Platten nunmehr zum Standloch, verkamen zum Indiz einer untergehenden Epoche. Die Betonindustrie reagierte zunächst gar nicht, dann hilflos. Waschbetonplatten seien preiswert und rutschsicher, hieß es. Vollmundig verwies man auf allerlei pfiffige Neuerungen, etwa den Einsatz von speziellen Papierbögen in der Gussform, die mit Abbindeverzögerern getränkt waren. Dem Schweizer Arthur Spring gelangen 1974 eine ganze Reihe von Erfindungen zur Verfahrensoptimierung bei der Herstellung von Schalungssteinen, aber: All diese Gimmicks halfen nichts. Waschbetonfassaden gerieten aus der Mode, ähnlich wie die Raufasertapete auf der anderen Seite der Wand. Runter damit! Den Soundtrack zum beginnenden Bildersturm lieferte «Torfrock»: «Jeden Tag hol ich den Presslufthammer/ Auss'e Werkzeugkammer und denn mach' ich Krach/ Das gibt kein', der sein' Hammer so gern hat/ Man nennt mich Presslufthammer B-B-B-B-B-Bernhard/ Ra-ta-ta-zong! Ra-ta-ta-zong! Weg ist der Balkon! Dong!»

Mit dem Fall der Berliner Mauer 1989 gab es schließlich nichts mehr, worauf die Fassade der Deutschen Oper hätte anspielen können. Der kalte Krieg war aus, Deutschland sehnte sich nach Wärme. Waschbeton taugte nur noch als Symbol für die Präpotenz der Technokratie. Außerdem wurde er mit seiner Braut, der Wäschespinne, in Sippenhaft genommen. Oder, nein, treffender: So wie die Revolution ihre Kinder, so verschlang die Wäschespinne ihren Bräutigam. Auch in der Natur verzehren manche Spinnenarten nach der Begattung die Männchen. Dies tun die Weibchen übrigens nicht, um ihren Hunger zu stillen, sondern um zu verhindern, dass die Männchen weitere Weibchen befruchten. Die weibliche Wespenspinne Argiope bruennichi etwa verflüssigt das Innere ihrer Opfer mit Gift und saugt sie aus. Die Wäschespinne verfuhr mit dem Waschbeton subtiler: Sie veraltete und machte ihren Partner arbeitslos, der daraufhin in Stücke gekloppt und entsorgt wurde – während sie selber mit knapper Not überlebte. «Stewi» liefert immerhin noch 40 000 Wäschespinnen pro Jahr aus, der Waschbeton liegt im Grab der Baugeschichte. Im Dezember 2009 meldete die «Nordsee-Zeitung», dass sich Bremerhaven voller Stolz zur ersten «waschbetonfreien Stadt» erklärte, nachdem die letzten Wohnblocks im Zuge der Wärmesanierung ihrer Fassaden entkleidet wurden. In Hannover wurde kürzlich das Kröpke-Center seiner faszinierenden Brutalität beraubt, und ein Gartenbesitzer, der sich gerne vom

Mainstream umspülen lässt, hat seine Gehwegplatten schon lange durch Polygone aus Travertin oder Quarzit ersetzt. Neulich erhielt ich Besuch von einem Gartenbauarchitekten, der völlig fassungslos tat, als er meine Terrasse betrachtete – ich stehe nämlich in Treue fest zum Waschbeton und habe keineswegs vor, ihn durch irgendwelche Natursteine zu ersetzen.

«Haben Sie einen Moment Zeit?», fragte ich ihn, er nickte, und ich erzählte mit schlackernder Stimme die ganze Geschichte: von dem jungen Ding aus Winterthur, rank und gelenkig, das zur Jeanne d'Arc der Gärten wird, und dem jungen Waschbeton, der zu ihren Füßen liegt. Gemeinsam stemmen sie sich der roten Armee entgegen. Die kleine Libelle, ein Kind der Liebe, kommt zur Welt, und kurz darauf nimmt das Unheil seinen Lauf. Die Liebesgeschichte endet so tragisch wie keine zuvor: Tristan und Isolde sterben beide aus Kummer ob ihrer Täuschung, Paris und Helena fliehen gemeinsam nach Troja, kommen aber niemals dort an, Bernhard und Bianca retten mit Hilfe des Albatros Orville das gekidnappte Mädchen Penny, Echo verhungert aus Gram, weil sie nicht in der Lage ist, dem schönen Narziss ihre Liebe zu gestehen, Romeo vergiftet sich, nachdem er vom angeblichen Tod Julias erfährt, Ruslan erweckt die schlafende Ljudmilla mit Hilfe eines Zauberrings, Leonce und Lena werden gemeinsam alt, ebenso Pittiplatsch und Schnatterinchen, die Wäschespinne hingegen entkommt auch als verdiente Freiheitsheldin nicht ihrer Natur und verzehrt ihren gebürsteten Bräutigam.

Als ich nach einer Stunde fertig war, schaute der Gartenmann kondolierend drein, überreichte mir seine Visitenkarte, wohl für den Fall, dass ich irgendwann meinen Gehweggeschmack ändern würde, schlurfte zum Kleinlaster und fuhr grußlos davon.

Jaja, die Liebe.

Mutmaßungen über Schönheit

J aja, die Liebe. Oder doch wenigstens Anerkennung – danach strebt fürwahr ein jeder Mensch. Die Möglichkeiten, sich auf dem Wochenmarkt der Sympathie erfolgreich zu positionieren, sind vielfältig; wer Glück hat, kommt als humorvoller Adonis auf die Welt, oder als Supermodel mit Kumpelfaktor. Wer zu blöd zum Pferdestehlen ist und/oder aussieht wie ein Erdferkel, dem bleiben die Umwege Geld und Geltung. Also macht man auf Studium-Bachelor-Markenkrawatte, wählt alternative Werdegänge, wird z. B. Bierdeckeldesigner oder eröffnet eine Rollschuhdisco in Astana, oder: Man dreht der Berufsberatung eine lange Nase und wird freischaffender Philosoph. Alle drei Wege können vom Liebesbedürftigen nur dann begangen werden, wenn dieser einigermaßen gehfähig ist. Für die Faulen und Lahmen gibt es die Möglichkeit, gleichsam in der Schwebebahn ans Ziel zu gelangen, nämlich per Schönheitsoperation. Die Idee ist nicht neu; bei vielen Naturvölkern gehören Aufbrezelungseingriffe zum kleinen Einmaleins. Beispiel Tellerlippe: Einer Frau vom Stamm der Mursi in Äthiopien werden zum 20. Geburtstag ein paar Zähne ausgeschlagen, die Unterlippen durchbohrt und diese so lange aufgedehnt, bis ein möglichst großer Tonteller hineinpasst. Eine Mursi-Frau gilt als umso schöner, je größer der Teller vor ihrer Kauleiste; ideal sind 15 cm Durchmesser. Bei den Kayapo, einem Indiovölkchen, das an einem Nebenfluss des Amazonas in Brasilien beheimatet ist, werden nicht die Frauen-, wohl aber die Männermünder mit Tonscheiben geschmückt – allerdings wird das zu dehnende Loch bereits kurz nach der Geburt in die Lippe getrieben. Für die Kayapo soll die Scheibe die Fähigkeit zur «klugen und schönen Rede» symbolisieren. Auch bei uns hört man ja bisweilen «Der hat was auf der Pfanne», wenn jemand gescheite Sätze drechselt, nicht zu verwechseln mit «eine dicke Lippe riskieren» – das kommt wohl eher aus dem Boxgeviert. Einige Forscher meinen übrigens, dass Lippenteller nicht entwickelt wurden, um deren Träger zu verschönern, sondern, im Gegenteil, um diese zu verunzieren. Die Mursi-Frauen etwa könnten auf diese Weise vor arabischen Sklaven-jägern geschützt worden sein, und im Laufe der Jahrhunderte wurde das Schutz- zum Schmuckutensil umgewertet.

In der Fremdenverkehrsbranche nennt man eine solche Um-deutung den Wehrgangeffekt; jedes deutsche Kreisstädtchen war früher mit einer Mauer eingehegt, einem Bauwerk, das ausschließlich der Verteidigung diente und ansonsten für läs-tig und unschmuck gehalten wurde. Im 19. Jahrhundert wur-den die meisten dieser Mauern eingerissen, und die Städter at-meten auf. Glücklich, wer sich den Abriss damals nicht leisten konnte; heute lockt Rothenburg ob der Tauber Touristen wie Graubrotbruch Tauben. Als besonders schön gilt der lauschige Wehrgang mit seinen Schießscharten, die im Gemäuer pran-gen wie die Zahnlücken im Gebiss der Mursi-Frauen.

Im Laufe der Jahrtausende dürfte auch die Tätowierung eine Neuinterpretation erfahren haben: An Gletschermann Ötzi entdeckten Forscher fünfzig Strich- und Kreuzzeich-nungen, und zwar ausschließlich in Körperregionen, die der späteren Starmumie zu Lebzeiten Schmerzen bereitet ha-ben dürften: an der Lendenwirbelsäule, am Knie und an der Achillessehne. Bei seinen Tattoos, die übrigens nicht gesto-chen, sondern geschnitten und dann mit Holzkohle eingerub-belt wurden, könnte es sich also um eine Therapieform ge-handelt haben, so eine Art Alpen-Akupunktur, kombiniert mit Medizinalkohle. Bereits das eisenzeitliche Reitervolk der Sky-then trug jedoch Tätowierungen, die nicht nur keinerlei Heil-wirkung hatten, sondern kraft ihrer Motivik topaktuell wir-ken. Die «Prinzessin von Ukok», die zwischen dem fünften und zweiten Jahrhundert vor Chr. das Altaigebirge beritt, und de-ren Mumie man 1993 bei Kosch-Agatsch fand, würde sich mit ihren grob getribalten Armen in jeder Großraumdisco, in je-dem Big-Brother-Container unter ihresgleichen wähnen.

Woran liegt es, dass es die Tätowierung bis an die Spitze

unseres Gemeinwesens geschafft hat, eine Präsidentengattin mit Tellerlippe jedoch eher ungewöhnlich wirkte? Womöglich schwingt im Schmuck ein Echo seiner Geburtsumstände, das wir nur undeutlich erspüren; der Sklavenjäger treibt hierzulande nur noch selten sein Unwesen. Oder, andersrum betrachtet, Hässlichkeit schützt nicht mehr davor, verraten und verkauft zu werden. Rücken- und Knieprobleme sind jedoch weiterhin Volksleiden, ja, indem die Menschen groß und größer wachsen, wird der innere Halteapparat immer malader, entpuppt sich der Mensch als Montagsexemplar. Gerade bei der hochaufgeschossenen Frau Wulff würde eine schwere Tellerlippe Rückenprobleme eher erschweren als lindern. Nun ist die Fähigkeit zur «klugen und schönen Rede» vornehmster Fachbereich ihres Gatten; ich persönlich fände einen Bundespräsidenten, der diese Qualität nach Kayapo-Art per Kiefergedeck unterstreicht, begrüßenswert – er würde sich als Verfechter einer Globalisierung darstellen, in der nicht nur die starken Maxe der Weltwirtschaft, sondern auch bedrohte Kleinstvölker kulturellen Einfluss geltend machen.

Ein solches Volk sind auch die Padaung im Südosten Myanmars. Ihren Lebensunterhalt verdienen viele Padaung-Frauen als sogenannte Long Neck Karens bzw. Giraffenhalsfrauen, indem sie Touristen ihren traditionellen Halsschmuck vorführen, der aus Messingspiralen besteht. Diese bis zu 15 kg schweren Nackenpanzer führen zu einer optischen Verlängerung des Halses, wobei der amerikanische Arzt Dr. John Keshishian 1979 am Röntgenschirm feststellte, dass der Schmuck nicht die Halswirbelsäule dehnt, sondern vielmehr durch sein Gewicht Schultergürtel, Schlüsselbeine und Rippen erdwärts drückt und so für den gewünschten Oha-Effekt sorgt.

Lange stritten Anthropologen, ob auch die Kehlkopfrüstung ursprünglich Schutzfunktion hatte, und zwar gegen Tiger, die ihre Opfer bekanntlich per Nackenbiss töten – die Padaung bestreiten dies. Auch die Annahme, man habe früher

Ehebrecherinnen zum Tode durch Genickbruch verurteilt, indem man ihnen das lebenslang getragene Halskorsett abnahm, gehört wohl ins Reich der Legende. Die Padaung selber meinen, von einem weiblichen Drachen mit gepanzertem Nacken abzustammen, der sich mit einem männlichen Halbengel gepaart habe – eine Einschätzung, die jedoch nur von den wenigsten Ethnologen geteilt wird. Die völkerkundliche Mehrheitsmeinung lautet derzeit: Wie die Tellerlippe der Mursi habe auch die Halsverlängerung ursprünglich vor Frauenraub durch ortsfremde Bösewichter schützen sollen. Der Makel konnte in beiden Gesellschaften zum Schönheitsideal werden, weil er die Frauen als Teil der Gesellschaft auswies; eine Padaung-Frau, die sich weigerte, ihren beschwerlichen Halsschmuck zu tragen, wurde ausgestoßen.

Auch wir Westler tragen Halskrausen, und zwar im Flugzeug, zum Zwecke des Interkontinentalnickerchens. Hat man solch ein aufblasbares Schalkissen umgelegt, ist man vor der Zudringlichkeit geschwätziger Mitreisender geschützt. Das Schließen der Augen und leichtes Schnarchen perfektionieren die Plauderprotektion. Gleichzeitig weist sich der Schlafkissenträger als Teil des Jet-Sets aus, gehört also «dazu». Schutzfunktion haben auch jene Halskrausen, welche Unfallopfer nach einem Schleudertrauma tragen. In abgewandelter Form werden derlei Stützvorrichtungen von Formel-1-Piloten in ihren Boliden verwendet, um der nackenfeindlichen Fliehkraft Herr zu werden. All diesen Krausen, Krägen, Konstruktionen prophezeie ich eine verheißungsvolle Zukunft: Geboren aus der Notwendigkeit, weisen sie ihre Träger als gefährdete und somit wertvolle Mitglieder der Mobilitätsgesellschaft aus. Nicht mehr lange, und die Cervikalstütze wird zum Modeschmuck, und wer keine tragen will, geht zu Fuß.

Eine weitere spektakuläre Methode des Humantunings ist der sogenannte Turmschädel, der erzielt werden kann, indem man den Kopf des zu Verschönernden in seinen ersten zwanzig

Lebensjahren eng und beständig bandagiert. Der Turmschädel ist hunnischen Ursprungs; das zentralasiatische Reitervolk begann etwa im 1. Jahrhundert mit der Deformationssitte. Hatte der Brauch religiöse Bedeutung? Oder optimierte der Turmschädel die Aerodynamik des Reiters? Wer sich heute ein Einzelzeitfahren bei der Tour de France anschaut, staunt über die Radhelme mit Spoilerverlängerung; bedient sich der moderne Radsport hierbei hunnischer Hochgeschwindigkeitskonzepte? Auf jeden Fall lässt sich konstatieren, dass Reitervölker wie die Hunnen oder auch die tätowierten Skythen besonders innovativ sind, wenn es um die künstlerische Gestaltung des eigenen Körpers geht. Wer seine gesamte Habe im Sattel transportiert, verzichtet besser auf Ölgemälde und Marmorstatuen. Übrigens wuschen sich die Hunnen nie, da sie Wasser für einen lebendigen Organismus hielten, der rein gehalten werden musste. Dieser Glaube erleichterte die Langzeit-Bandagierung des Kopfes natürlich immens. Im fünften Jahrhundert brachten die Hunnen ihre Turmschädel auch nach Mitteleuropa, wo diese dann zwei bis drei Generationen lang zur Mode wurden. Besonders beliebt waren die Kopfspoiler auf dem Gebiet der ehemaligen DDR: dreiundzwanzig Turmschädel wurden in Mitteldeutschland ausgegraben, das sind zehn Prozent aller in Europa gefundenen. Warum gerade dort? Keine Ahnung – da mach ich mir keinen großen Kopp. Auffallend ist jedoch der enorme Erfolg der DDR-Radsportler. Werner Otto, Uwe Ampler, Olaf Ludwig, Täwe Schur – die Namen jener Sportskameraden, die Weltmeisterschaften und Friedensfahrt gewannen, lassen sich aneinanderreihen wie die geölten Glieder einer überlangen Fahrradkette. Auch Jan Ullrich als gebürtiger Rostocker lässt uns annehmen, dass, wenn sich denn der Turmschädel nicht vererben lässt, so doch zwischen Boizenburg und Bischofswerda das aerodynamische Geheimwissen der Hunnen die Jahrhunderte überdauert hat.

Der Schutzgedanke scheint jedenfalls ein Urquell der

Schönheit zu sein. Als Rückversicherung betrachten wir die Anfänge einer noch heute gängigen Schminktechnik, nämlich des Lippenrots. Bereits im Kapitel über Blasenpflaster bin ich ja auf Oscar Troplowitz eingegangen, den Erfinder des Drehhülsengehäuses für Lippenstifte. Schon aus handwerklich formalen Gründen freue ich mich, dass ich das Thema in diesem Buch zweimal bearbeite, sinnig-symmetrisch in den Schmöker einkapitelt, denn: Wir Menschen haben ja auch zwei Lippen. Wollte ich ganz konsequent vorgehen, müssten an die Lippen- Zahnfleischkapitel anschließen, und in der Mitte stünde irgendetwas über Zungenspitze und Zäpfchen.

Aber zurück zum Thema: Die Forschung hält rote Lippen für ein Fruchtbarkeitssymbol, das seit ältesten Zeiten auf der ganzen Welt verbreitet ist. Aus dem Munde des Urwesens Prajapati entstammen im altindischen Schöpfungsmythos die Götter, während bei der altägyptischen Mumienbestattung versucht wurde, dem Verstorbenen durch Berührung des Mundes mit einer Feuersteingabel seine Lebenskraft zurückzugeben. Gerade die Verwendung einer Gabel lässt mich annehmen, dass der Fruchtbarkeitsaspekt ursprünglich hinter der Nahrungsaufnahme rangierte. Das älteste Make-up wird jene Rötung gewesen sein, die nach dem Verzehr von Waldbeeren auftritt; eine Steinzeitfrau, deren Mund rot gefärbt war, wies diese als Kennerin guter Pflückbüsche aus. Ein Mann, der sich mit einer solchen Frau zusammentat, hatte also gute Aussichten, satt zu werden.

Sigmund Freud stellte in seinen «Drei Abhandlungen zur Sexualtheorie» die Frage, wie ausgerechnet der Mund als Organ, das doch dem Verdauungstrakt zugeordnet werden muss, zur erogenen Zone wurde; ich weiß die Antwort. Bezeichnungen wie «süßes Mädchen» für eine Frau mit roten Lippen verweisen auf ihre Qualitäten als Beerensammlerin. Beim Zungenkuss begibt sich der Mann instinktiv auf die Suche nach Waldbeerresten. Auch hier dient die Verschönerungstechnik also der Sicherheit: Der rote Mund signalisiert eine optimale Versorgung mit Vitaminen und Spurenelementen.

Bis in die heutige Zeit haben sich zum Sättigungssignal noch weitere Sicherheitsaspekte gesellt: Frauen mit stark geschminkten Lippen werden im Straßenverkehr deutlich besser gesehen und seltener angefahren. Überhaupt wird, wie ich finde, der Einfluss der Verkehrssicherheit auf die Entwicklung unserer Schönheitsideale weithin unterschätzt. Während die venezianischen Zoccoli, die Vorfahren unserer Plateauschuhe, wohl vor allem Schutz vor Schmutz boten, verlief die Karriere der Pumps parallel zur Verdichtung des Straßenverkehrs. Nachdem diese im napoleonischen Zeitalter stöckelfrei getragen wurden, wuchs mit Beginn der industriellen Revolution der Absatz um jährlich durchschnittlich einen halben Millimeter, wobei die ledernen Großmacher sowohl von Frauen wie auch von Männern genutzt wurden. Stöckelschuhträger konnten vom Kutscher früher wahrgenommen werden als Flachsohler, und das typische Klack-Klack des Pfennigabsatzes signalisierte den Verkehrspferden bereits von weitem: Achtung Brauner, Passant! Pumps wurden erst mit Beginn des 20. Jahrhunderts und der Erfindung des Automobils zum typischen Damenschuh. Immer mehr Männer setzten sich nämlich hinter Steuerrad und Gaspedal, welches bekanntlich bestöckelt nur begrenzt bedienbar ist. Den Damen bot die Silhouette-Hebung ein Mehr an passiver Sicherheit – Ähnliches gilt auch für Reifröcke und übergroße Hutkreationen, die erst in den zwanziger Jahren durch schmale «Toque»-Mützen abgelöst wurden – just als auch die ersten Frauen den Anlasser betätigten. Seit 1935 sind Führerscheinformulare in Deutschland geschlechtsneutral formuliert, aber erst nach 1965 wurde auch für Frauen die Lenktüchtigkeit Teil der Allgemeinbildung. Die grelle Farbgebung der Damenmode in den frühen siebziger Jahren dürfte der Verkehrssicherheit geschuldet sein, zumal der Kraftverkehr in Deutschland nie so gefährlich war wie damals (19 193

Verkehrstote 1970; zum Vergleich: 14 406 Tote im Jahr 1960, 13 041 im Jahre 1980, 4152 Tote im Jahr 2009).

Man ist natürlich geneigt, auch die weibliche Brustvergrößerung in einen Zusammenhang mit der Geschichte des Automobils zu stellen, denn wie der Kraftwagen wurde auch das Brustimplantat am Ende des 19. Jahrhunderts erfunden. Dem Brustschutz war bereits in der Ritterrüstung des Mittelalters besondere Bedeutung beigemessen worden; am Küriss, dem Rumpfblech des Turnierreiters, wurden die Brüste mit je einer Flüge bedeckt, worunter der Rüstungsexperte eine eiserne Extrakachel versteht. Immerhin war und ist die Brust der kürzeste Weg zum Herzen, den es zu sichern gilt, auf dem Turnierplatz wie auf dem Zebrastreifen. Die ersten Brustimplantate, 1895 vom Heidelberger Vincenz Czerny eingesetzt, bestanden aus Eigenfett, Elfenbein, Rinderknorpel, Wolle und Glaskugeln, wobei keines dieser Implantate mittelfristig überzeugte. Auch mit Paraffin, Bienenwachs und Polyethylen wurde experimentiert, ehe 1961 Silikon als sicherster Füllstoff das Rennen machte. Im selben Jahr meldete übrigens der Autohersteller Borgward Konkurs an, dessen «Lloyd LP 300» sich mit kunstlederbespannter Sperrholzkarosserie unter dem Kosenamen «Leukoplastbomber» in die Herzen der Autofreunde gefahren hatte. Während also der Brustschutz seit dem Mittelalter immer seltener aus Metall und immer häufiger aus Kunststoff gefertigt wurde, verlief die Entwicklung der Kraftwagenverkleidung umgekehrt, nämlich Richtung Blech; Sperrholzkarosserien werden heute ebenso selten angeboten wie Brustimplantate aus Wolle.

Nanu – langsam bekomme ich kalte Füße. Hat tatsächlich alle Schönheit ihre Wurzel im Bestreben, unverletzt die Straße zu überqueren? Nein; für den Aufschwung der kosmetischen Chirurgie in den letzten Jahrzehnten gibt es auch noch einige Nebenaspekte. Werfen wir einen Blick auf die Anfänge der Schönschneiderei: Eine der ältesten plastischen Operationstechniken ist die sogenannte «Indische Nasenplastik». Bereits 400 v. Chr. wurde die Methode ausführlich beschrieben: Ein kleeblattförmiges Hautsegment wird per Skalpell von der Stirn abgelöst und als Ersatz für eine verlustig gegangene Nase mundwärts geklappt und angenäht. Hierzu muss man wissen, dass im vorchristlichen Indien bestimmte Verbrechen durch Nasenentfernung geahndet wurden. Der Clou bei der Sache: Durch das bloße Umklappen der Stirnhaut bleibt diese weiterhin über den Klappsockel mit dem Blutkreislauf verbunden und versorgt; erst wenn der Zweitnase in Nahtnähe eigene Blutgefäße gewachsen sind, wird die Kleeblattbasis durchtrennt.

Der so Behandelte wird lebenslang als verurteilter Straftäter erkennbar gewesen sein und ein Leben am Rande der Gesellschaft geführt haben, beschämt, womöglich aber auch mit einem gewissen Stolz – ein Motiv, das uns in der Geschichte der Tätowierung wiederbegegnet. Arm-Anker und Brustbuddelschiffe waren bis ins letzte Jahrhundert Seebären und Sträflingen vorhalten; und für die Wohlstandsgelangweilten und «Wer bin ich?»-Frager der Moderne boten gerade diese Ränder der Gesellschaft Fixpunkte der Sehnsucht nach Identität und Abenteuer. Womöglich liegt den ersten Nasenkorrekturen der Neuzeit, die in der Mitte des 15. Jahrhunderts in Italien Mode wurden, eine ähnliche Sehnsucht zugrunde; Gaspare Tagliacozzi als führender Schönheitschirurg des 16. Jahrhunderts ersetzte Nasen, die durch Duelle oder die Syphilis abhandengekommen waren, durch Hautlappen von der Innenseite des Oberarmes. Die Secondhandnase verriet fortan den Haudegen. Natürlich liegt einem Großteil der heutzutage durchgeführten Nasenkorrekturen eine Dysmorphophobie zugrunde, also die Angst, eine Fehlkonstruktion und somit hässlich zu sein. Nicht zuletzt gesellt sich der Patient durch seine OP aber auch an die Seite der Sexmonster, der Schwerverbrecher der indischen Antike, an die Seite der stolzen Duellanten, die ihre Nase, nicht aber ihre Ehre verloren. Unwillkürlich wähnt man sich somit im Kreise der drei Musketiere, riecht den Duft von Curry und bemalten Elefanten, liegt im Lotterbett und lässt es krachen.

Wir können aufatmen; nicht nur das etwas spießige Sicherheitsbedürfnis steht am Beginn der Schönheit, sondern auch ihr Gegenteil, die Abenteuerlust. Aber auch die Steigerung des Selbstwertgefühls spielt eine Rolle, und zwar im durchaus materiellen Sinn: Ein 60 kg schwerer Durchschnittsmensch bringt es mit seinen 40 Litern Wasser, seinen Kohlenstoffverbindungen, seinen Phosphor-, Schwefel-, Kalium-, Eisen- und Chloranteilen nebst Spuren von Brom, Gold, Nickel auf einen Materialwert von derzeit 2,63 Dollar. Der Kabarettist Georg Kreisler ließ sich die Frage nach seinem Materialwert bereits 1956 vom Institut für gerichtliche Medizin der Uni Wien beantworten. Die Fachleute errechneten einen Komplettpreis von ca. 40 Schilling – was Kreisler zur Grundlage seiner gleichnamigen Humorpolka machte. Vergleicht man die Zahlen, so ergibt sich eine enttäuschende Kursentwicklung; der Mensch hinkt dem DAX hinterher. Gerade in Zeiten der Finanzkrise nimmt es nicht wunder, dass immer mehr Anleger von der Wertentwicklung ihres eigenen Körpers enttäuscht sind und versuchen, diesen durch Piercing an den Höhenflug der Edelmetalle anzukoppeln. Der besonders sicherheitsbewusste Anleger bevorzugt 750er Gold, Platin, Niob oder Titan und lässt das Piercing an Stellen anbringen, die vor dem Zugriff durch Straßenräuber geschützt sind, etwa in der Mundhöhle oder im Intimbereich. Als besonders diebstahlsicher gelten sogenannte Implants, also Gegenstände, die sichtbar unter die Haut implantiert werden. Allerdings bestehen Implants gegenwärtig zumeist aus Teflon oder Silikon, Materialien mit unübersichtlicher Kursentwicklung. Führende Börsengurus raten: Abwarten, bis auch Gold risikolos implantiert werden kann. Dieser Tipp ist gerade für Münzsammler interessant. Vielversprechend entwickeln sich auch die Märkte für Altmetall, seltene Erden und natürlich weiterhin Öl und Gas. Ob z.B. Silikonimplantate zukünftig mit einem Hohlraum zur Speicherung dieser Rohstoffe verwendet werden können, wird die Zukunft zeigen.

Der allenthalben nachweisbare Wehrgangeffekt, die Umdeutung des Schutzes zum Schönen, lässt für die Zukunft der Körpermodifikationen eine gewisse Radikalisierung vermuten. Ja, ich persönlich rechne fest damit, dass sich noch zu meinen Lebzeiten das «Amputating» durchsetzen wird – die Amputation aus kosmetischen Gründen. Wollen wir nicht insgeheim alle so sein wie der wilde Piratenhauptmann mit der Augenklappe, dem Holzbein und dem Haken als Handersatz? Je durchkomponierter die Lebenswege, je flächendeckender die Mobilfunknetze, desto drängender wird die Sehnsucht nach Meuterei, Mastbruch und Kaperfahrt.

Bereits der Tätowierung gelang die Enterung der Jugendzimmer, warum soll dieses Manöver nicht auch dem Gliedmaßenverlust glücken? Das Amputating ist medizinisch betrachtet ein weit unkomplizierterer Eingriff als Brustimplantat und Nasenkorrektur. Auch hat es den Vorteil, dass das Ergebnis nicht enttäuschen kann – ganz im Gegensatz zu gewissen Tätowierungen, die sich der Verschönerungswillige ursprünglich ganz anders ausgemalt hat. Der letzte Schrei wird lauten: Weniger ist mehr! Anfangen wird's mit einzelnen Fingergliedern, wie sie bereits heute von Mitgliedern der Yakuza, der japanischen Mafia, im Falle groben Fehlverhaltens geopfert werden. Irgendwann wird die erste linke Hand dran glauben und durch eine Zierprothese ersetzt. Die ersten Tätowierer werden ihr Handwerkszeug um eine Säge erweitern, und wenig später hüpft der erste hippe TV-Moderator auf einem Bein durch seine Deko. Alle Dämme werden brechen, die Prothetik erlebt einen unerhörten Boom, extralange Modelbeine aus Titan? Kein Problem! Teleskoparme aus Plexiglas mit Strobo-

skopbeleuchtung, per Knopfdruck auf bis zu vier Meter aus-
fahrbar; dazu passend wird der Turmschädel wiederentdeckt,
darin: ein Schacht für SD-Karten, in der Schädelspitze inte-
griertes WLAN. Kurz darauf: Der Bundespräsident trägt Hals-
krause, darunter einen aerodynamisierten Restrumpf, von in-
nen vergoldet, von außen gebrandet, die Zähne eh geburtsnah
entfernt und durch einen Geschirrschrank ersetzt, wegen der
«klugen und schönen Rede».

Slipsbinnen in't Weltruum – Niederdeutsch als Wissenschaftssprache

Jetzt aber. Plattdeutsch. Ich bin gebürtiger Wildeshauser, mithin Norddeutscher, aber leider nicht in der Lage, flie-ßend Plattdeutsch zu sprechen. In der jahrhundertealten Ge-schichte der Familie Boning bin ich zweifelsfrei der erste Nicht-Plattsnacker, und dies mag mit einer übergroßen Er-wartungshaltung meines Vaters zusammenhängen. Als Kind begleitete ich meinen Papa jeden Sonntagmorgen zu einer Wanderung im Oldenburger Land, die normalerweise bei ei-nem Kaltgetränk in einer Landkneipe endete. Mein Vater par-lierte dann eifrig auf Platt mit den örtlichen Bauern, während ich ehrfürchtig lauschte. Nie wäre ich auf die Idee gekom-men, mich in die Gespräche der Erwachsenen einzumischen, zu groß war meine Angst vor mangelnder Sprachperfektion. Aus Furcht wurde Trotz, und in meiner New-Wave-geprägten Jugend wurde aus Trotz die blasierte Arroganz des Provinz-lers, der sich im Wunsch, etwas Besseres zu sein, eher in New York verortet als in Großenkneten.

Heute, reif wie ein verzehrfähiger Rhabarberstrunk, sehe ich die Sache ganz anders: Zu den größten Errungenschaften der Menschheit gehört die Niederdeutsche Sprache. Gorch Fock! Fritz Reuter! Heidi·Kabel! Welch Reichtum an Emo-tion, Klarsicht und Erdverbundenheit steckt im Zungenschlag des Küstennebels, welch Weisheit offerieren seine Sprichwör-ter: «Kaffe un Leev sünd hitt an'n besten» – Kaffee und Liebe sind heiß am besten. Oder: «Wenn dat Glück to't Moorslock rin will, denn helpt keen Dichtkniepen.» Auf Hochdeutsch: «Wenn das Glück zum Hintern hinein will, dann hilft kein Zuknei-fen.» Nichts ist tröstlicher als die plattdeutschen Nachrich-ten bei Radio Bremen; selbst die verstörendsten Entwicklun-gen in Athen, Asse oder Afghanistan wirken auf Platt nicht gar so ausweglos. Klarer Fall von V-Effekt, wobei «V» in diesem Fall weniger für Verfremdung, sondern eher für Vermucke-lung steht.

Mehrfach habe ich in diesem Buch bereits anklingen lassen, dass ich der niederdeutschen Sprache eine fulminante Zukunft prophezeie; ich bin fest davon überzeugt, dass Regionalsprachen wie Platt, Friesisch und Saterfriesisch keineswegs ableben, sondern zu einer ungeahnten Blüte gelangen werden. Den Grund habe ich am Ende des vorherigen Kapitels bereits genannt: In gar nicht allzu ferner Zukunft wird es der medizinisch-technische Fortschritt erlauben, das Gehirn um äußere Speicherkapazitäten und eine drahtlose Online-Schnittstelle zu erweitern. Das «Brain-Computer-Interface» (BCI), an dem derzeit eifrig geforscht wird, basiert entweder auf einer Aufzeichnung und Verarbeitung der elektrischen Hirnaktivität mittels implantierter Elektroden oder auf einer Messung der Hämodynamik des Gehirns. Bereits heute wird diese neurotechnische Anwendung genutzt, um Körperbehinderte in die Lage zu versetzen, allein durch Willenskraft Prothesen zu steuern.

Auch ohne überbordende Phantasie lässt sich die Zukunft bereits erahnen: In der Grundausstattung besitzt ein jeder Mensch rechts hinterm Ohr einen Kartenschacht nebst USB-Anschluss, der dem User erlaubt, sein Gehirn mit Inhalten aller Art zu pimpen. Vokabeln bimsen wird in der Zukunft ähnlich démodé wie heutzutage Heizen mit Torf. Der Sprecher verfügt über einen online-unterstützten Maximalwortschatz in theoretisch jeder lebenden oder toten Sprache. Nicht mehr Satzbau, Tempus und Kasus sind die Hürden zur Perfektion, sondern lediglich Stil und Kreativität. Noch holpern die im Internet feilgebotenen Übersetzungsautomatiken, aber immerhin taugen sie bereits für heitere Spielereien. Nur noch wenige Jahre, dann ist die Software lernfähig, schließt auf zum Schachcomputer, und noch ein paar Jahre später wird sich kaum unterscheiden lassen, ob ein Sprecher auf sein eigenes Sprachvermögen zurückgreift oder auf sein BCI – und zwar grenzenlos polylingual.

In diesem kommenden Zeitalter wird es keine Weltsprachen

mehr geben; das Englische ist ebenso praktikabel wie Norwegisch, Zulu oder Altgriechisch. Umso größeres Augenmerk wird der Sprachwahl zukommen: Welches Idiom passt besonders gut zu welchem Text? Gerade vermeintlich trockene Inhalte wie wissenschaftliche Publikationen können immens gewinnen, wenn sie durch eine originelle Sprachwahl gleichsam tiefergelegt werden – und hier drängt sich die niederdeutsche Sprache geradezu auf. Um dies zu verdeutlichen, habe ich mich wörterbuchbewaffnet einem Problem der angewandten Weltraumforschung gestellt, nämlich der Frage, welcher Krawattenknoten für den Einsatz in der Schwerelosigkeit am besten geeignet ist. Sollten Sie, lieber Leser, des Niederdeutschen mächtig sein, bitte ich Sie um Gnade. Natürlich werden sich, ähem, vereinzelte Unwuchten in den Text eingeschlichen haben; immerhin handelt es sich um die allererste Arbeitsprobe eines Anfängers. Korrekturen und Verbesserungsvorschläge notieren Sie bitte der Einfachheit halber am Seitenrand und schicken Ihr Exemplar an den Verlag, auf dass der Text in der nächsten Ausgabe mit der Plattplakette des Sprach-TÜVs beklebt werden kann. All jenen, die nur Bahnhof verstehen und nicht warten möchten, bis auch der letzte Hausarzt Schädelschachtfräsungen anbietet, ist eine Übersetzung zugedacht. Sie finden Sie unter www.rowohlt.de/boning. Aber nun genug der Vorrede.

In de Geschich vun de Weltruumfohrt hebbt de Rakeetmatros un Ruumschippfohrer, as wi al weten, bit vondag meesttied slichte Arbeitskledaagen an, normalerwies een Antog as de Buern een anhebbt, wenn se up'n Trecker seeten un plöögen, bloots dat de Ruumfohrertüch normalerwies ut een Deel bestohn deiht un nich partu bloe sin mutt; veele Ruumfohrtagenturn hebbt ok annere Klöörs, de Europäer to'n Bispill dragen geel-roode mit allerhand Afteken drupp. Eene Utnohm is natürlich de Weltruumspazeergang, da sünn de Matroos' mit en unklöbig Schuulhülle utstaffiert, dormit se Luft halen könnt un sik nich verköhlen deiht. So, dat nur vorweg.

Ik glöv, dat jichtenswann in de Tokunft de Ruumschipps wieder reisen warrn as we us dat vondage utmolen künnt, vorutgeseet dat wi Minschen us nich al vörher strangoleert hebbt.

Stellt wi us mal vör, in twee- or dreehunnert Johrn kummt en Ruumschipp vun de Eer to'n annern Planeeten, nich de Mars, nich de Jupiter, sünnern een heel un deel annern Hevenbalg, wiet weg vun de Eer, aver mit een brukbaare Atmosphäär un mit een bannig utklamüsterte Zivilisation, een Welt, up de vigeliensche Gestolten leeven, de villich keene Lüüd sin as wi us dat denken, also mit een Brägenkassen, twee Been, Klimperklüsen, Straaten, Hüüser, School, Telefoon, Fernkieker, Geldkoorten, Rentenversicherung un de ganze Klöterkram, aver liekveel jichtenswat in unsere swienplietsche Art.

Nu stellt wi us butendien vör, dat Ruumschipp vun de Eer hett erfolgriek lannet, de Döör ward upsloten un de Kaptein klattert de Trepp runner un seggt «Moin» to de Inwahners vun den Planeet. De hebbt al, weil se över goode Maneeren verfögen, een rooden Teppich utrollt, un an't End steiht de Vörsitter vun't Planeetenparlament. In disse butenlansk Welt, de wi us gerade utmalt, hebbt de Böverst warafftich keene Gleedmaaßen un keen Kopp, aver he steckt in een sieden Sönndagspackje mit prachtig uplüchtenden Epoletten up de Schullern, we een besonders apartig Kartüffelsack, de sik roegen deiht. Oha. Is dat nich bannig schaneerlich? De Planeetenbaas krüzt staatsch un adrett up, un us Vertreder drägt siene truschulligen Plünnen – so patt wi Minschen stracks in een grooten Pott mit Fett. – Um sücke Vörfalls al to rechte Tied hinnern, schullt wi us stantepee mit een repräsentateeven Besööksuniform för us Rakeetmatros befaten. Brisantste Fraage: Wians binn't man een Slips inne Sworlosigkeit?

De Slips wör vor lange Tied vun de Chinees utfund worr'n.

In't Graff vun't Kaiser Shi Huangdi hebbt man een Wapen-schopp vun Suldaat ut Twoor funn'n, sevendusendfiefhunnert Lüüd, un de hebbt all verknüppte Doog um'm Hals. Bit man dat Graff ut'n dreeten Johrhunnert utbuddelt hett, glövte de Wetenschop, dat de oolden Römer as irste sik wat rümtüdert hebbt. In Rom steiht nämlich de Trajanpieler, un dorup kunn man veele lütte Lüüd ut Mardelsteen gewahr warrn, de ok Slips umhebbt, un sogoor mit bannig moodsch Knutten – den nömt de Fackmann «Veer-in-Eeen». Mit Weltruumfohrt hebbt de Römer nix do doo'n hebbt – in'n Teegendeel to de Chinees. De hebbt al fröh Dralltüchrakeet flegen loten, mit Schwattpul-wer för'n Andriev.

De Naam «Krawatte» kömmt übrigens wahrschienlich vun een kroaatsch' Kavallerie-Regiment, dat in'n dörtigjoh-rigen Krieg för den franzöösk König Lurwig de dörteinte kämpt hett, un de Soldaat vun'n Balkan hebbt all so'n Vörloo-per vun'n hüdigen Slips draagen. Aver bewiest is dat nich; da gifft dat noch Hick-Hack unner de Sprookwetenschoplers. Dat Woord «Rakeet» kömmt bi-toe ut'n Italjeensch, dör gifft dat «la rocchetta» – up Plattdüütsch is dat: de Spillen; kiek an.

Een Dorchbrok för'n Slips hett denn in't negentigte Johr-hunnert de Engelschmann Beau Brummel schafft. He wohr een besünners püük'n Keerl, de jeden Dag een poor Stünnen lang vör'n Spegel an sin Utseihn püsselt hat, aver nich um sik uptodonnern, sünnern mit den Tääl, möglichst slicht utto-seehn. He wör de Utlöser vun een echten Slips-Rappel allöver-all in Europa, de Lüüd wärr teemlich plemplem, elkeen wullt een Slips hebben, un tohand gaav dat de Langbinners as wi de vondage kennt, small un ünni – in Klöör un Fasson jüst as een Rakeet.

De neegste Affschnitt in de Slipsgeschich is dat Överkamen vun't Windsorknutten in de dörtiger Johr vun't leste Johrhun-nert. De Prinz vun Wales woar in eene Börger'sche ut Amerika verknallt, mosste dorup sin Kroon entseggen un sin Naam in

«Hertog vun Windsor» wesseln. Um disse Schandaal warrt do-
mals veel Theater mokt, un de Prinz harr johrlang in de Kees-
blatt bavenan stann'n. In sin Tied hett de Hertog vun Windsor
as Vörbild in all Mood-Sak golten, vör allem werr he de hooge
Preester vun dicke Slipsknütten wesen, un't warrt seggt, dat
he de Utfinner vun't Windsorknutten is. Düsse Knutten is kna-
ckenvull un bulsterbasig, indes sin Nafolger, de «halve Windsor», sünnerbaarwies dree Veddel vun sin groten Broder be-
reckt.

In düsse Tied hett dat ok de irsten Ideen för Stuftenrakeets
geven, mit Suurtüch un Watertüch as Spriet, up de Grundlaag
vun de Ziolkowski'sch Rakeetgrundgliekung; un wat de Hertog vun Windsor vör de Slipsknutten woar, is denn de düütsche
Förscher Wernher vun Bruun för de Weltruumfohrt warr'n.
De groote Unnerscheed: Vun Bruhn hett as dat schönst in sin
Lopbaan de Saturn-fief-Rakeet up'n Maan schoten, un de Hertog vun Windsor ward för seen Leevesglöck vun de Gazett-
schrievers sülven up'n Maan schoten.

Wat de Stuften för een Rakeet, is de Antohl vun de Schreets
bi'n Tosamenknüppen vun een Knutten. Je mehr Küseln un
Krükeln, desto grooter wat dorbi rutsuert. De eenfachste is de
Överhandknutten, dat kennt jedereen vun'n Schoo tobinnen.
Tosamen mit de Reff-, de Krüüz- un de Gordingsknutten hört
de Överhandknutten to dat, wat de Physiker «Elementorknut-
ten» nömt. De grooste Deel vun allen Slips werr'n mit düsse
Verbinnen vertüddert.

De irste Physiker, de sik mit Knutten bormen befaat hat,
wär de Englänner P. G. Tait, de in't negentigte Johrhunnert
glövt hett, dat all Materiol ut verknutten Küseln bestaahn
deiht – dunntomol hett man ja nix vun de Atome weest. Ut hü-
diger Sicht werr he notürlich up'n falschen Damper, aver lie-
kers hest he unner'n Streek mit sin Berekung de physikal'sch
Knuttentheorie utfunnen. Un an de Theorie hebbt Weten-
schopers bit vondage rumklütert; een Rutkumst vun düsse

Arbeit is de akkrat Kennis vun de Slipsknutten. Da gifft dat na't Maat vun de Fink-un-Mao'sche Slipsknuttentheorie nipp un nau fiefunachtig Aarten vun, un butendien een Dings, dat gor keen rechten Steeg is, de nömt sik «Onassis-Knutten». De greeksche Damperfürst hest de Enn' vun sin Slips nämmich eenfach wrackelig övernanner leegt, fleetig wie een Büsumer Nackenroll'. De «Onassis-Knutten» is dorüm ok de eenzigst, de rutfleegt, wenn's um de Insatz in de Weltruumfohrt geiht, weil he sik inne Sworlosigkeit fix upröppelt.

Up'n irsten Blick schullt dat wohl beter sin, wenn de Knutten nich allto schneerig is, weil de Ruumfohrers twischen de Experiment keen Tied to'n langen Frickeln hebbt, allerdengs is da güntsiet ok een Argument för raffineerte Verbinnen; up een langen Törn, to'n Bispill na'n uppüsselten Kartüffelsack, kann dat vörkamen, dat de Minsch allerhand Fienmotorik verleern deiht. De Slipsbinnerei is vör düssen Achtergrund een bruukbare Method um to hinnern, dat de Lüüd an Bord to'n Stiefbuck werrn. Mangel an Tied un Fingerfaarichkeitspleeg möten up een Brett kamen. Dorüm sünn de middelgroten Knutten, de man mit fief or sess Schreeden fardigt, vördeelhaft, un je länger de Reis, desto mehr Tied schullt man för't Binnen utgeven. Van daar sünn de «Nicky», de «Prätt», de «Viktoria» un de «halve Windsor» ideol. För de besünners langen Törns will ik hiemit de «Sank Andrew», de «Plättsbörch», de «Windsor», de «Hänover» un de «Grantchester» vörslaan.

So. Ut wat för een Stoff muss de Slip best bestohn? Sekerheit geiht vör. Kattun, Wull un Manchester geiht nich wegen de Füergefohr. Vörtotrecken is eene lichte Sied, de in'n natten Tostand mit een Flamm mötende Saltplörre un Latex aversprüst un denn unner een Infrarot-Lamp dröögt warrd. Na beter is dat Anrieken vun'n Grundstoff mit Keflar or Vilene-Füerblocker na DIN veer-een-null-twee-B-een, wobi dat in düssen Fall schietegal is, ob de Stoff lufthalaktiv un komood is or nich; wichdiger sünn anner Minnigheid as de antistahtig'schen Egenschopen, un dat de Slips gegen Lichtboog schütten deiht. Tominstens de Föddern vun de EuroNorm een-een-veer-negen schullt nakamt werrn. Een düchtig Fussel künnt to'n Bispill de Tüch mit de Marknaam «PBI Gold», «Panox», «ProtexM» or «Nomex» sin.

Nomex hest den Vördeel, dat dat ok een Doolgahn vun rümbiesternde Weltruumschrott un lütte Meteorit wehrt, wenn de Rakeetmatros sin Hutschefiedel verlaten deiht. Um düsse Effekt noch starker to maken, schullt man jichens breede Slips vörtrecken.

Nu beet so 'n Slips Plats för rieklich Anwenn, an de Bovensied, aver ok binnen. Buten künnt de Tug mit een Solarpaneel verkled werrn, mit bugbaren Billschirm un Knöpboord, mit de man een lütten Rekner binnen Slips bedeent. De Knutten is de best Kooker för een Spraakstüerungsmikrofoon. De Hülpsbrägen binnen Slips künnt to'n Bispill een To-do-List, een Notizbook or een I-Pott beinhollen. Irst in de Sworlosigkeit wiest een Slips, wat he allens drup hat: Up de Eer sladdert he meestentieds transusig rüm, aver ohne Gravitatschoon blifft he ja in de Hollen, in de man eem brocht het, dat heet, he is jümmer as Arbeidsplatz praat to bruken. In'n Halsrebeet lot sich överweg en Föhler för't Meeten vun'n Hartslag un Blooddruck anleggen, um so wertvulle medizin'sche Weert to registreern.

Welk Klöörs schullt een Weltruumslips hebben? Blange de Gesmack vun de Drägers gifft dat farvpsycholog'sche Grünne, warum een Klöörgeven beter is as de annere. Kralle Neonfarv sünn beter sichtbor, vör allem, wenn een Kavelbrand de Kabien inschmullt un to'n Rökerkaat mokt.

De Sichtborkeit kann bavento ropsett werrn, wenn de Farv sülvst lüchten künnt. Je all kennt villich de Knicksticken vun'n Markt or vun'n Festbrief. De sünn opkellt mit Oxalsuerester un Waterstoffperoxid. Un wenn de sik in de Möte kömmen, gifft dat een Peroxyoxalat-Schemiluminiszenz. Düsse Klöörs gifft dat in blaach, geel un rot.

Een Momang ...

Jüst fallt mi op, dat Knickstickens beter nich in een Slips inwivt sin schullt – bi elk Binnen wöör de Stickens knickt un daardör Alaarm utlöst weer'n. Dat is een heel un deel slechten Buisterban. Beet üm't Nasehn, dat ik dormit ehr Tied verquast hebb.

No pük Nasinnen kamt mi nu en annern Ansatz beter vör: De Slips schall ja bin Besök in de frömde Welt een Kumpelment vun us Eer sin, een Teken, dat de Kartüffelsack un sien Frünn wat över us, us Bruk, Laag un Levenswies vertellen könnt. Mien Vörslag: De Slipse sünn in all Klöörs bedrückt, kakelbunt, un wiesen so, dat us Eer een Loog is, den oorige Vöölfohlt kenntekt. Nich blots rot as up'n Mars, nich wit as de Venus, ok nich blaach (twaars seggt man offteins, we leevt up'n «blaachen Planeet», aver dat is een bannig butten Beweerten) – Ne, dat Slötelmol vun us Tohuus is de Riekdom an Landschopen, Planten, Deerten, Grappen – un an Farvs. Düsse Riekdom schullt sik up de Slips wedderfinnen, un twaars in een kareerten Dessäng. Dat lütje Karo as Bedüdungsbild för den krintenkackerig Dösbaddel is een uprecht Symbol för us, un gliektiedig, in't Togeven vun us mangelhaftig Teken, een humorig Bewies för us Bescheedenheed.

Ünnern Streek: Up de Eer is de Slips villich nix as mood'schen Mumpitz, or sogoor, as mannekeen Kloogschieter wie Alice Schwarzer seggt, een dichdoonsch Bedüdungsbild för Mannslüüd – in ehr Laddenfassong schullt de Slips een sichtbor Weerhall vun de Piedels un vun de Macht över de Frünnsminsche sin, seggt de.

Aver: In't All ward de Slips to'n hülprieken Schenie un to'n besten Fründ vun de Minsch – tonminnst wenn keen Köter mitflegen deiht.

Laat us hopen, dat jichtenswann bontjebunt Slipse de innerplaneet'sche Freeden ünnerstützen, up dat us Utflüüg na de Feern slumpt hett, un wi Minschen to'n besten Frünn vun de Kartüffelsack werr'n.

Auf dem Gipfel der Erkenntnis

Nun sind wir oben, auf dem Gipfel der Erkenntnis. Höher geht's nicht. Schade, dass man nicht runterschauen kann, ins geistige Flachland; der Nebel ist zu dicht. Ein seltsamer Nebel. Riecht ein bisschen nach Eukalyptus. Ob wir wirklich schon ganz oben sind? Schwer zu sagen; hier oben sind ja keine Markierungen. Vielleicht sind wir auch vom Weg abgekommen und auf irgendeinem Vorgipfel gelandet. In der Ferne höre ich Vogelgezwitscher. Pssst, mal ganz leise sein. Klingt nach Didi und Fidi. Ah! Da vorne steht das Gipfelkreuz! Oder? Nein, das ist nur eine verwitterte Wäschespinne, auf der ein Friseurumhang flattert. Sonst eher schmucklos, die Gegend. Scheint selten jemand hier zu sein; keine Fußspuren, keine Kippen, kein Apfelgriepsch, nichts als blanker Waschbeton. Was soll's. Wir haben's geschafft, lieber Leser, Sie und ich. Wacker durchgehalten, alle Achtung. Darf ich Sie einmal feste drücken? Berg heil! Ich heiße übrigens Wigald.

Was haben wir bei der Kraxelei gelernt?

Um die politische Aussagekraft von Blasenpflastern zu analysieren, ist es nicht zwingend notwendig, Pumps zu tragen.

Ja, große Staatskunst ist auch ohne Seitenscheitel denkbar, nicht jedoch die Kuckucksuhr ohne die Badische Staatsbahn.

Die Idole der Zukunft sind Weichtiere und Wellensittiche, sofern letztere nicht vorher vom Herzinfarkt dahingerafft werden, und wir generalamputierten Hominiden snacken derweil Niederdeutsch in Domplatten-Bambushütten und lassen uns von Spaghettieis an der indischen Nasenplastik herumführen. Wer den Weltfrieden will, schläft ohne Schlafanzug, wer hingegen eine Revolution entfachen möchte, braucht viele Fußleisten. Wer es schließlich darauf anlegt, die kosmische Ordnung in ihren Grundfesten zu erschüttern, muss sich zum göttlichen Schweißfuß durchbohren, und sollten wir uns tatsächlich im Innern eines Igelballs befinden, so sind wir hier, auf dem Berg der Erkenntnis, so weit vom Schöpfer entfernt wie nie zuvor.

Fazit: Die Birne hat den Stiel hinten.

Im Rucksack trage ich seit geraumer Zeit sieben Nose-hair-Trimmer mit mir herum. Eigentlich wollte ich diese im Rahmen unserer Expedition wie angekündigt einem Praxis-test unterziehen, meine Nasenhaare gleichsam in dieses Buch einflechten, aber nun ist es zu spät, das große Ziel bereits er-reicht. Vielleicht ganz gut so – auf den ersten Blick verlangt die gewissenhafte Analyse der Geräte nach einem eigenen Buch, 600 Seiten, Hardcover, und jetzt, da die Hauptarbeit ge-tan ist und die großen Fragen der Menschheit geklärt sind, kann im nächsten Schritt beherzt in die Tiefe gegangen wer-den. Nach dem fälligen Vollbad werde ich mich frisch ans Werk begeben.

Doch zunächst werden wir dieses Buch zuklappen, vorsich-tig absteigen und uns brüderlich die Brotmaus meiner Oma teilen. Da!